民法总论

MINFA ZONGLUN

兰仁迅 主编

知识产权出版社
全国百佳图书出版单位

本系列教材受福建省高等学校特色专业法学国际化人才培养项目资助

澳门高等教育
法学系列教材

总主编◎翁文旋

内容提要

本书以我国内地民法通则及其相关司法解释和澳门民法典为依据，全面、系统地阐释了民法的基本原理和制度，全书共十一章，每章均涵盖内地与澳门民法总则相对应的内容，并尽可能做到"能比较则比较，不能比较则具体说明"。本书简明扼要，重点、难点突出，繁简得当，体系结构完整。本书内容充分考虑法学专业教学的要求和澳门教学的特点，力求做到理论联系实际，深入浅出，便于学生形成系统的民法知识体系。

责任编辑：龚　卫　　**责任校对：**董志英
装帧设计：张　冀　　**责任出版：**卢运霞

图书在版编目（CIP）数据

民法总论／兰仁迅主编．—北京：知识产权出版社，2012.2
ISBN 978-7-5130-0928-7

Ⅰ．①民…　Ⅱ．①兰…　Ⅲ．①民法-中国　Ⅳ．①D923

中国版本图书馆 CIP 数据核字（2011）第 268155 号

澳门高等教育法学系列教材
民法总论
MINFA ZONGLUN
兰仁迅　主编

出版发行：知识产权出版社

社　　址：北京市海淀区马甸南村 1 号	邮　　编：100088
网　　址：http：//www.ipph.cn	邮　　箱：bjb@cnipr.com
发行电话：010-82000860 转 8101/8102	传　　真：010-82005070/82000893
责编电话：010-82000860 转 8120	责编邮箱：gongwei@cnipr.com
印　　刷：北京雁林吉兆印刷有限公司印刷	经　　销：新华书店及相关销售网点
开　　本：720mm×960mm　1/16	印　　张：16
版　　次：2012 年 2 月第 1 版	印　　次：2012 年 2 月第 1 次印刷
字　　数：292 千字	定　　价：42.00 元

ISBN 978-7-5130-0928-7/D・1391（3903）

《澳门高等教育法学系列教材》

《民法总论》

主　　编：兰仁迅

编写人员：兰仁迅　刘　超　彭春莲

翁文旋

总序

法治是人类当代文明社会的基本生活规则。20 世纪 80 年代以来，中国致力于全面建设社会主义法治国家和法治社会。法律和法学教育是达成法治文明和法治社会的基本途径之一。

澳门是中国不可分离的一部分，1999 年 12 月 20 日回归祖国怀抱，从此进入“一国两制、澳人治澳”的新的历史发展时期。法治应当成为澳人治澳、高度自治、实行社会管理和治理的普遍基础。因此，回归之后，实施以《澳门基本法》为基础和框架的法律、法学教育，对于一直适用葡国法律、法治传统、法律文化的澳门社会来说，具有重大的政治意义和现实意义。

“面向海外，面向港澳台”是国立华侨大学的办学方针。早在澳门回归祖国成立特别行政区之前，秉承“为侨服务”“汇通中外，并育德才”的办学理念和宗旨，1997 年华侨大学法学院（时名法律系）就开拓了在澳门的教学和办学工作。历经 14 年的积累和努力，华侨大学法学院为澳门特别行政区培养了 7 届法律专科、5 届法律本科和 1 届法律硕士专门人才，为澳门特别行政区警务、法务和政务等部门的人力配备，提供了有力的支持，得到了澳门特别行政区政府和社会各界的充分肯定和广泛赞誉。

2007 年开始，华侨大学法学院迎来了历史性的发展机遇，华侨大学和中国社会科学院法学研究所进行战略合作，共建华侨大学法学院。先后于 2007 年和 2010 年，由中国社会科学院法学研究所选派知名学者、著名法学专家担任华侨大学法学院院长，充分发挥法学所综合实力雄厚、位居法学研究核心和前沿等综合优势，校、所合作共赢，进一步增强华侨大学法学院的办学水平和科研实力。经过 3 年多的努力，双方共建法学院的战略合作已取得显著成效。本套教材的组织编写和出版，也是校、所合作，共建法学院的重要工作和成果之一。

根据澳门教学不断发展的实际情况，为满足广大学员日益增强的需求，在掌握内地法律知识的同时，也能够了解澳门相关法律知识的需求，由澳门镜海学园提供专项经费资助，从 2009 年起法学院成立专门机构，组织编写这套澳门高等教育法学系列教材，规划出版共计20余种。由我国著名侨务活动家、著名法学家、前任华侨大学校长、华侨大学首届法律系主任庄善裕教授亲任编委会主任。庄善裕先生不仅是法学院的创始人，也是华侨大学境外法学教学、澳门办学的创始人和奠基者，对澳门的法学教学和本套教材的编写出版，都倾注了大量心血。经过广大教师和多方人士的共同努力，特别是知识产权出版社编辑团队的精心工作，今天，这套系列教材得以面世。

在境外开展法律教育并组织编写专门的系列教材，这在中国法学教育史上，还是前无古人的“创举”。这套教材的出版，也是我们鼓足勇气，并竭尽努力进行的一种尝试，力图探索我国进行境外法律、法学教育与交流的途径和方式。但澳门学员本身的情况和需求，决定了实施教学和组织教材编写的难度。这套教材不仅要求提供内地法律的基本知识和基本原理，还需要结合澳门地区的文化观念、法律知识甚至语言习惯，并结合两地的司法实例进行阐述、讲解。特别是澳门特别行政区实行的具体部门法律，多数由葡国文本翻译编撰而来，同时杂糅了其他国家和地区的立法成果，文本的翻译、理解和资料搜集都面临难以想象的困难。这些困难也阻碍了人们对澳门法律制度的研究和对澳门法律制度的准确把握。可资借鉴的成果和资料都相当有限。加之，我们本身的水平不高，因此，这套教材的编写，从组织到内容和形式，都难免存在这样那样的问题和不足，诚望广大读者和专家、学者及有关人士，不吝指正，以便为共同促进我国海外、境外法学教育、交流事业，不断提高发展水平，作出更大贡献。

是为序。

澳门高等教育法学系列教材

编委会

2011 年 6 月

编写说明

自1997年华侨大学法学院在澳门专为专科学生开设民法总论课程始，10多年来未有间断。在内地学界，已有不少民法教科书问世，体系结构之安排并非完全统一，知识内容的繁简也有不同，编写目的多为内地本专科教学所用。针对澳门学生专门撰写的民法总论教材，坊间则近乎阙如。本书作者基于多年对澳门学生的教学实践，特编写了本教材。

本教材在内容安排方面，非以穷尽民法总论全部内容为目的，而是力求简明以符合海内外学生的认知特点和学习习惯。本书编写过程中，参考、借鉴国内外学者的观点，并吸收民法学方面的最新研究成果。但囿于笔者学理不深、学养不足，书中难免会有错谬舛误之处，欢迎读者诸君不吝赐教。

作者按撰写章节先后分工如下：

兰仁迅，华侨大学法学院副教授、硕士研究生导师（第一章、第二章、第三章、第七章、第八章、第十章）；

刘超，法学博士、华侨大学法学院讲师（第四章、第五章、第六章）；

彭春莲，法学博士、华侨大学法学院副教授、硕士研究生导师（第九章）；

翁文旋，华侨大学法学院副院长、副教授、硕士研究生导师（第十一章）。

全书最后由兰仁迅副教授统一修改定稿。

兰仁迅

2011年8月15日

目录

第一章 民法概述

导读

民法是调整平等主体的自然人、法人和其他组织之间的财产关系和人身关系的法律规范的总和。它以平等民事主体之间的人身关系与财产关系为调整对象并成体系。民法的体系以民事主体制度、物权制度、债与合同制度、人格权制度、知识产权制度、侵权责任制度、婚姻家庭继承制度为基本框架。民法作为独立的法律部门，区别于其他部门法的特点在于它是权利法而非义务法、是私法而非公法、是实体法而非程序法、是任意法而非强制法，民法强调平等协商和等价有偿原则。民法的法律渊源除形式上的民法典外，还包括宪法、行政规章、地方性法规以及国家认可的民事习惯。

第一节 民法的概念及特点

一、民法语源

近代民法一语，是从罗马法的市民法（Jus civile）一语沿袭而来。在罗马法中，市民法是相对于万民法（jus gentium）而言的，主要调整罗马市民之间的关系。而万民法主要调整罗马市民与外国人之间的关系。至优士丁尼时期，《民法大全》已经将市民法与万民法合并。在中世纪，“市民法”是一个与“教会法”（ius canonicum）相对的概念。法国大革命以后，“市民”被理解成公民。[1] 因此，罗马法的市民法是现在各国民法的语源。民法一词，法语为 driot civil，英语为 civil law，德语为 Burgerliches Rech，荷兰语为 burgerly Regt。梅仲协先生在《民法要义》一书中称：日本在明治维新时制定民法典时，转译法语 driot civil，第一次用汉语定名为“民法”。而郑玉波先生在《民法总则》一书中称：日语用的“民法”一词，是由日本学者津田真道由荷兰语 burgerly Regt 翻译而来。[2]

我国民法概念是继受而来。一方面，在法典编纂上，我国历史上的中华法系，没有法律体系的划分，各种社会关系，均由同一法律调整，即学者所谓的诸法合一，无民刑之分、公私之分、程序与实体之分。历代封建统治者虽然重视法典的编纂，但多为刑法之规定。其中涉及民事关系部分，也是采用刑罚制裁方式，其实质仍为刑法规范。一般民事关系，主要由习惯法调整。另一方面，在根源上，漫长的封建社会因统治者长期推行重农抑商的经济政策，自给自足的自然经济始终占据主导地位；商品生产和商品交换被限制在狭小的范围内，市场经济极不发达；在政治上实行专制主义，个人自由、平等、权利等观念无由发生。因此不具备民法产生和发展的基本条件。至清末进行法制改革，聘请日本学者松冈义正起草的《大清民律草案》，始有现代意义上的民法。

民法作为反映商品生产和商品交换的客观需要的法律，是市场经济的基本规则。市场经济最基本的要素包括交换者和交换对象。交换者之间的地位是平等的，人身是自由的；交换对象是可以流通的，交换者对交换对象拥有相应的权利，交换必须有相应的约束规则。市场经济对交换者、交换对象、交换规则的要

---

[1] ［德］梅迪库斯．德国民法总论［M］．邵建东，译．北京：法律出版社，2000：15.

[2] 郑玉波．民法总则［M］．台北：三民书局，1979：9－10.

求，反映在法律上，表现为民法上的民事主体制度、物权制度与合同制度。因此，恩格斯对此作出高度的概括："民法准则只是以法的形式表现社会的经济生活条件。"自中华人民共和国成立以来，我国在很长时期内采取了一种与生产力发展极不适应的高度集中的经济管理模式。这种经济管理模式，表现在法律调整上，主要依赖于指令性计划文件和直接管理经济活动的各项经济行政法规调整各种经济关系，民法对社会生活的作用被大大削弱。党的十一届三中全会以后，由于经济体制改革的进行，一系列民事法律法规应运而生。其中，《中华人民共和国民法通则》（以下简称《民法通则》）《中华人民共和国合同法》（以下简称《合同法》）《中华人民共和国物权法》（以下简称《物权法》）和《中华人民共和国侵权责任法》（以下简称《侵权责任法》）等重要的法律颁布，不仅标志着具有中国特色的社会主义民法体系的确立，而且使我国民事立法进入一个新的发展阶段。

二、民法的含义

我国学者在多种含义上使用"民法"这一术语。

（一）形式上的民法与实质上的民法

形式上的民法，是指系统编纂的民事立法，即民法典。民法典是指按照一定的体系结构将各项基本的民事法律制度加以系统编纂而形成的规范性文件。民法典的重要特征是体系化和系统化。大陆法系国家，自19世纪法典化运动以来，基本上都制定了民法典。而我国，尽管启动过民法典的立法程序，但令人遗憾的是，至今没有制定出来民法典。因此，我国不存在形式上的民法。

实质上的民法，是指所有调整人身关系与财产关系的民事法律规范的总称。它包括民法典和其他民事法律法规。我国虽然不存在形式上的民法，但实质上的民法是客观存在的，如《民法通则》《合同法》《婚姻法》《物权法》《侵权责任法》等。实质上的民法并不注重其外在的形式，而注意调整平等主体之间人身关系和财产关系的性质和内容本身。实质上的民法，不仅仅包括法律法规，而且包括大量的其他规范性文件和司法解释，甚至习惯。

民法典是一个国家民事法律规范的最高形式的成文法，但毕竟不能涵盖民事生活的全部。即使有民法典的国家，也存在大量的置于其他法律规范中的民事规范。

（二）广义上的民法与狭义上的民法

广义上的民法指所有调整民事关系的成文法与不成文法。狭义上的民法仅指调整一定范围内的人身关系与财产关系的法律，不包括婚姻法、继承法和属于传统商法领域的公司法、证券法、破产法、票据法、海商法等。本教材所讨论的主要是狭义的民法。

（三）普通民法与特别民法

以民法规范表现形式的不同为标准，将民法区分为普通民法与特别民法。普通民法是指经过编纂，以民法典的形式集中表现出来的民法规范。特别民法是指没有收入民法典中，散见于单行法律、法规、司法解释等法律形式之中的民法规范。区别的意义在于更好地选择适用民事法律规范。

（四）民法学

“民法”这一术语，有时还指民法学。我国民法学是以民事法律规范为研究对象的学科。民法学的主要任务有：（1）研究民事法律规范的内在规律，不仅要把组成民法的法律规范作为一个完整的体系来研究，而且要研究各种民事法律关系，各项具体民事法律制度，各项具体民事法律制度之间的关系以及它们与其他部门法的联系，揭示其内在的规律。（2）总结民事法律规范在适用中的经验。我国民法学要研究民事法律规范的来源和立法原意，分析大量的司法案例，特别是最高人民法院公报中公布的案例。总结民法规范在司法适用中的经验，以正确理解和运用民法。（3）为民事立法提供理论依据。我国民法学不仅要对现有民事法律规范进行解释，还应当充分研究民事立法问题，通过理论研究和司法实践的相互结合，为我国民事立法提供理论依据。

德国民法学者梅迪库斯认为，“所谓民法，即是适用于全体人的法，是一个无等级社会的法”[1]。我国《民法通则》第 2 条从民法调整对象角度，给民法下了一个定义：民法调整平等主体的公民之间、法人之间、公民和法人之间的财产关系与人身关系。有学者认为，这一定义科学地揭示了我国民法调整的社会关系的范围和任务，从而对民法与其他法律部门的界限作了明确的划分。该定义对我国民法的调整对象和内容的确定，结束了长期以来有关民法定义的争议。[2] 我国也有学者认为该定义至少还存在以下缺陷：第一，没有体现民法的“人文主义”精神。该定义将财产关系放在人身关系之前，体现的是“物文主义”，体现了民法强调保护财产权方面的功能。它可能说明的问题是民法保障民事主体的人身权是为了人更好地对物的控制，更好地使财产“物尽其用”。[3] 第二，该定义错误地使

[1] 梅迪库斯．德国民法总论［M］．邵建东，译．北京：法律出版社，2000：15.

[2] 王利明．民法［M］．北京：中国人民大学出版社，2008：8.

[3] 徐国栋．两种民法典起草思路：新人文主义对物文主义［M］//徐国栋．中国民法典起草思路论战，北京：中国政法大学出版社，2001：137—183.

用了“公民”这一法律术语，应当使用“自然人”这一术语。理解此问题必须了解市民社会与政治国家划分的学术背景：马克思认为，随着社会利益分化为私人利益和公共利益两大对立体系，整个社会分裂为市民社会与政治国家两个领域。前者是特殊的私人利益关系的总和，后者是普遍的公民利益关系的总和。因此，社会中的每一个独立的人担当市面上双重角色，他既是市民社会的成员，也是政治国家的成员。在市民社会中，人作为私人进行活动。市民就是私人，他把别人看作工具，也把自己降为工具。政治国家的社会规范是公法；市民社会的规范是私法。自然人在政治国家中的称呼为公民，在市民社会中的称呼为私人。公民系指政治国家向国家承担义务和责任的个体。在私法中，其法律关系的主体一般采用“自然人”概念。第三，民事法律关系不仅发生在自然人、法人之间以及相互之间，它还可能发生在自然人、法人之外的其他主体，如个人合伙、国家之间等。我国学者在分析民法调整对象和调整方法的基础上，认为民法是运用事前调整和事后调整的方法，调整主要为私人利益性质的人身关系和财产关系的法律部门。❶

三、民法的特点

民法与其他部门法相比，具有以下特点。

（一）民法是权利法

民法最基本的职能在于对民事权利的确认和保护。历史上，无论是以义务为本位的民法，还是以权利为本位或者社会为本位的民法，均强调对私权的充分保护。民法确认了民事主体所享有的人格权，通过对人格权的保护而对主体的人格予以充分尊重。同时民法还赋予了主体广泛的财产权利，如债权、物权、知识产权、继承权等，并为这些权利提供了充分保护。民法以平等的商品经济关系为基础，商品经济在法律上的表现必然要求权利义务在市场主体身上的有机统一。不同历史时期，不同所有制的社会，民法所保障的权利在性质上有区别，但各民法均具有一个共同特点，即以民事权利为核心。从各国民法典的编纂来看，其均以保护人及人的权利为中心展开进行：法国民法典分为人法、财产法和财产权取得法三编；德国民法典采用潘德克吞体系，分为总则、物权、债权、亲属及继承五编，属于典型的以民事权利为中心而构建的民法体系。民法通过民事权利的保障维护个人的人格尊严、价值以及生活的安定，现时还扩大到对宪法及其他法律所

❶ 彭万林．民法学［M］．北京：中国政法大学出版社，2007：11－20.

确认的公民享有的各种经济文化权利的保障，如当自然人的民事权利受到侵害时，可借助侵权责任法获得救济。由此可见，民法就是一部权利法。

（二）民法的内容主要是私法

私法相对于公法而言，是指规范私人之间或私人团体之间的相互关系，且以平等关系为其基础的法律；公法是指规范国家或公共团体为其双方或一方主体的法律关系，且以权力服从关系为基础的法律。民法是规范平等主体之间人身关系与财产关系的法律规范，其主要内容属于私法范畴。区分公法与私法标准的学说主要有三：一是利益说。该说由罗马法学家乌尔比安提出，认为规定国家事务的法律为公法；规定私人利益的法律为私法。二是意思说。该说为德国学者拉邦德所倡，认为规范权力者及服从者的意思的法律为公法；规范对等者的意思的法律为私法。三是主体说。该说为德国学者耶律内克所倡，得到日本著名学者美浓部达吉的赞同。该说认为主要规范至少有一方是国家或国家授予公权者的法律为公法；主要规范法律地位平等的私权主体的法律为私法。我国有学者极力提倡两者的划分，认为在我国现阶段，公法、私法划分是必要的。在此基础上，进一步提出民法属于私法范畴具有重要意义：第一，有助于在私法领域提倡当事人意思自治，尽可能减少国家的干预；第二，充分尊重和保障自然人的财产权和人身权；第三，明确民法的基本属性，就是要在民法中尤其是在合同法中应尽量限制强行性规范，努力扩大任意性规范。我国民事立法中要尽量减少有关国家行政机关的管理规则，努力减少对当事人从事合法的民事行为所施加的限制。[1] 也有学者基于平衡保护私人自治与维护社会公共秩序两个基本点考虑，在公法、私法的划分标准上采用“规范性质区别说”。按照这种观点，任意性规范都是私法，强行性规范都是公法。民法中的合同法，任意性规范较多，属私法；民法中的人格、身份等的规定，物权法、亲属法、继承法中的许多规定，是不能以当事人的合意加以变更的，属于公法性质的制度。所以，民法既有私法性的规范和制度，也有公法性的规范和制度，所以说民法是公私混合法。[2] 在我国，也有不少学者极力反对公法和私法的划分，认为这种分类并没有什么实际意义。[3]

（三）民法主要是实体法

规定权利义务关系或职责及其范围的法律为实体法，如民法、商法、经济法；规定实现权利、履行义务的方法及其步骤、程序的法律为程序法，如民事诉

---

❶ 王利明．民法［M］．北京：中国人民大学出版社，2008：11－12．

❷ 徐国栋．民法总论［M］．北京：高等教育出版社，2007：92．

❸ 梁慧星．民法总论［M］．北京：法律出版社，1996：26－28．

讼法。民法主要是实体法，与民事诉讼法、仲裁法等程序性法律形成权利与权利救济相配套的关系。传统法学以为民法是主法，程序法是助法。这是我国重实体轻程序观念的反映，不利于法治的健康发展。实体法与程序法的区分是相对的，而且两者并无主次之分，同样重要，只是分工不同而已，却共同实现厉行法治的使命。[1] 民法既是行为规范又是裁判规则。为了维持法律制度的统一性和系统性，某些民事特别法既规定实体性内容，又规定程序性内容，如破产法，既规定破产界限、破产能力、别除权等实体内容，又规定破产程序；民法的某些制度不仅规定实体内容，还规定程序性内容，如有关宣告死亡、宣告失踪制度的规定，再如在离婚制度中，限制男方在一定时期内诉权的规定；诉讼时效的规定；举证责任分配的规定；等等。

（四）民法为普通人法

善良人、普通人、恶人均是伦理学中的概念。普通人是指遵循中等道德水准的人，即社会中所共同遵循的道德水平的一般、普通的人；善良人为遵守更高道德水准的人；恶人是指不遵守任何道德或遵循更低道德水准的人，社会一般称其为不道德的人。民法是法的一种，有别于道德的社会规范。民法与道德标准的划分有何关系？法律与道德均为社会行为规范，两者并非截然分开的。如经济人假设就在法律规则与道德水平之间架设了一条联系的桥梁。法律与道德的关系实际上是法律与高标准的道德水准之间的关系。民法必须以一定的人性观点为出发点，以此为基础规定人的行为，制定相应的规则。普通人的道德标准就是民法中的人的行为标准。该标准是根据中等的内心倾向和中等的物质供给条件确定的道德。它是一种交换型道德，体现为“两不”：一是不白拿，不侵害他人利益；二是不白干，不牺牲自己的利益。民法不可能选择“下人”标准。因为，如果法律选择“下人”标准所制定的法律将是恶法，违反了法律是实现正义的工具的性质。民法中有些制度选择“上人”标准尝试偶有发生，但通常以失败告终。其原因在于这些规定混淆了法律规范与道德规范之间的界限，如拾金不昧的法律规定。所以民法是以“中人”道德标准来要求民事主体的。

民法中体现人性论的制度主要有：(1) 所有权制度。这是性恶论的所有权私有制与性善论的所有权公有制的分水岭。(2) 拾得物制度。该制度与人性有关的是：法律是否允许拾得人在一定条件下成为其所有人，以及允许其取得报酬与否。(3) 无因管理制度、监护制度。在这两项制度中，是否允许为他人服务者取

---

[1] 徐国栋．民法总论［M］．北京：高等教育出版社，2007：85．

得报酬将两种人性选择区分开来。(4) 违约制度。是否允许效益违约将两种人性论选择区别开来。(5) 取得时效制度。在中国，它被认为是攫取不义之财的方式。而实际上，它是一个允许被个人不当回事的社会资源被对之需要的其他社会成员充分利用的制度。它基于社会利益的考虑而忽略这些利用者的道德境界。它在我国是个被深刻误解的制度。从物权法、合同法所规定的相关制度来看，我国民法基本采取了"中人"道德标准。❶

(五) 民法为任意法兼强行法

任意法是指其内容允许当事人通过意思表示予以改变的法律规定，即贯彻意思自治原则的法律规范。任意法的作用有二：一是用来补充或解释当事人的意思；二是为当事人订立合同提供参考标准。强行法是指其内容不允许当事人通过意思表示予以改变的法律规定。任意法与强行法的规定普遍分布于民法之中，只不过在民法的不同子部门，任意法与强行法的比例不同而已。通常，在物权法、亲属法、民法总则、知识产权法、侵权责任法等民法子部门，其强行性的规范比任意性的规范所占的比例大些；而在合同法、继承法等意思自治色彩较强的领域，任意性的规范比强行性规范所占的比例大些。❷

(六) 民法强调平等协商和等价有偿原则

从民法的内容来看，民法调整的财产关系实际上主要就是财产归属关系和财产流通关系。在市场经济条件下，财产归属是财产交易的前提；而交易最终导致财产归属转换。民法作为市场经济的基本法律规则之一，其大量的规范内容是关于市场主体的资格、财产所有和交易规则方面的。商品交换必然要求遵循价值规律，实行等量劳动的交换，因此决定了民法十分强调平等协商和等价有偿原则。

第二节 我国民法的调整对象和调整方法

一、我国民法的调整对象

每一个独立的法律部门，都有自己特定的调整对象，解决特定的社会矛盾。民法为调整平等主体之间的人身关系与财产关系的法律规范。我国《民法通则》第2条规定："中华人民共和国民法调整平等主体的公民之间、法人之间、公民

---

❶ 详细论述，请参阅：徐国栋．民法总论［M］．北京：高等教育出版社，2007：86－87.

❷ 徐国栋．民法总论［M］．北京：高等教育出版社，2007：87－88.

与法人之间的财产关系与人身关系。”由此可见，我国民法调整对象显然是仅限于自然人、法人以平等主体身份参与社会所产生的社会关系。《民法通则》第2条使用“平等主体”而非“民事主体”，使用这一术语在于强调自然人、法人以民事主体身份而不是以其他身份的社会活动，且参与民事活动必须具有平等性。这种平等性表现在以下四个方面：第一，主体条件平等。自然人或法人在取得民事主体资格的条件上平等。第二，主体地位平等。自然人、法人具体享有的法律权利和能力平等，任何人不享有特权或权力。第三，自治的平等。自然人或法人在民事活动中，享有平等的自治资格，任何一方不得以自己的意思左右他人。在民法上，自治资格非常重要，这是其他法律所不具备的主体资格。第四，法律保护平等。这些平等不是事实或结果上的均等，而是法律上的条件和资格均等。[1]

自然人、法人参与社会活动，具有多种资格。他们有时以社交活动的资格出现，如请客吃饭；有时以公法主体资格出现，如参加社会治安管理活动；有时以民事主体资格出现，如订立合同、参与社会捐赠活动。只有在自然人、法人以平等民事主体资格出现并由此而形成的经由法律所调整的社会关系，才是民法所调整的对象。社会关系的本质是“人与人之间的关系”。作为民法调整对象的社会关系，主要包括人格权关系、亲属关系、继承关系、物权关系、知识产权关系、债权关系。对这六类由民法所调整的社会关系，基本上可以分为人身关系和财产关系。调整对象上的差异是民法与其他部门法最根本的区别。

（一）人身关系

所谓人身关系，是指与人身相关联而形成的并经法律所调整的人与人之间的相互关系，是没有直接的财产内容但具有人身属性的社会关系。人身关系基于一定的人格和身份产生，体现了人们精神上和道德上的利益，包括人格关系与身份关系。民事主体作为民事活动的参与者，所必须具备的主体性人格要素包括生命、健康、身体、姓名、自由、隐私、肖像、荣誉等；民事主体作为社会参与者，在团体或社会关系中所必须具备的主体性身份要素包括家庭成员地位、婚姻配偶地位、消费者地位、经营者或生产者地位等。民事主体因人格要素而形成的社会关系，为人格关系；因身份要素而形成的社会关系，为身份关系。民法调整的人身关系具有非财产性、专属性和固有性等特点。非财产性是指人身关系不能直接表现为一种财产利益，它体现的是人的精神上或道德上的利益。在市场经济条件下，某些人身关系可以转化为财产利益。值得我们注意的是哪些人身关系，

---

[1] 龙卫球．民法总论［M］．北京：中国法制出版社，2001：23.

在什么条件下，依何种方式转化为财产利益。因为人身关系的本质是不能用金钱加以度量和评价的，人身关系受到侵害通常是无法等价补偿，只好以精神抚慰金的形式来抚慰受害人。专属性是指人身关系中所体现的利益与人身是很难分离的属性。人格权、身份权不得转让、抛弃和继承，[1] 均是人身关系专属性的具体体现。固有性是指人格关系中的利益大多是民事主体必须具备的利益，是民事主体与生俱来、终身享有的利益，如生命健康等利益。

人格关系是指因民事主体的人格利益而发生的社会关系。人格利益是指自然人的生命、健康、姓名、肖像、名誉和隐私，其他民事主体的名称、荣誉等方面的利益。人格关系在法律上表现为人格权关系，包括生命权、健康权、姓名权、肖像权、名誉权、荣誉权等关系。人格权是民事主体依法所固有的、以人格利益为客体的、为维护主体的独立人格所必备的权利。身份关系是指基于一定的身份而产生的社会关系。包括亲属、监护等关系，这些关系表现为民事法律关系则为身份权关系。即使在性质上归属财产权的知识产权，也有身份权的内容，如作者、发明者的署名权、发表权、著作修改权等。婚姻关系中的某些权利也是身份权，如配偶权等。婚姻自主权是否为身份权，在学术界还存在争议。诚如王利明教授所指出的，婚姻自主权不是妻权或夫权，也不是婚姻权，而是每个自然人所享有的结婚自由、离婚自由的权利。婚姻自由实际上是人身自由的主要内容。所以，婚姻自主权不是身份权，而是人格权。[2]

民法调整人身关系的必要性在于：第一，民法以人为本位，法律关系本质上不过是人与人之间的关系。人是法律关系的主体，社会关系是以人为主体展开的，脱离了人，就使财产关系失去了基本承载。第二，民法作为市民社会的基本法，必然调整作为市民社会中基本社会关系的人身关系。第三，民法对人格利益和身份利益的保护，是其他法律手段无法替代的。第四，就身份关系而言，其主要是亲属关系，而亲属关系从根本上说是私人和私生活关系。第五，对人权的保护已成为现代法治的基本特征。第六，在市民社会关系中，很多关系的人身性质与财产性质是很难分开的。[3]

（二）财产关系

财产关系是人与人之间基于财产而形成的相互关系，指人们在产品的生产、

---

[1] 应当注意的是，近些年来一些新型人格权不具备那么强烈的专属性，如隐私、姓名、肖像、名称，而可以与主体依法发生适当地分离。

[2] 王利明．民法［M］．北京：中国人民大学出版社，2008：10.

[3] 王利明．民法总则研究［M］．北京：中国人民大学出版社，2003：32—35.

分配、交换和消费过程中形成的具有经济内容的社会关系。财产关系涉及生产与再生产等各个环节，包括各类性质不同的关系。任何一国民法都不可能调整所有的财产关系，我国民法也不例外，它只调整一定范围内的财产关系，即发生在平等民事主体之间的关系，这种关系以财产所有和交换为内容。它具有以下特点：第一，民事主体在民法上的地位是平等的。任何主体进入市场从事交易，彼此间的关系应当是平等的、互利的，当其财产受到损害时，应该获得同等价值的补偿。第二，当事人意思表示自由。任何人都不得以自己的意志强加于对方。不论双方的经济实力差别如何悬殊，也不论双方在行政管理关系处于何种地位，都不允许他方将自己的意志强加于人。契约非经双方当事人自由协商，不得缔结。当然存在例外，如强制缔约。第三，等价有偿。这是民事主体法律地位平等在经济利益上的体现。民法所调整的财产关系，大部分都贯彻等价有偿的原则，无偿的财产关系除外。❶ 关于财产关系特点还需要讨论的问题是：（1）财产关系的客体是否仅限于财产？（2）是不是以财产为媒介而产生的社会关系就是财产关系？（3）财产关系作为一种社会关系，当然包括人与人之间的关系，但是否包括人与物之间的关系？徐国栋教授认为，财产关系的客体不以财产为限，还包括行为（特别是服务）和知识产品。以财产为媒介产生的关系不见得是财产关系。如借用、赠与、无偿委任等关系，是以财产为媒介，但不是严格意义上的财产关系。财产关系不仅包括人与人之间的关系，还包括人与物之间的关系。❷

平等主体间的财产关系，包括财产归属关系和财产流转关系。财产归属关系是指因占有、使用、收益、处分财产而引发的社会关系。财产流转关系是指因财产转移而引发的社会关系。财产归属关系是财产流转关系的前提条件，通常只有财产的处分权人才能实施法律上的处分行为，与对方发生债的关系；财产流转关系通常又是实现财产归属关系的重要方式，即财产所有人通过债的关系取得或行使财产所有权。

（三）人身关系与财产关系之间的内在联系

民法所调整的人身关系与财产关系有着密切联系。这种联系表现在以下几个方面：第一，某些人身权，如姓名权、名称权、名誉权和荣誉权等，是民事主体从事正常的商品经济活动并与他人广泛地发生经济联系的前提，如订立合同必须行使自己的姓名权；第二，尽管人身关系是不具有财产内容的社会关系，但现代

---

❶ 王利明．民法［M］．北京：中国人民大学出版社，2008：9.

❷ 徐国栋．民法总论［M］．北京：高等教育出版社，2007：68—69.

商业的发达，导致某些人身权行使直接产生财产利益，如姓名权、肖像权、名称权、形象权等。第三，人身权受到侵害的情况下，一方面会造成权利人的财产损失，如因受伤而无法工作导致薪水减少甚至断绝造成的经济损失；另一方面，造成权利人精神伤害，如因受残疾而导致社会的冷眼，精神伤害也是以财产方式进行抚慰而产生精神抚慰金制度。所以在确定民法的调整对象时不能将财产关系与人身关系完全割裂开来。

二、我国民法的调整方法[1]

（一）法律调整的概念

法律调整是指法律凭借其权威对社会关系施加影响、进行规范的活动，目的在于形成一种理想的社会秩序。我国民法是以事前调整方法、事后调整方法及其相结合方式，作用于调整对象之上。法律调整有确定、范导、保障和法律责任四种调整手段。民法调整分为事前调整和事后调整。事前调整是指在当事人发生争议之前民法对社会生活施加影响的活动；事后调整是指在当事人发生争议之后民法对社会生活施加影响的活动。确定和范导属于事前调整范畴；保障和法律责任是事后调整范畴。

（二）事前调整

1. 确定

确定是为法律关系的形成而提供前提条件的民法调整方法。其具体形式有规定法律关系的主体、规定法律关系的客体和拟制三种。

（1）规定法律关系的主体。民法通过其权利能力和行为能力制度，规定了法律关系参加者的主体资格，将不合格的主体排除在法律关系之外，由此控制了法律关系参加者的范围，以实现民事活动参加者方面的秩序。

（2）规定法律关系的客体。民法通过物、行为、智慧财产、人身利益等客体制度，规定了可以参加民事流转的客体范围，将不合格的客体加以排除，从而保障民事流转的秩序。

（3）拟制。拟制是立法者基于公共政策的考虑，将甲事实当作乙事实适用法律，从而使甲事实产生乙事实的法律效果。拟制是一种立法技术，立法者常常使用“视为”句式制定法律条文。拟制既可以适用于主体，也可以适用于客体。前

---

[1] 本部分的撰写，主要参考彭万林主编的司法部法学统编教材《民法学》相关章节。彭万林．民法学［M］．北京：中国政法大学出版社，2007：17—19．

者如《民法通则》第11条第2款规定的16周岁以上的未成年人以自己的劳动收入为主要生活来源的，视为完全民事行为能力人；后者如《物权法》第2条规定，本法所称的物，包括动产和不动产，法律规定权利作为物权客体的，依照其规定，即将根据法律的规定将某些权利拟制为物，从而适用物权法的规定并产生相应的法律效果。

2. 范导

范导是指为当事人可能的行为提供法律模式的民法调整方法，最典型地体现为法律行为制度。民法规定是对一个事实状态赋予一种确定的法律后果的规定，其逻辑分为行为模式和保证手段两部分。行为模式由假定和处理构成，前者指民法规范适用的条件情况；后者指当事人可以或不可以做，以及应该做什么的具体规定。民法为当事人提供的行为模式有任意性和强行性两类。任意性和强行性规定在民法中的并存，是当事人自主性和国家干预相结合的表现，二者之间的比重反映了国家对民事生活的干预程度。民法规范的行为模式的目的在于指导人们的行为，划定人们行为的可能空间，表达和反映立法者的意志和愿望。保证手段由假定行为和法律后果两者构成。前者指法律关系主体可能性行为选择；后者指立法者对法律关系主体行为选择产生的处理结果。民法规范的保证手段旨在督促人们依照法律规定的行为模式行事，体现和反映民法的国家强制力。当事人通过分析民法规范，可以在行为之前预先知道法律对自己行为的要求和违反这些要求所产生的法律后果，从而作出行为选择。通过这些过程，立法者所期望的社会秩序得以实现，民法完成其调整功能。

（三）事后调整

1. 保障

保障就是通过适用民事救济使被破坏的法律关系恢复圆满状态的民法调整方法。通过民法规范的事前调整，使社会关系转化为法律关系。形成一种理想的社会秩序。当法律关系中的权利受到侵害时，原有和谐的法律关系被破坏，民法便通过事后调整使被破坏的法律关系恢复动态平衡。民法规范的行为模式旨在实现事前调整功能，其保证手段承担着事后调整的任务，即通过运用各种民法所规定的保证手段进行事后调整。保障方式就是民事救济，主要有返还财产、恢复原状和赔偿损失等民事责任方式。

2. 民事责任

民事责任是指行为人没有按照民法规范对行为要求的条件行事，使其承担不利法律后果的民法调整方法。通过对不依法或依约行事者课以民事责任进行调整，这是典型的事后调整方法。民事责任有些是保障手段，还有一些是惩罚手段，如失权、强令生效、价格制裁、举证倒置、解释倾斜等。惩罚的民法调整方法，种类很多，在此难以一一列举。

第三节　民法典编纂

一、民法与商法之间的关系

民法与商法的关系经历了民商分立到民商合一两个阶段。民商分立体制早在19世纪以前就已经形成：法国于1804年制定了拿破仑民法典，1806年制定了法国商法典。在这一时期，德国、日本、西班牙、葡萄牙等国先后制定各自国家的民法典与商法典。这种将民法典与商法典分开制定的立法例称为民商分立主义。商法是适用商人之间的特别私法，是适用于特殊职业群体的法律，其调整特殊职业群体之间的特殊利益。随着商人特殊利益的逐渐消失，需要用统一的法律规则来调整商品经济关系。特别是为了立法技术上的科学性，消除因民商分立带来的民商法之间规范重复、矛盾等现象，自19世纪末期以来，许多国家和地区开始推行民商合一的立法例。在学术上，1847年，意大利学者摩坦尼利（Motanelli）提出了“民商二法统一论”，主张制定统一的民法典，得到各国学者赞同，采纳此主张制定统一民法典的国家主要有：瑞士、泰国、意大利、前苏联、匈牙利等。民商合一主义主要论据如下：第一，近代商法典的前身是中世纪欧洲商人团体的习惯法，即商人的法。但现在所谓的商人这个特殊的阶层已不存在，甚至特殊的商行为亦已失去其特殊性。如票据制度、保险制度等过去仅商人利用的制度现今已普遍适用于社会生活的各个方面，为全社会的人所利用。第二，即使在民商分立的国家，也难以确立划分民事行为与商事行为的严格界限，有的国家只是以民事法庭和商事法庭的管辖来划分，有很大的任意性，因而民法典与商法典的并存极易引起法律适用上的困难和混乱。

我国立法机关目前正在制定民法典，在学术界掀起了民商分立与民商合一立法例的讨论。坚持民商分立的学者认为，商法具有自己的特性：第一，商法具有营利性，即它调整具有营利性的财产关系，而民法调整非营利性的财产关系和人身关系；第二，商法坚持交易迅速和国家干预，而民法坚持公平、自愿原则，民事关系要尽量减少干预。因此商法可以形成独立的法律部门。反对民商分立的学者除了坚持上述传统的理由之外，针对我国以营利性标准区分民事法律关系与商事关系提出了反驳，即民法中的债法关系也是以营利为主，民法中某些人身权也具有经济价值，也可用于营利；而商法中的海商法也难说具有营利性。民法要坚持意思自治原则，也不能完全排斥国家干预。合理、正当的国家干预对于维护交易秩序和公共利益也是十分必要的。商法本身很难组成部门法体系，很难形成一套独成体系的总则，其只能适用民法的总则解决其总则体系问题，因此，应当由民法典统一调整社会商品经济关系。坚持民商合一原则，民法总则、物权制度、债权制度实际上已经对商品经济活动的重要方面作出了一般性的规定，对商事法规中的一些问题同样适用。

我国澳门显然采取了与大陆不相同的立法体例：澳门既制定了《澳门民法典》，又制定了《澳门商法典》，采用民商分立主义的立法模式。

二、民法编纂体例

当今世界民法典的编纂体例主要有两种：一是罗马式，又称为法学阶梯式；二是德国式，又称为潘德克吞式。

法学阶梯式是立法者仿效罗马法学家盖尤士的法学教科书的体例，分为三编，第一编是人法，第二编是物法，第三编是诉讼法。法国等国采此立法例并对此加以改进，将诉讼法排除在外，第一编“人”，第二编“财产及对所有权的各种限制”，第三编“取得财产的各种方法”。

潘德克吞式，系以德国民法典为模式的民法典编纂方式。19 世纪的德国法学派，通过对优士丁尼法典中的《学说汇纂》研究形成德国近代的民法典体系理论，称为潘德克吞法学。该体系最早被胡果（Hugo）在 1789 年出版的《罗马法大纲》一书中采用，最后由萨维尼在其潘德克吞体系教科书中加以完善。基于这一理论体系所制定的德国民法典，被称为潘德克吞式民法典。潘德克吞体例是将繁纷复杂的民法内容依一定的顺序排列，通常分为五编，即总则编、债权编、物权编、亲属编和继承编。总则编在其他四编之前，规定民法共同的制度和规则。不仅如此，债权、物权、亲属、继承各编的第一章，均设小总则，用以规定该编的共同制度和规则。以日本民法典为例：第一编民法总则；第二编物权，其第一章为物权总则；第三编债权，其第一章为债权总则，第二章契约，其第一节为契约总则；第四编亲属，其第一章为亲属总则；第五编继承，其第一章为继承总则。这是最典型的采用潘德克吞体例的民法典。潘德克吞体例根据债权编和物权编何者在前可区分为巴伐利亚式和萨克逊式，物权编在债权编之前的民法典体例为巴伐利亚式；债权编在物权编之前的民法典体例为萨克逊式。

潘德克吞体例的特色在于，规定各种法律关系时，为避免重复规定，将各种法律关系中的共同性制度和规则抽出，集中规定在各具体性规定之前，称为总则（从日本民法典体例可以看出）。如各种契约的共同性规定，作为契约的总则；关于契约之债、侵权之债、无因管理之债、不当得利之债的共同规定，作为债的总则；关于物权、债权、亲属、继承的共同规定，作为民法典的总则。这种编制体例从体系化和逻辑化的观点看，当然是合理的，但从教学的观点看，尤其是对于初学者，则增加了理解的困难。设置总则编的优点，主要反映在有关法律行为的规定，这些规定提取概括，可以取得“唯理化效应”。立法者无需就每一项法律行为都重新规定其生效的要件。黑克（Heck）恰如其分地将总则编的这一功能比喻为“列车时刻表符号说明”：前面已经说明过的东西，后面就没有必要再作重复了。如果不设总则编，立法者要达到既全面又不重复的目的，就必须运用“参引”的技术。例如，立法者对买卖合同的订立作出规定，对赠与合同、租赁合同的订立参引适用买卖行为的规定。这样一来参引规定必然太多，使法典的篇幅过大，有失简明扼要。

其缺点主要就是：第一，抽象与例外的矛盾。一方面，为了使一项规则具有普遍的适用性，该条规则必须以抽象的方式来表述：如买卖在法律上称为合同，或者更抽象地说成“法律行为”。而合同、法律行为等却包含各类性质迥异的过程。要使语言表述适用于所有此类性质迥异的法律行为的法律规则，不可避免地会面临一种两难的局面：要么制定一些非常一般的规则，这样，一般规则的数量势必很少，总则编为以下分编减轻负担的效果难以发挥出来。要么承认在一般规则之外，还存在个别的例外。如有关意思表示错误的规则，不适用于婚姻或遗嘱。再如总则通常都规定，条件适用于所有法律行为。在有些地方，立法者明确规定条件不适用某些法律行为：条件不适用于土地所有权转移合意；条件不适用于婚姻；条件不适用于法定抵销。民法典有时以明确的方式规定了这种限制，一般是在后面的地方作这种规定，以此作为前面无限制适用的规则的例外。有时这种限制并没有反映在民法典的条文中。我们必须通过对明示规定的限制作类推适用，或从规范的宗旨中推导出存在例外。第二，理解上的困难。潘德克吞体例的彻底体系化，使初学者感到难以理解。因为它违反了从具体到抽象、从特殊到一般的认识规律。对初学者来说，总则规定因为太抽象，总是比具体规定更难以理解。理解上的困难除此之外，还表现在一个具体问题的法律规定，我们不能仅仅查找一个地方。要寻找相关规定，往往要在民法典的多处地方查找。其中一般性的规定在法典的前面，特殊性的规定在法典的后面。在查阅法典时，要按从后向前的顺序进行，因为后面的特殊规定排除前面的一般规定的适用。换言之，只有在后面无法找到特殊规定的情况下，才能适用前面的一般性规定。以查找适用分期付款买卖合同的法律为例，其顺序如下：第一步，寻找分期付款买卖合同的有关规定；第二步，寻找特种买卖合同的有关规定；第三步，寻找一般买卖合同法的有关规定；第四步，寻找有关双务合同的有关规定；第五步，寻找合同的有关规定；第六步，寻找债务法的一般性规定；最后适用最为一般性的规定，即有关法律行为的规定。因此，无论先一般后特殊的规范原则多么简单明了，民法典对该原则的复杂贯彻增加了该法典在适用上的困难：一部在结构安排上颇具匠心的法典，却难以适用于非专业人士阅读理解。不过总的来说，总则为我们研究法律提供一种很有价值的、几乎不可缺少的辅助材料。

有两个实例请大家查找其可适用的法律：例一，甲偷摘邻居乙刚洒农药的桃子食用而中毒，甲能否请求乙承担损害赔偿责任？例二，旧汽车买卖合同的买方，能否因为汽车仪表上显示的公里里程数少于实际所跑的里程数，而要求撤销合同？

三、我国民法体系

我国尚缺民法典，在此只能谈论我国的民法体系。

（一）民事主体制度

民事主体的基本特征在于其独立性，包括人格独立、意志独立、财产独立和责任独立。根据民法通则的规定，我国民事主体制度的内容包括自然人、法人所必须具备的权利能力和行为能力等方面规定。这些制度适用范围十分广泛，任何组织或个人，无论其在行政、劳动法律关系中的身份如何，无论其所有制形式和经济实力如何，其主体资格皆由民事主体制度所确认和统辖。

（二）物权法律制度

根据物权法，我国的物权法律制度包括以下内容：（1）物权的一般规定，包括物权客体制度，物权变动模式，物权法的基本原则等内容。（2）所有权制度，特别是建筑物区分所有权制度，所有权取得的各种方法等制度。所有权或处分权是商品生产和交换的前提，也是商品生产和交换的结果。商品交换是所有权的让渡或转移。民事主体从事商品生产或交换的前提就是其对财产享有所有权或处分权。（3）用益物权制度。用益物权制度由建设用地使用权制度、土地承包经营权制度、宅基地使用权制度和地役权制度构成。（4）担保物权制度。担保物权制度由担保物权的一般规定、抵押权制度、质权制度和留置权制度构成。（5）占有。

（三）知识产权法律制度

由于知识产权以智慧财产为客体，并不完全运用民法的基本原则，其本身也有不同于物权的诸多特殊性，有些学者因此认为知识产权法应成为一个独立的法律部门。通说认为，尽管知识产权有这样那样的特殊性，但归根结底仍然是一种民事权利，其本质属性是财产权利和人身权利的结合，而且我国《民法通则》已在民事权利一章中专设知识产权一节。这从法律上、理论上均说明，知识产权法律制度是民法的一个组成部门。我国知识产权法律制度包括以下内容：（1）著作权制度；（2）专利权制度；（3）商标权制度；（4）其他知识产权制度：如地理标志权制度、集成电路布图设计专有权制度、未披露过的信息专有权（商业秘密）制度、植物新品种权制度等。

（四）合同法律制度

合同法律制度是商品交换规则在法律上的表现，是商品流通领域中的最一般最普遍的法律规范。合同法律制度直接规范交易行为，合同的一般规则就是规范交易过程、维护交易秩序的基本规则；各类合同制度是保护正常交换的具体规则。我国合同法律制度包括以下内容：（1）关于合同法的一般规定；（2）合同订立制度；（3）合同效力制度；（4）合同履行制度；（5）合同变更与转让制度；（6）合同权利义务终止制度；（7）违约责任制度；（8）买卖合同制度；（9）供用电、水、气、热力合同制度；（10）赠与合同制度；（11）借款合同制度；（12）租赁合同制度；（13）融资租赁合同制度；（14）承揽合同制度；（15）建设工程合同制度；（16）运输合同制度；（17）技术合同制度；（18）保管合同制度；（19）仓储合同制度；（20）委托合同制度；（21）行纪合同制度；（22）居间合同制度。普遍的合同法律制度设立，为商品交换带来了巨大的方便，商品交换超出了地域、时间的限制，有力地推动了财产流转。

（五）人格权法律制度

由于传统民法对人格权的规定很少，人格权制度主要是通过法院判例而发展起来的。我国有许多学者主张，尽管人格权是民事主体一项不可或缺的权利，人格权法非常重要，但可以在民事主体制度和侵权行为制度中加以概括、规定。不过，从我国已经颁布并实施的侵权责任法规定的内容上看，我国侵权责任法中并未对人格权制度加以规定。人格权作为人身权的最重要组成部分，既没有规定在民事主体制度中，也没有规定在侵权责任法中，与其作为主体重要的民事权利的地位是不相称的。既然财产权可以区分为物权、债权、知识产权等各项法律制度予以规定，人格权作为人身权重要组成部分也可以成为一项独立存在的法律制度。否认人格权作为一项独立制度存在的必要性，实际上还是受到了“重物轻人”的立法观念的影响。人格权法律制度与主体制度有密切的联系，因为人是这两种制度联系的轴心。但人格与人格权是两个不同的概念，对人格权的侵害不仅涉及对人格的侵害，而且也会造成对公民人身利益甚至财产利益的损害。它涉及民法中的许多制度，包括主体制度和侵权制度在内。尽管侵权责任制度对人格权提供了有力的法律保障，但人格权的确立不是侵权责任法所能解决的。人格权法律制度应当包括以下内容：自然人的生命权、身体权和健康权；自然人的姓名权、肖像权和法人的名称权；名誉权和荣誉权；信用权；自由权；人格尊严权和隐私权等。

（六）侵权责任法律制度

侵害人格权、物权和知识产权等民事权益，应当承担侵权责任。传统民法学者认为，侵害他人权利，是债的发生原因之一，侵权法天然地属于债法的一部分。侵权责任法是保障民事权利的法律。纵观各国民法典，大都将侵权法置于债法总则之中。我国侵权责任立法，突破传统观点，将侵权责任法从债法中独立出来，作为民法体系的一个独立组成部分。我国侵权责任法律制度包含了以下内容：（1）关于侵权责任的一般规定；（2）侵权责任的构成和责任方式；（3）不承担责任和减轻责任的情形，即免责事由；（4）关于责任主体的特殊规定；（5）特殊侵权责任制度，包括：产品责任、机动车交通事故责任、医疗损害责任、环境污染责任、高度危险责任、饲养动物损害责任和物件损害责任。

（七）财产继承法律制度

财产继承法律制度是有关自然人死亡后将其遗留的财产转移给有继承权的人的制度。自然人的财产继承权是其财产所有权在死后根据法律制度的安排而延伸，保护继承人的财产继承权是保护其财产权的重要组成部分。财产继承制度是民法的重要组成部分。继承法律制度包含以下主要内容：（1）总则，包括继承开始、遗产范围、未成年人继承权的行使、继承权丧失和继承权的诉讼时效等内容；（2）法定继承；（3）遗嘱继承；（4）遗赠；（5）遗产的处理等。

四、澳门民法典体系

由于澳门采用了民商分立主义，因此澳门民法典体系中不包括商法的内容。《澳门民法典》在体例结构上，采用了“卷”“编”“分编”“章”“节”“分节”的结构方式。《澳门民法典》采用了潘德克吞体例，总共有五卷，分别是“第一卷总则”“第二卷债法”“第三卷物权”“第四卷亲属法”“第五卷继承法”。由于债法在物权之前，属于萨克逊式民法典。“总则卷”规定了两编：“第一编法律、法律之解释及适用”和“第二编法律关系”。其中第二编总共由四分编组成：“第一分编人”“第二分编物”“第三分编法律事实”“第四分编权利之行使及保护”。“债法卷”总共有两编：“第一编债之通则”和“第二编各种合同”。“物权卷”总共有五编：“第一编占有”“第二编所有权”“第三编用益物权、使用权及居住权”“第四编地上权”“第五编地役权”。“亲属法卷”也是由五编组成：“第一编一般规定”“第二编结婚”“第三编亲子关系”“第四编收养”“第五编抚养”。“继承法卷”则由四编组成：“第一编继承总则”“第二编法定继承”“第三编特留份继承”“第四编遗嘱继承”。总则存在“分编”结构，而各分则没有“分编”结构。

第四节　民法的渊源

一、民法渊源概说

法律渊源是指法律的表现形式。民法的渊源就是民事法律规范借以表现的形式。

在民法史上，民法渊源存在一元制和多元制两种主张。一元制是指民法渊源只有一种表现形式，即制定法形式，如法国民法典第 5 条的规定；多元制是指民法渊源的表现形式有多种，除制定法外，还有诸如习惯、判例、法理甚至国家政策等其他方式，如瑞士民法典第 1 条的规定和我国《民法通则》第 6 条的规定。现代各国立法逐步舍弃严格三权分立观念，认为议会是一般立法者，法官是个别立法者，前者制定法律的大纲，后者制定法律的细则。由此淡化了立法与司法两大权力之间的严格划分，淡化了二者之间的界限，因而普遍承认判例作为民法的渊源。[1] 过去采用一元制的法国等国家，逐渐改采多元制。

在民法理论上，存在直接渊源与间接渊源的区分。但不同学者对直接渊源与间接渊源的理解是不同的，主要有两种观点：一种观点，王泽鉴先生认为，直接渊源是指我国台湾地区“民法典”第 1 条规定的法律、习惯及法理；间接渊源是指判例及学说。[2] 另一种观点，徐国栋教授认为，制定法是民法的直接渊源，习惯、判例、学说是间接渊源。直接渊源与间接渊源的区别在于：前者具有适用上

---

[1] 徐国栋．民法总论［M］．北京：高等教育出版社，2007：106.

[2] 王泽鉴．民法概要［M］．北京：中国政法大学出版社，2003：14—17.

的直接性和优先性。法官在审理具体民事案件适用法律的过程中，有制定法明文规定的，必须先直接适用制定法。后者具有适用上的补充性和间接性。补充性表现为无制定法时方可适用；间接性表现为只有经过法官选择、认可后，才可作为法律适用。[1] 本书采第二种见解。

二、民法渊源

（一）直接渊源：制定法

1. 宪法

根据《宪法》第62条第3项、第67条第3项的赋权，全国人大及其常委会有制定、修改和补充民法的权力。《宪法》中关于社会主义建设的方针和路线的规定、关于财产所有制和所有权的规定、关于公民基本权利和义务的规定等，都是调整民事关系的重要法律规范。近年来，我国一些地方的法院在民事和经济审判中，在缺乏具体的实体法规范时，曾援引《宪法》进行判案，表明《宪法》具有司法性。再如《宪法》第41条规定："由于国家机关和国家工作人员侵犯公民权利而受到损失的人，有依照法律规定取得赔偿的权利。"

2. 民法通则

我国的《民法通则》既不是民法典，也不同于民法典的总则编。它是我国规定民事关系的共同性法律规定的民事基本法，其效力仅次于《宪法》。

3. 民事单行法

相对于民事基本法而言，民事单行法属于民事特别法。现行单行法很多，主要有：合同法、担保法、物权法、侵权责任法、土地管理法、城市房地产管理法、专利法、著作权法、商标法、婚姻法、继承法、收养法、公司法、保险法、海商法、票据法、证券法、破产法等。有一些民事单行法是对不便在民法典中加以规定的问题由全国人在常委会制定的民事立法，以增加法律的灵活性，因为其制定和修改的程序较简单，如专利法、商标法、著作权法、担保法、收养法、公司法、侵权责任法等。还有一些是零星民事规范，主要散见于破产、土地、森林、矿产、渔业等方面的法律中。

4. 民事法规

由国务院制定的民事法规，亦为民法的构成部分。如工矿产品购销条例、加工承揽合同条例、借款合同条例、国内航空运输旅客身体损害赔偿暂行规定、城市私

---

[1] 徐国栋．民法总论［M］．北京：高等教育出版社，2007：105.

有房屋管理条例、国有土地出让转让暂行条例等。国务院制定的有关民事部分的法规、决议和命令，是民法的重要表现形式，其效力仅次于宪法和民事法律。

5. 国务院各部委依据法律、行政法规所制定的涉及民事关系的规范性文件

上述规范性文件称为行政规章，并不属于立法。但在司法审判活动中，行政规章应当作为裁判的重要参考。

6. 最高人民法院的指导性文件

为了在审判工作中正确贯彻执行法律，最高人民法院可以在总结审判实践经验的基础上发布司法解释性文件，包括发布在审判工作中适用某个法律的具体意见，以及对具体案件如何适用法律作出批复。有的学者对最高人民法院的司法解释能否作为民法渊源提出异议，其理由是宪法没有授权最高院以立法权。宪法虽然没有明确赋予最高人民法院司法解释权，但《全国人大常委会关于加强法律解释工作的决议》第2条明确规定："凡属法院审判工作中具体应用法律、法令的问题，由最高人民法院进行解释。"《法院组织法》也规定了最高人民法院的司法解释权。我国学界和实务界一般认为，最高人民法院的司法解释具有法律渊源的效力。实践中，最高人民法院已经作出了大量司法解释文件，包括系统意见文件和个案批复文件，这些解释已经具有法律渊源的地位。

7. 地方性法规

地方性民事规范是指地方各级人大、地方各级人民政府、民族自治区的自治机关在宪法、法律规定的权限内所制定、发布的决议、命令、地方性法规、自治条例、单行条例中有关民事的法律规范。《宪法》第116条规定，民族自治地方的人民代表大会有权依照当地民族的政治、经济和文化的特点，制定自治条例和单行条例。第107条、第115条规定，县级以上各级人民政府可以依照法律的权限，管理行政工作，发布决定和命令。地方性法规在效力范围上具有从属性，在适用范围上具有地域性，但同样具有法的效力。属于法的重要渊源。

（二）间接渊源：国家政策和国家认可的民事习惯

1. 国家政策

《民法通则》第6条规定："民事活动必须遵守法律，法律没有规定的，应当遵守国家政策。"何谓国家政策，立法并不明确。有的学者认为，国家政策限于最高国家机关施行的方针、策略和政令。这是一项独特的规定，在其他国家，国家政策只能影响制定法，不能直接作为法律渊源。国家政策影响法院判决民事案件的情况很少见，但影响刑事案件的审判是时常有的，比如前一段时间学者强烈批评的"严打政策"对法院审案的影响就是典型一例。因此，国家政策作为民法

渊源，其合理性问题、政策范围问题以及政策标准问题，有待深入研究和讨论。

2. 国家认可的民事习惯

在我国，习惯作为民法的渊源是受限制的，只有经过国家认可的习惯，才具有民法渊源意义。大多数国家将民事习惯作为法律渊源。习惯法是独立于制定法之外，发生于某种社会权威、社会组织、一定区域或一定族群长期生活所形成的，具有一定的强制力的行为规范。该强制力不是法律强制力，多基于舆论压力、社会权威或社会组织的压力。

判例可否作为法律渊源？大陆法系传统不承认法官具有立法权，因此不承认判例为法源。现代越来越多的大陆法系国家承认判例法的法律渊源地位。我国也有学者建议确立判例法制度，其理由主要有：第一，判例法与成文法各具特点，难分优劣。将两者融为一体，可以相互取长补短。第二，从我国实践来看，建立判例制度有助于法官在裁判中正确适用法律。因为判例本身就是正确适用法律、解释法律的样板，遵循先例为法官正确适用法律提供了指导。第三，有助于限制法官的自由裁量权。由于我国目前立法规定较为原则、抽象，特别是由于立法尚不完善，因此给法官的自由裁量留下了很大的空间，这需要通过判例对此种自由裁量权作出适当的限制，以防止自由裁量权被滥用。因为按照遵循先例原则的要求，对于相同或相似的案件，必须适用相同的规则，判决结果应当大体一致。保障判决的大体一致性，可以充分实现法的安全价值。第四，有利于尽快提高法官裁判质量。每一个先例都是在事实认定和说理方面的样本，法官严格按照先例来判决，是提高裁判质量的重要方法。❶

有的学者认为，判例制度在我国已逐步建立起来，《最高人民法院公报》定期公布一些具有典型意义的判例，实际上对下级法院具有指导作用，这些判例担当了补充渊源的角色。判例获得渊源地位，意味着法院要通过自由的科学研究寻找解决具体问题的妥当方案，这种研究不能漫无边际地进行，而必须遵循一定的方向。从世界各国的实践来看，按照学说、事理之性质和同法族的外国法的路径进行寻法比较可取。❷

三、关于立法授权问题

目前，我国在民法渊源还有一个颇具争议性的问题，即授权立法问题。国务

---

❶ 王利明．民法［M］．北京：中国人民大学出版社，2008：22.

❷ 徐国栋．民法总论［M］．北京：高等教育出版社，2007：111.

院及其部门往往受到民事法律的立法授权，如我国《商标法》第42条规定："本法的实施细则，由国务院工商行政管理部门制定，报国务院批准施行。"这种授权立法，第一，存在宪法上的缺陷，因为宪法赋予的立法权是立法机关不能随意让渡或转托的；第二，从目前情况看，随意使用授权立法已经产生了部门利益倾向，以及法律不协调问题。❶ 这些问题已经受到学界和国家立法机关的关注。

四、澳门民法的渊源

《澳门民法典》在第一卷第一编第一章第一条和第2条、第3条分别规定了"直接渊源"和"间接渊源"。第1条（直接渊源）规定："一、法律为法之直接渊源。二、来自澳门地区有权限机关或来自国家机关在其对澳门立法权限范围之一切概括性规定，均视为法律。三、适用于澳门之国际协约优于普通法律。"第2条（习惯之法律价值）规定："不违背善意原则之习惯，仅在法律有所规定时，方予考虑。"第3条（衡平原则之价值）规定："唯在下列情况下，法院方得按衡平原则处理案件：a）法律规定容许者；b）当事人有合意，且有关之法律关系非为不可处分者；c）当事人按适用于仲裁条款之规定，预先约定采用衡平原则者。"

据此，澳门民法的直接渊源是法律，间接渊源是被立法认可的习惯。在法律严格规定的情形下，法官可依衡平原则处理案件。判例、法理均不是澳门民法的渊源。

第五节　民法的适用范围

民法的适用范围，是指民事法律规范在何时、何地、对何人发生法律效力。民法的适用范围，也是民法的效力范围，包括在时间上的适用范围、在空间上的适用范围和对人的适用范围。

一、民法在时间上的适用范围

民法在时间上的适用范围，是民事法律规范在时间上所具有的法律效力。民法的效力自实施之日起发生，至废止之时停止。从我国民事立法实践看，民法通

---

❶ 龙卫球．民法总论［M］．北京：中国法制出版社，2001：40－41．

常从公布之日起经过一段时间之后才实施，才生效。公布之日与实施之间之所以不一致，其原因在于：第一，让人们在法律生效之前有时间充分了解该法律，以便将来更好地遵守该法律；第二，给有关实施机关，特别是法院，熟悉并掌握法律的基本精神等准备时间；第三，可以在一定程度上减少有关适用新法溯及力方面的纠纷。在例外情况下，有些民事特别法自公布之日起实施。这样做的目的是为防止有些当事人利用"法不溯及既往"原则规避法律，逃避法律的制裁。

民事法律规范对其实施前发生的民事关系有无溯及力，是民法在时间效力上的重要问题。溯及力是指新的法律颁布实施后，对它生效之前发生的事件和行为是否适用，如果适用，即具有溯及力；如果不适用，即不具有溯及力。原则上，新法没有溯及既往的效力。法律不得溯及既往的理由在于，当法律尚未制定出来时，不得要求行为人把未来的法律作为自己必须遵循的行为规则，如果人们按照现行法律实施法律行为，进行民事活动，却被未来的法律所否定，这不利于社会关系的稳定，也不利于保证法律的权威性。新颁布的民事法律是否具有溯及力，需以该法明文规定为限。例如，《民法通则》经过近20年的实施，在实践中基本上不涉及溯及力的问题，但《最高人民法院关于执行〈中华人民共和国民法通则〉若干问题的意见》（以下简称《民通意见》）这一司法解释时，对民法通则的溯及力问题作了规定：1987年1月1日以后受理的案件，如果民事行为发生在1987年以前，适用民事行为发生时的法律、政策，当时的法律、政策没有具体规定的，可以比照民法通则处理。再如，《合同法司法解释（一）》第1～第5条规定，就是规范《合同法》溯及力问题：《合同法》实施以后成立的合同发生纠纷起诉到法院的，适用《合同法》规定；《合同法》实施以前成立的合同发生纠纷起诉到法院的，除本解释另有规定外，适用当时的法律规定，当时没有法律规定的，可以适用《合同法》的有关规定；合同成立于《合同法》实施之前，但合同约定的履行期限跨越《合同法》实施之日或者履行期限在《合同法》实施之后，因履行合同发生了纠纷，适用《合同法》第四章的有关规定；法院在确认合同效力时，对《合同法》实施以前成立的合同，适用当时的法律合同无效而适用《合同法》合同有效的，则适用《合同法》；《合同法》实施以后，人民法院确认合同无效，应当以全国人大及其常委会制定的法律和国务院制定的行政法律为依据，不得以地方性法规、行政规章为依据；法院对《合同法》实施以前已经作出终审裁判的案件进行再审，不适用《合同法》。

二、民法在空间上的适用范围

民法在空间上的适用范围，指民事法律规范在什么地域范围内所具有的效力。一般的原则是，民事法律规范的效力及于制定该民事法规的机关所管辖的领域。《民法通则》第8条规定，在中华人民共和国领域内的民事活动，适用中华人民共和国法律，法律另有规定的除外。从该条规定可以看出，我国民法的适用范围以属地为原则，凡是在中国领域内从事的民事活动，原则上适用中国法。作为例外：外国人、无国籍的人，外国企业在中国领域内实施的法律行为，在能力问题上可以适用属人法，但其他问题，依然适用中国法；此外，根据《合同法》的有关规定，在中国订立的涉外合同，当事人可以选择处理合同争议所适用的法律。我国民法空间上的适用范围以属地主义为原则，以属人主义、主权主义、意思主义为例外，这既反映了国家主权原则，又反映了我国法律尊重外国法律主权，同时又反映了民法本身的特点。民事法规适用空间范围因制定机关不同而不同：第一，全国人大及其常委会、国务院及其各部委制定的民事法规，适用于中国领域；第二，地方各级人大及其常委会、政府根据各自的权限所制定颁布的民事法规，只在该政权机关管辖区域内发生效力，在其他区域不发生效力。

三、民法对人的适用范围

民法对人的适用范围，指民事法律规范对哪些人具有法律效力。人作为民法术语，如果没有特别说明，兼指自然人、法人和合伙。我国民法对人的适用范围主要有以下几种情况：第一，对在中国领域内的自然人、法人和其他组织具有法律效力。有两项例外：（1）根据我国缔结或参加的国际条约、双边协定以及我国认可的国际惯例，我国民法对享有司法豁免权的外国公民（如来访的国家元首、政府首脑和他们的随从人员，外国使节和他们的家属等）不具有法律效力。（2）我国民法中某些专门由中国自然人、法人、其他组织享有的权利能力，对外国人、无国籍人、外国法人和其他组织不具有法律效力。第二，居留在外国的我国公民，原则上适用居住国的民法，但是，依照我国民法和我国缔结或参加的国际条约、双边协定以及我国认可的国际惯例，应当适用我国民法的，仍然适用我国民法。

四、澳门民法典的适用范围

《澳门民法典》于1999年10月1日开始整体生效，但存在例外：该《澳门民法典》第79条第3款规定，在特别法就该款所指的公共当局作出指定时方开始生效；《澳门民法典》第182条第3款中涉及办理财团登记之行政实体之部分，亦在特别法就该实体作出指定时方开始生效；《澳门民法典》第185条第2款的规定与新《澳门商法典》同时开始生效。

《澳门民法典》与我国内地民法规定不同，它不仅规定法典溯及力问题，而且规定对被废止规定的援用问题。该民法典在第 11 条确立了“法不溯及既往”的原则：“法律只规范将来情况；法律即使被赋予追溯效力，其旨在规范之事实已产生效果，仍推定保留。”该民法典的“法令第 39/99/M 号”第一章第 4 条规定了对被废止规定的援用问题：“在新《澳门民法典》开始生效前之法规内对上条第一款及第三款所指被废止法规的援用，视为援用新法典内之相应规定。”

思考题

1. 试比较中国内地民法体系与澳门民法典体系。

2. 试比较中国内地民法与《澳门民法典》在时间上的效力及其溯及力方面的差异。

3. 试比较中国内地与《澳门民法典》的法源的差异。

4. 试述民法概念及其特点。

5. 试述民法的调整对象和调整方法。

第二章 民法的适用与解释

导读

民法适用广义上是指何人对民法的适用，“何人”包括自然人、法人以及法官；狭义的民法适用仅指法官将民事法律规范适用于具体案件以获得判决的全过程。民法适用采用司法逻辑三段论法，即首先通过法官对当事人举证证明的事实进行讨论或评价，取得小前提；其次是通过法律解释或漏洞补充确定大前提；然后用小前提“套取”大前提，如果小前提完全符合大前提所规定的各构成要件，则可以推定该案件事实产生大前提规定的法效果，进而得出案件的法律结论。法律适用重要步骤是解释法律或者进行漏洞补充，以弥补法律规定的不足。解释法律、补充法律均存在多种方法。本章的重点和难点是民法适用的概念、民法适用的逻辑、司法逻辑三段论、民法解释与民法漏洞补充之间的界限、民法解释的各种方法和民法漏洞补充的各种方法。

第一节 民法适用的逻辑模式

传统法学对于包括民法在内的法律适用，提出了逻辑推演的简单三段论法。但是后来的学者发现，法律上多数法条是不完整的，而且也往往运用了不确定的概念或者须填补的标准来规定构成要件和法效果，如此，三段论的简单模式就要作重要修正，其法条确定需要依据一定的方法，其所谓涵摄过程以及推断结论过程，也需要以一定的判断为基础，通常转化为一种评价形式而不是逻辑套取形式。经修改的三段论，发展出以法律解释和法律补充为基础确定大前提，以法律讨论或评价为基础取得小前提，以具体化为目标推导结论的复杂环节。

一、民法适用的概念

民法适用，不仅指社会生活中人们对法律的自动适用，即守法；也包括法官或司法者对系争案件予以裁判时适用民法规范。民法适用的通常意义是指将民事法律规范适用于具体案件以获得判决的全过程。民法从制定出来到适用，存在一个实践化的过程。在这个过程中，很可能发生“纸上的法律”与“运行的法律”之间脱节的现象。如何解决这个问题？我们必须合理运用逻辑思维，寻找恰当的方法使两者协调一致。西方有些学者称：“非理性主义是法所固有的，判决仅仅是法官根据案件的大致情形依直觉作出的。”也有学者指出：“这种‘法律印象主义’的危险性在于将法官司法置于不安全和专断的境地。”[1] 实际上，这两种观点的结合，要求法官在进行司法判案时，必须结合非理性因素和反映辩论逻辑的理性因素（逻辑三段论）。

二、民法适用的逻辑

传统的民法学运用一个单纯的逻辑模式作为法律适用始终遵循的方法，即确定法效果的逻辑三段论。逻辑三段论是寻求法效果的工具。大前提的逻辑结构是假设任何一个案件事实符合构成要件 T，则赋予其法律效果 R；将某具体案件事实归属于法条构成要件之下的过程，构成小前提。小前提的逻辑结构是确定特定

---

[1] ［法］雅克·盖斯旦，吉勒·古博．法国民法总论［M］．陈鹏，等译．北京：法律出版社，2004：42.

案件事实S符合或实现T，即S是T的一个事例；最后推出结论：对系争案件事实赋予法律规范所规定的法效果。在这种逻辑三段论推演过程中，有三个需要解决的问题：第一，正确地提取大前提，即正确地找到所适用的法条；第二，正确地取得小前提，即确定实际发生的案件事实，是否可以涵摄某法条的构成要件之下；第三，确定结论，即对该个案赋予大前提的法效果。如《民法通则》第129条规定，因紧急避险造成损害的，由引起险情发生的人承担民事责任。这是大前提。它们包含两个部分：第一，假设某种行为；第二，表明立法者这种行为中引出的法律后果。三段论的小前提是对这种假设行为的认定。例如，甲驾驶汽车沿324国道正常行驶时，乙突然违章横穿国道，甲紧急刹车致使乘客丙受伤。甲紧急刹车是紧急避险行为，这是小前提，由引起险情发生的人即乙赔偿丙的损失，这是结论。

实际上，三段论往往可以分解为数个连续的三段论。如《合同法》第107条规定，合同当事人一方违约，应当向对方承担违约责任。第117条规定，因不可抗力不能履行合同的，根据不可抗力的影响，部分或全部免除责任。本法所称不可抗力，是指不能预见、不能避免并不能克服的客观情况。例如，甲与乙双方约定，甲于2007年3月31日在A地将买卖标的物交付于乙。2007年3月31日，乙到A地接货却未接到。为了得出甲的行为是违约行为的结论，需要从甲的履约行为不符合约定的规则出发，证实甲于该时间内没有在A地将买卖标的物交付给乙。然后得出甲的行为是违约行为的结论。在得出甲违约结论之前，必须运用逻辑三段论证明甲无正当理由没有在A地交货。再如，过错致使他人受害的，应向他人承担赔偿责任。甲驾车沿道路左侧行驶，将迎面而来的骑自行车的乙撞伤。在确定小前提时，同样需要运用逻辑三段论。即确定甲驾车沿道路左侧行驶有过错的过程，也是一个逻辑三段论的过程。为了作出甲有过错的结论，需要从要求靠右侧行车的规则（大前提）出发，证实该驾车的人甲当时靠左侧行使（小前提），然后才能得出甲有过错的结论。最后才能得出甲因自己的过错驾车行为致人损害承担侵权责任。

三、逻辑三段论的运用

司法过程频繁地运用逻辑三段论，表明法官对法律以及民事实体法规定的服从。法官的职能似乎仅限于将立法者制定的规则适用于他所受理的具体个案。司法判决必须承担说明判决理由的义务，以及接受最高院司法监督的义务，目的都是保证法律的正确适用。

（一）获取小前提：确定案件事实，并通过判断进行涵摄或归属

小前提并不只是对案件事实的审查确认。它由两个不同的部分组成：一是某

事实是否成立；二是该事实的定性是否符合准备适用的规则的假设。如上例中已经确认甲是在道路左侧行驶，是否就可以定性为甲有过错？为了作出这种定性，除了需要考虑到车辆应当沿右侧行驶的规则外，还须考虑当时的实际情况，如路面结冰使汽车滑到道路的左侧，或右侧正在道路施工等实际情况。法律适用不是自动发生，而必须由法官先确定案件事实，并对这一案件事实进行定性，然后寻找可适用的法律。确定案件事实，不是实际发生的事实，因为实际发生的事实已经过去。在法律适用阶段的案件事实，是以法律适用为目的依司法程序陈述出来并予以整理的案件事实，它只是对实际发生的案件事实的某种程度的反映。

虽然确定案件事实和选择适用法条是同时进行的，但是我们还是习惯将二者区分开来，以判断被陈述的案件事实是否符合法条所要求的构成要件。法官判断被定性的案件事实是否符合法条的构成要件的过程，称为涵摄。涵摄是指被陈述的案件事实，归属于待适用的法条的构成要件的一个事例的过程。逻辑学意义上的涵摄的逻辑模式是：将外延较窄的概念划归外延较宽的概念之下。作为法律适用的涵摄，不是这种下概念对上概念的划归，而是将确定的案件事实经判断划归于待用法条构成要件之下。因此，它们之间通常不能在精确的种属公式基础上完成涵摄，而必须借助判断。这就是上面所谈到的，对案件事实进行定性时不是靠通行的逻辑推理，而需要根据实际情况进行判断。

如何涵摄或判断？实践中，法官通常运用以下方式进行涵摄、归属或判断：第一，以感知为基础的判断。法律构成要件中的重要的事实，可以用感知来确证。如某人在特定时间出生或死亡、某人身体受到伤害、物的毁损、物的物理或化学状态、信件的投递与到达、证书的真伪等事实需要以感知为基础进行判断。第二，以特定的方式为基础进行判断。法律的构成要素，不只包括透过感知就可以确证的事实，有时还包括人的行为或意思表示、法律性的评价事实，甚至是法律关系。(1) 以人们对该行为的一般解释为基础的判断。如甲在与乙争论中，用物击倒乙。对甲这一行为的判断，法学一般采取社会的客观立场，以社会对人类行为的一般解释为基础：人们在此种情形下有此行为，便可判断为故意行为。这有时与以感知为基础的判断难以区分：如甲在 5 米范围内对乙说，我同意 1 000 元购买你的手机。如果甲证实了上述事实，法官判断甲作出了有效的承诺。这种判断方式是法官的感知还是人们对该行为的一般解释？(2) 其他借助社会经验而取得的判断。如对物的瑕疵的判断，判断者不能仅依赖感知，还需要依据一定的社会经验进行判断。不符合依据社会经验形成的通用效用的物，便具有瑕疵。如附加物、新物等，其涵摄或判断也需要相应的经验。(3) 价值判断。依据社会经验判断特定案件事实时，如果欠缺可用的“社会一般经验法则”，判断者往往必须比较和衡量诸多事实，这种情况下，须依赖法律规定的填补性观点来评判各事实的重要性。于此，判断者就必须作价值判断。这样的填补事由，主要有“善良风俗”“诚实信用”“公共利益”“交易上必要的注意”“重大事由”等。[1]

因此，法官在对小前提进行认定时，拥有很大的自由裁量权。实际上，法官经常可以在事实当中只选择那些能够导向他所期望结果的事实。尤其是他可以只注重那些符合某种定性条件的事实，而这一定性决定着某一特定规则的适用。由于作为定性基础的法律概念往往不够精确，这种选择的自由就更大了。这种情况也同样涉及大前提，并决定着它的适用。

（二）寻找、提取大前提

在确定案件事实时，应适用的法律规范也应被确定下来。获得大前提时应注意两个问题：第一，寻找的是可以独立适用的法律规范，而不是个别法条。必须通过将相关法条组合从而形成具有独立规范功能的法律规定。第二，寻找的法律规范必须适当。找法的目的是对案件事实作出正确的法效果的指示，所找的法律规范应当是其法律要件和认定事实完全相符的法律规范。实务中，找法往往同时结合当事人的主张进行。法官根据当事人的主张或请求，取出适当规范，以其构成要件与案件事实的确定进行对向交流。如果确定案件事实不能与其诉求规范相符，则构成诉求无因。如果当事人不修改其诉求，法官可裁决其败诉。很多案例，法官在寻找大前提时，不能仅依法条就可以获得。因为，法条有时仅限于提出一些简单的原则，有时可能保持沉默或表述模糊，有时数个法条之间存在矛盾，另外法条中可能存在内容看似清楚实则不确定的概念，如公共秩序、善意、欺诈、情势变更、权利滥用、过错、诚实信用等，这些概念由于模式特点而适宜严格演绎推理。法条存在的上述情况直接影响法律规则的适用，这种性质决定了确定法条内容是一个复杂的问题，因此法律需要解释。对于大前提的确定，法官的主要任务是进行法律解释。当代的立法者已经没有了拿破仑式的浪漫，无论如何审慎制定法律，也不可能对所有应属于法律范围的并且需要被规范的事实提供答案。法律必然存在模糊与漏洞。

（三）推断出法律适用的结论，获取具体法效果

在对案件事实进行定性之后获取小前提，在此基础上，与寻找到的供适用的法律规范（大前提）相比较，如果小前提完全符合大前提能够产生法律效果的构成要件，则推定该案件事实能够发生大前提所产生的法律效果。

---

[1] ［德］卡尔·拉伦茨．法学方法论［M］．陈爱娥，译．北京：商务印书馆，2004：160—189.

但是，对特定案件事实赋予法效果的过程是复杂的具体过程。待适用的规范中的法效果是一般地描述抽象层面的法效果，但结论中的法效果则应是该案件事实的具体法效果。有时，法规范上的法效果使用不精确的表达，问题就会十分复杂：在获得法律适用的结论后，为获得本案的具体法律效果，还要进一步判断。与确定构成要件之涵摄相似，这项判断应以技术知识和社会经验等为基础。例如，法官已经通过适用相应的法规范得出法律效果是甲应当向乙的精神损害承担赔偿责任，接下来的问题是法官必须考虑甲向乙承担多少赔偿责任，即抚慰金的数额。通常，法官会考虑乙精神伤害的程度、甲的经济状况、乙的经济状况、乙的社会地位等因素。再如，法官确定 A 应当向 B 承担违约赔偿责任，如何确定具体的数额？法官则必须考虑《合同法》第 113 条的规定：A 向 B 损失赔偿额应当相当于因违约所造成的损失，包括合同履行后可以获得的利益，但不得超过违反合同一方订立合同时预见到或应当预见到的因违反合同可能造成的损失。这在法律上为法官确定具体案件的违约损害赔偿标准或规则：可预见性规则。当然还有其他规则，如损益相抵规则、过错相抵规则、减轻损害规则等。

传统的司法过程是法官反复运用逻辑三段论的过程。由于三段论的大前提和小前提往往不表现为既定因素，因此需要人们去认真探索和发现。在探索过程中，法官们从事实出发来寻找恰当的规则，然后又回到案件的具体情况中检验是否一致，逐步深化着对大前提和小前提的分析。法官“从最初的观察中直觉地提出的假设，经同时在所有方向上进行的考证，在深化过程中得到验证和明确；只有拥有对总体的理解，才能将所有的要素定位，也只有通过对总体的理解，最初设想的答案才能一步步修正，最终成型。要求同时把握住所有的线索，这可能是法律思维中最大的困难之一，而通过经验和习惯来培养的这种能力，是法律家头脑最具有特点的方面之一”。

逻辑三段论的合理运用，不仅有利于法官正确地适用法律，也有利于上诉法院的法官对判决的审查。同时，逻辑三段论是人们最常用、最直观的思维方式，因此，有利于法官向当事人、公众舆论说明作出如此判决的理由。

第二节　民法适用的原则

一、上位法优于下位法原则

上位法优于下位法原则是指效力层次较高的民事法律规范与效力层次较低的

民事法律规范相冲突的情况下，应当优先适用效力层次较高的民事法律规定。相比较，法律效力层次较高的民法规范为上位法；法律效力层次较低的民法规范为下位法。上位法优于下位法原则指下位法不得与上位法相抵触，否则适用上位法。通常，在法律效力层次方面，法律效力层次依次为宪法、法律、行政法规、地方性法规或部门规章。《民法通则》《合同法》《物权法》《侵权责任法》等属法律，因此，当国务院颁布的有关行政法规与这些法律的有关规定相抵触时，应适用这些法律的规定。上位法优于下位法原则，只在级别不同的法律规范对同一问题的规定有冲突时才能适用。然而，当下位法不与上位法规定相冲突，且下位法为了贯彻执行上位法就同一个问题或就上位法没有规定的问题作出了更具体、更详细的规定时，就应当适用劣位法。

从理论上讲，下位法不应当与上位法冲突，因为下位法是依据上位法而制定。为什么我国的法制现实却存在不少下位法与上位法相冲突的情况？根本原因在民法典的缺失。由于我国没有统一的民法典，而是分别由全国人大及其常委会制定各种单行法以及国务院制定各种行政法规，并且往往是在法律制定之前就有了行政法规，这样就非常容易出现劣位法与优位法相冲突的情况。

根据我国《合同法》第 7 条（当事人订立合同、履行合同应当遵守法律与行政法规）与第 52 条第（5）项（违法法律、行政法规强制性规定的合同无效）的规定，合同关系只受法律、行政法规调整，将地方性法规与部门规章排除在外，这是为了更好地体现合同自愿原则，有利于国家法制的统一。从我国的司法实践看，法官判案时，地方性法规、部门规章仍然起着比较重要的参考作用。

二、特别法优于普通法原则

依据所规定事项的不同，民法可分为民事普通法与民事特别法。[1] 关于一般民事法律关系的规定为民事普通法；关于某一特定民事法律关系的规定为民事特别法。如《民法通则》中有对法人的规定，而《公司法》则对公司法人问题作出规定，由于公司法人仅为法人形式的一种，关于法人的规定，两者相比，《民法通则》显然是一般性规定，而《公司法》则是特别规定，前者是民事普通法，后

[1] 在学理上，民事特别法与民事普通法的区分标准还有另外两种观点：一是以法律适用的地域范围为标准，例如在全国范围内适用的法律相对于仅在民族自治区域适用的法律，前者为民事普通法，后者为民事特别法。二是以法律适用的主体为标准，例如针对所有主体适用的法律相对于针对特定主体适用的法律，前者为民事普通法，后者为民事特别法。参阅王利明．民法总则研究［M］．北京：中国人民大学出版社，2003：142－143．梁慧星．民法总论［M］．北京：法律出版社，1996：274－275．

者是民事特别法。从我国的民事立法体例来看，《民法通则》是民事普通法，而《公司法》《合同法》《物权法》《著作权法》《商标权法》《专利法》《侵权责任法》《保险法》《担保法》《票据法》《证券法》《土地管理法》《海商法》等均是民事特别法。

当然民事特别法与民事普通法的划分是相对的，例如，(《合同法》是《民法通则》的特别法，却是《保险法》《担保法》《海商法》的普通法。)《民法通则》是《合同法》的普通法；《合同法》是《买卖合同法》的普通法；《买卖合同法》是《特种买卖合同法》的普通法；《特种买卖合同法》却又是《分期付款买卖合同法》的普通法。

在民法的适用上，具有相同等级效力的法律之间，特别法应当优于普通法而适用。即对于某一法律事项有特别规定时适用民事特别法，在无民事特别法规定时才适用民事普通法。我国《立法法》第 83 条规定："同一机关制定的法律、行政法规、地方性法规、自治条例和单行条例、规章，特别规定与一般规定不一致的，适用特别规定……"《合同法》第 123 条对此原则作了明确规定："其他法律对合同另有规定的，依照其规定。"第 129 条规定："涉外买卖合同与技术进出口合同争议的诉讼时效为四年，其他合同争议的诉讼时效依照有关法律规定。"该原则只有在民事特别法所规定的法律效果排斥民事普通法规定的法律效果时才能适用。如果两者不排斥，即使同时适用也无妨。

三、新法优于旧法原则

新法优于旧法原则，是指相对于同一民事法律关系，若先后有两部以上的法律都予以调整时，原则上应适用后颁布的法律规定。我国《立法法》第 83 条规定："同一机关制定的法律、行政法规、地方性法规、自治条例和单行条例、规章……新的规定与旧的规定不一致的，适用新的规定。"新法优于旧法原则只是对于同一等级的法律、法规而言的。如果是不同级别的法律法规相冲突，应适用优位法优于劣位法的原则。新法优于旧法原则只适用不同法律之间，而不适用同一法律的不同条文之间，这是新法优于旧法原则与特别法优于普通法原则的区别所在。同一法律中的任何条文的修改或增加，对于其他条文并不构成新法与旧法的关系。新法优于旧法有两种情况：一是新法颁布后，旧法已经被废止，则自然适用新法；二是新法颁布后，旧法没有废止，如果两部法律就同一问题作了不同的规定，则应当适用新法。我国有很多民事法律作出修改，并不完全是通过对原有民事法律的内容修改、补充和废止的方式进行，而是通过颁布另一项法律、旧的法律仍然继续以有效的方式存在，这样难免出现新法与旧法之间的内容冲突。为了解决法律之间的冲突，《立法法》确立了新法优于旧法的原则。

新法优于旧法原则与民事特别法优于民事普通法原则之间，有可能会发生冲突。即A法与B法可能既构成新法与旧法的关系，又构成特别法与普通法的关系，如《担保法》与《合同法》都有关于保证合同之规定，前者既是后者的特别法，又是后者的旧法；《保险法》与《合同法》都有关于保险合同与格式条款的有关规定，前者既是后者的特别法，又是后者的旧法。当这两条原则发生冲突时，如何适用？笔者认为，应当根据新法的立法目的来适用这两条原则。例如，《担保法》规定，因欺诈、胁迫而订立的保证合同无效；而《合同法》规定因欺诈、胁迫而订立的合同损害国家利益的，则无效，没有损害国家利益的，则为可撤销。《担保法》是1996年实施的法律，是旧法；《合同法》是1999年实施的法律，是新法。为什么合同法要扩张可撤销可撤销合同范围、缩小无效合同范围？其目的是贯彻“鼓励交易和提高订约效率原则”，同时尊重当事人的意愿，赋予受害人以是否撤销的选择权，以弥补彻底贯彻该原则的不足，因此，应适用新法优于旧法原则解决此法律冲突。按照新法优于旧法的原则，对于欺诈保证合同、胁迫保证合同效力的认定应当适用《合同法》的规定。《保险法》规定，保险人对于保险合同关于免除、限制其保险责任的条款应当承担“明确说明义务”；而《合同法》规定，提供格式条款者对免除、限制其责任的格式条款应当承担“合理方式提请对方注意的义务”。为什么合同法要增加格式条款提供者的义务？《合同法》的立法者是基于规制格式条款，限制格式条款提供者滥用合同自由的权利，实现双方当事人公平正义的目的。由于保险法规定的“明确说明义务”比合同法规定的“提请对方注意的义务”更能达到此立法目的，因此，应当适用特别法优于普通法的原则，关于保险人对格式条款的义务应尽保险法所规定的“明确说明义务”。

四、强行法优于任意法原则

法律规范均具有强制性。因其强制性的强弱不同，可分为强制法与任意法。民事法律规定大体上可分为任意法和强行法。强行法是指无论当事人是否有约定，当然地成为民事关系内容的法律，即当事人不能通过其约定来改变的法律规范。如《合同法》第40条规定的提供格式合同方在合同中约定免除己方责任，加重对方责任，排除对方主要权利的条款无效；第53条规定的某些免责条款的无效；第126条第2款规定的中外合资、中外合作、中外合作开发自然资源的合同适用中国法律；第129条规定的涉外合同纠纷的诉讼时效为4年等均为强行法。任意法是指在法律许可的范围内，可由当事人自由选择其是否适用的规范，即当事人完全可能通过其约定来改变的法律规范。如《建设工程勘察设计合同条例》中关于定金的规定、《担保法》中关于定金的规定、《合同法》中关于合同形式的规定等均为任意性规定。

民事法律规范不外乎为任意性规定和强制性规定，这两类规定的主要机能在于（以合同法为例说明）：第一，对任意性规范来说，任意性规定可以成为当事人缔约的模范，以弥补当事人合同约定中的不足。通过这种方式，使合同的缔结更为容易，提高订约效率和降低缔约成本。合同法中的任意性规定，并不是立法者对合同内容干预的结果，它是立法者为了使不完善的合同内容臻于完善，而从各种复杂的交易关系中，依成熟的经验归纳出的对合同双方都公平的内容。第二，对强行性规范来说，通过强制性规定来限制当事人滥用缔约自由的权利。在当事人约定的内容损害公序良俗或造成双方当事人的利益状态严重失衡时，可以通过合同法强制性规范予以限制或矫正，从而维护社会公共利益、国家利益、当事人的合法权益。

针对某一事项，如果强行法与任意法均有规定，应当适用强行法的规定，这就是强行法优于任意法原则。当然，如果两者分别规范不同事项，不存在法律冲突问题，也就不存在何者优先的问题。

五、例外法优于原则法原则

原则法是指某些民事法律关系在一般情况下适用的法律规范。例外法是某种民事法律关系有特殊情形时排斥原则法而适用的法律规范。如《合同法》第 13 条规定，订立合同一般采用要约与承诺的方式，而第 38 条规定，依指令性或国家订货任务订立合同，不采用要约与承诺方式订立合同。一般来说，在一个法律条文中，或在一个法律制度中，如果存在“但书”的规定，该规定多为例外法。

第三节　民法解释及其方法

一、民法解释的概念

民法适用是法官通过三段论法的逻辑推论获得判决的过程。法官应当严格按照三段论法作逻辑推演，遇有法律条文意义不明时，只能探求立法者明示或可推知的意思，法律以外的因素如经济、政治、伦理、道德等均应排除。根据三段论的逻辑推演，法官在对案件事实进行定性的同时，应当寻找可得适用的民法规范，即“找法”。找法的结果有三种可能：一是寻找可以直接适用的法律规范；二是虽有规定，却因规定过于抽象、原则、不确定、模糊，须加以具体化；三是没有可适用的民法规范，即所谓法律漏洞。如是第一种情况，则进行如下作业：通过各种解释方法，确定该法律规范的意义和内容；将该法律规范区分为构成要件和法律效果；再将构成要件区分为若干具体要素；审查待决案件事实是否符合该法律规范构成要件的全部要素，若符合，依涵摄得出判决结果。若出现第二种情况，则应进行价值补充；若出现第三种情况，则应进行漏洞补充。待价值补充或漏洞补充后，得到可适用的法律规范，方可继续第一种情况的作业。❶

民法解释有广义和狭义之分。从找法开始直到进行逻辑三段论推演的全过程，属于广义的法律解释。确定民法规范意义内容的作业，属于狭义的民法解释。狭义的民法解释是指在法律规定不明确时，以文义、体系、法意、比较、目的或合宪等解释方法，探究法律的规范意旨。其旨在澄清法律疑义，使法律含义明确化、正确化。❷ 广义的民法解释包括狭义的民法解释、价值补充和漏洞补充。民法解释即获得作为判决大前提的法律规范的作业。

民法解释因解释者的身份不同，可区分为立法解释、司法解释和学理解释。立法解释是指立法者对有岐义或意义模糊的法律规范依立法程序进行的解释，这实际上是一种特殊形式的立法活动。其效力为：使原规范所应包含的内容依所解释而定，可追溯既往，并具有普遍性。学理解释指学者根据一定法学理论或学说见解阐明法律规范意义的活动。学理解释具有任意性，无约束力，为无权解释。司法解释是指法官在审理具体案件时，对意义不明确的法律规范的内容予以澄清明确的司法活动。它不同于学理解释的是：它受一定法定规则约束，不具有普遍和直接效力，对个案具有指示适用效力，在法律适用中具有特殊意义。司法解释不同于立法解释的是：它不受立法程序约束，不具有普遍效力和直接效力。❸

二、民法解释的必要性

为什么会出现民法规范意义不明、法律漏洞，需要解释和补充？法律解释的

---

❶ 杨仁寿．法学方法论［M］．北京：中国政法大学出版社，1999：98—100．梁慧星．民法解释学［M］．北京：中国政法大学出版社，1995：192．

❷ 杨仁寿．法学方法论［M］．北京：中国政法大学出版社，1999：98．

❸ 龙卫球．民法总论［M］．北京：中国法制出版社，2001：100．

必要性，被18世纪末和19世纪初的法典浪漫主义者所否定。他们认为成文法特别是民法典，完全可以将民法规范的内容和意义加以精确地界定，通过详尽的立法，可以排除解释法律的可能。他们相信理性可穷尽性，逻辑可明确性。同时他们敌视法官的自由裁量权，认为法律不安定的因素主要是法官恣意。然而，现实击破了法典浪漫主义者的理想：

第一，就法律的载体——语言文字来说，法律文字做不到完全清晰、精准。① 无论哪一种民族的语言，都存在大量的多义性的词语，如“他过了”的“过”、他闻到了某种气味的“闻”和“气味”等。② 词义本身的不确定性。如“夜晚”是指一天的哪个时间段，多少棵树才能称之为“森林”，盛夏或晚秋是什么时候到什么时候，等等。③ 词语含义会随社会的发展而变化。如“酷”“善良风俗”“间谍”，等等。④ 法律概念的不确定性与开放性。如“适当的”“相应的”“过失”“善意”“重大事由”“诚实信用”“公平”，等等。⑤ 法律专业术语特殊的意义，如“人”“人格”“物”“危险”“善意”等。

第二，就法律的制定者来说，立法者不是“上帝”，他们不可能完全预见将来可能发生的一切。① 人的理性不具有无穷性。人的认识能力、运用语言文字的能力是有限的。人不可能完全认识自然和社会，也难以预见未来。② 社会本身是复杂、多变的，即使在制定法律的时候能够认识自然和社会，制定的法律符合立法的当时，也很难完全适用将来发生的案件。③ 社会总是向前发展的，而法律不能朝令夕改。法律的稳定性与社会的发展性之间的矛盾和冲突，只能通过对法律的合理解释来缓解，以让“稳定的法律”适应“发展的社会”。

第三，在民事法律规定中，常有针对同一案件事实，数个法条之间存在相互排斥的法律效果，通过法律解释，可能清除法律规范的矛盾；即使法律规范之间不相互排斥，也需要通过解释回答规范竞合及不同规定之竞合问题，以确定每项规定的效力范围及彼此的界限。

三、法律解释的目标❶

上述法律解释的必要性就已经初步说明了法律解释的目标，即通过法律解释，澄清有疑义的民法规范，清除规范之间可能存在的矛盾以及划定每项规定的界限，将适用的民法规范的意义和内容予以精确化，即澄清法条的标准意义。然

---

❶ 本部分的写作主要参考：梁慧星．民法解释学［M］．北京：中国政法大学出版社，1995：205—209.

而，法条的标准意义是什么？历史上存在两种相互对立的学说，即主观说与客观说，另外还有新主观说和折中学说。

（一）主观说

主观说，又称为立法者意思说，是以探求立法者在制定法律当时真正、事实上的意思为目标。主观说的前提是认为立法者基本能够预见未来能够发生的一切事态，并通过解释确定的制定法，使之精确，不存在任何漏洞。

其理论依据是：① 只有立法者知道自己制定法律的真实意义。立法者通过立法以表达自己的看法与企图，实现他们所追求的社会目的。这只有立法者最清楚。② 确保法律安定性价值。立法者意思是一种可以借助于立法文献加以探知的历史事实。只要法律解释趋向于这种可被探知的立法者的意思，法院的判决和决定便不会捉摸不定。因此，贯彻主观说可以确保法的安定性。③ 基于三权分立原则。按照三权分立原则，法律只能由立法机关制定，法院的职能只能是依法裁判。立法者的意思是法律适用上的决定性因素，从而法律解释即应以探求立法者的意思为目标。该说在 19 世纪占统治地位。

（二）客观说

客观说认为，主观说是概念法学的见解，其立论依据有懈可击。因为，人们发现，制定法的意义、内容可能发生变化。首先，被拿破仑认为可一劳永逸的民法典需要修改或补充，原有的法律意义、内容发生了变化；其次，随着社会生活的发展变化，发生了立法者未能预见的各种客观情况。因此，如果仍然依立法者的意思进行解释，无法适用新情况。

依客观说，法律一经制定，即与立法者分离，成为一种客观存在。立法者于立法当时赋予的意义、观念及期待，并不具有拘束力；具有拘束力的，是作为独立存在的法律内容的合理意义。因此法律解释的目标，在于探究和阐明这种法律内部的合理意义。法律解释的课题是从法律条文语义上可能的若干种解释中，选择现在最合目的的解释。客观说强调，法律解释总是关于现在的解释，而且与目的论解释相结合。客观说承认法律漏洞的存在，承认法官有“造法”功能。

其理论依据是：① 一个具有意思能力的立法者并不存在。法律的草拟、制定，历经各种机关，何者为立法者难以确定。意思不一致时，以何者为准，实有疑问。② 法律与立法者意思并非一体。具有法律效力的，系依法律形式表达于外部的意思表示，而非所谓立法者的内心意思。③ 受法律规范的一般人所信赖的，是存在于法律规范的合理意思，而非立法者的意思。④ 客观说最能达成补充或创造法律的功能，法律的发展不可能受制于“古老的意思”，否则，不可能适应社会发展的需要。

现在，客观说仍然为通说。正如客观说大力倡导者拉德布鲁赫（Radbruch）所说，法律似如船，虽由领航者引导出港，但在海上则由船长指导，循其航线而驶行，不受领航者之支配，否则将无以应付惊涛骇浪、风云变幻。[1]

（三）新主观说

客观说受到利益法学的严厉批判，因为客观说将损害法律的安定性。新主观说认为，客观说所谓从制定法探求合于目的的合理意思，其结果是将解释者自己的愿望和目的“插入”制定法，实际上是以法律解释作伪装，以追求解释者自己的目的，将解释者的恣意转嫁给制定法，其必然松驰法律对法官的拘束力。利益法学在批评客观说同时，建立了自己的新说，即新主观说。新主观说与主观说的区别在于：不再如主观说那样探求立法者于立法时的心理学上的意思，而是探求法律规范命令背后并与之有因果关系的各种利益状态及其衡量，以尽量扩展法律规范的意义内容。同时，新主观说不再迷信法典完美无缺，而是假定制定法存在广泛的法律漏洞。对于法律漏洞，原则上应推测立法者的立法目的进行评价，以进行补充；在无法推测时，则以社会上占支配地位的的评价及自己的评价进行补充。此说将制定法的历史解释与法官规范造法功能加以调和，以兼顾法律的安定性和对社会变化的适应性，对法学界及实务界产生了很大影响。

（四）折中说

折中说认为，法律解释的目的，归根结底在于获得解决现在的问题的基准。主观说纠缠于立法者的规律意图、目的和评价，不足以解决因社会发展变化所发生的法律适用问题。客观说则为解决此类问题提供了可能性。但由于客观说全然无视制定法的历史意义，突如其来地从中取出解释者认为合乎现在目的的意思，这样将导致：先获得解释者所希望的所谓合理结论，然后再给这一结论附加上制定法的基础，此非对法律规范进行解释，而是“插入”。该说认为，解释者首先应依历史的解释，确定立法者的规律意图、目的和评价，然后，在立法者的意思无法认知或对现代情势所生问题未提供解决基准的场合，则应考虑在可能的语义范围内，检讨可能的理由和基准，确认对存在法律适用合乎目的的意义。依这种历史解释，先明确立法者当时的利益状况、利益衡量、立法目的、立法意图，并通过确定在什么样的范围内发生了变动，为超过立法者“意思”的解释提供了实质根据，将立法者本来的评价作为法律规范创造的依据。

---

[1] 转引自：王泽鉴．法律思维与民法实例［M］．北京：中国政法大学出版社，2001：217－218.

四、民法解释学的方法

为了解决具体案件，必须获得作为裁判大前提的法律规范。这种获得作为裁判大前提的法律规范的作业，称为广义法律解释。确定法律规范意义内容的作业为狭义法律解释。根据梁慧星先生的《民法解释学》，法律解释方法的分类主要有文义解释、体系解释、法意解释、扩张解释、限缩解释、当然解释、目的解释、合宪性解释、比较法解释和社会学解释等。❶

（一）文义解释

文义解释，又称为语义解释，是指按照法律条文用语之文义及通常使用方式，以阐释法律的意义内容。法律条文系由文字词句所构成，欲确定法律意义，须先了解其所用词句，确定其语句的意义。因此法律解释必先从文义解释入手，且所作解释不能超过可能的文义。否则，法律解释就会超越解释的范围，进入法官造法的领域。解释法律，应尊重法条文义，才能维护法律的尊严及其安定性价值。

为文义解释时，一般须按照语句的通常意义解释。因为法律规范是社会规范的一种，为全体社会成员而设，并且法律概念多取自日常生活用语，如动物、胎儿、协议等。但如果日常生活用语成为法律术语后，有特殊意义时，则应按照法律上的特殊意义解释，如善意系指不知情，危险负担系指价金损失等。同一法律或不同法律使用同一概念时，原则上应作同一解释；作不同解释时，须有特别理由。但以文义解释往往难于确定法律条文的真正意义，且文义解释容易拘泥于法条所用文字，导致误解或曲解法律真意。因此，须继之以论理解释。论理解释包括体系解释、法意解释、扩张解释、限缩解释、当然解释、目的解释、合宪性解释。威利姆斯在其名著《语言与法律》中批评传统法解释学的谬误。他认为，构成法律条文的语言，或多或少总有不明之处。语言的核心部分，其意义甚明，但越趋边缘则越模糊。语言边缘之处的边缘意义一片朦胧，极易引起争执，而其究竟属该语言外延之内或之外，难以确定。法律条文亦如此，总有边界案型在此模糊领域内，解释者须作划界及判断其属于界内或界外的工作，此非仅依字典上之字义所能决定，不能不作利益衡量及目的解释。❷ 日本著名学者加藤一郎亦有“框”的理论：法律规定犹如一个框，但其不是一般的框，而是一个中心浓厚而

---

❶ 梁慧星．民法解释学［M］．北京：中国政法大学出版社，1995：214.

❷ 转引自：杨仁寿．法学方法论［M］．北京：中国政法大学出版社，1999：75.

愈向边缘愈稀薄的框。规范事项如在框之中心，则甚为明确；愈趋四周愈为模糊，甚至分不出框内框外。其文义朦胧之地，将有复数解释的可能。因而应依其他解释方法始能解决。❶

（二）体系解释

体系解释是根据法律条文在法律体系中的地位，即依其编、章、节、条、款、项之间的前后位置关系，相关法条之意义，以阐明民法规范意义的方法。体系解释的功能主要有二：一是依据法律条文在法律体系中相互之间的关联，探求其规范意义。具有疑义的法律条文在法律体系上的地位及前后条文之关联位置，可资阐明法律规范的意旨。二是通过体系解释方法，以维护法律体系及概念用语的统一性。运用体系解释，可以使法条与法条之间，以及法条各款之间，相互补充其意义，组成完整的法律规范。即单就各个法条观之，其规定或不完整或彼此矛盾，而存在所谓“不完全性”或“体系违反”的情况，而通过体系解释方法，就不难消除其矛盾，使之完整顺畅而无冲突，以维护法律体系的统一性。

体系解释也有其局限性：法律体系只属于法律之外在形式。运用体系解释方法，不能过分拘泥于形式而忽视法律的实质目的，应同时参酌其他解释方法，以决定解释结论。如中国台湾地区关于典权之法律性质争议，有担保物权与用益物权的争议。前者的理由是根据体系解释，认为典权规定在质权与留置权之间，为担保物权；后者的理由是从典权的概念出发，认为典权是支付典价，占有他人不动产，为使用及收益之权，为用益物权。再如关于悬赏广告的性质争议，若采体系解释，台湾地区民法典将其规定在契约条文之后，其性质应为契约，但通说认为悬赏广告的法律性质是单方法律行为。再如，代理权的授与，依其体系位置，虽然在“民法”债编第一章（通则）第一节（债之发生）第2款设其规定，但通说仍不因此而认定其属债的发生原因。❷

（三）法意解释

法意解释，又称为历史解释或沿革解释，指探求立法者或准立法者于制定法律时所作的价值判断及其所欲实现的目的，以推知法律条文的意义内容的方法。立法史及立法过程中的有关资料，如一切草案、审议记录、立法理由书等，均为法意解释的主要依据。法意解释，非为探求历史上的立法者于立法当时的主观意思，而是探求法律于今日所应有的合理意思，即客观意思。所以一切立法资料，

---

❶ 转引自：杨仁寿．法学方法论［M］．北京：中国政法大学出版社，1999：105.

❷ 王泽鉴．法律思维与民法实例［M］．北京：中国政法大学出版社，2001：224－225.

只是解释法律之参考资料，必须依社会现有观念，对立法资料予以评估，进行价值判断，以发现法律客观的规范意旨。关于立法资料的价值，王泽鉴先生认为，应依社会变迁予以评价。一般来说，法律愈新，立法资料愈有参考价值；法律愈老，参考价值愈少。法意解释方法，有助于文义解释之理解，并划定文义解释的活动范围。如我国台湾地区“民法”关于悬赏广告的法律性质，依据该“法”的立“法”资料，系为单方法律行为。再如《民法通则》第 122 条规定的产品责任，采法意解释方法，也可得出结论为无过错责任。再如民通第 123 条规定高度危险作业的免责事由究竟为不可抗力及受害人故意还是仅为受害人故意？依据法意解释，仅为受害人故意。❶ 请大家注意《民法通则》第 107 条之规定。

（四）扩张解释

扩张解释是指法律条文之文义失之过窄，不足以表示立法真意，乃扩张法律条文的文义，以求正确阐释法律意义内容的方法。如《民法通则》第 112 条及《合同法》第 107 条规定，当事人一方违约，应当赔偿损失。此损失是仅指经济损失，还是包括精神损失，现在有些学者以扩张解释方法作了肯定的回答。

扩张解释与目的性扩张不同：第一，前者为狭义法律解释方法，后者为法律漏洞补充方法。第二，前者虽有目的上的衡量，但其着重于将法条文义与立法真意相比较，文义失之过窄，无法表示真意；而后者是从法律目的出发，符合于规范意旨之某种事实类型，未为法条文义所涵盖。第三，前者属扩张文义范围，仍在法条可能文义范围内；后者已完全超出法条文义之可能范围。《民法通则》第 62 条规定民事行为可以附条件，没有规定是否可附期限。最高院《民通意见》采目的性扩张，解释为民事行为亦可附期限，“期限”含义显然已超出“条件”含义范围之外。第四，理由不同，前者必分析其文义内涵；后者则应表述其扩张的目的。❷

（五）限缩解释

限缩解释又称缩小解释，是指法律条文之文义过于宽泛，不符合立法真意，限缩法律条文之文义，使局限于其核心，以正确阐释法律意义内容的方法。如《民法通则》第五章第一节标题“财产所有权和与财产所有权有关的财产权”中“财产权”一语，文义过宽，若依文义，债权也应包括在内，但鉴于后而有专节规定债权，故此财产权不包括债权。再如《合同法》第 8 条规定，依法成立的合

---

❶ 梁慧星．民法解释学［M］．北京：中国政法大学出版社，1995：221.

❷ 梁慧星．民法解释学［M］．北京：中国政法大学出版社，1995：222－223.

同，对当事人具有法律效力。依法成立的合同，受法律保护。此处所依的“法”应限缩解为“强行法”。

限缩解释与目的性限缩不同：第一，前者为狭义法律解释方法，后者为法律漏洞补充方法；第二，前者指法条文义过宽，限缩其文义，使之局限于核心，以求法律正确阐释；后者指依法条之文义已涵盖某一事实类型，但依立法目的，该类型本不应包括在内，于是将该类型排除在法律适用的范围之外。第三，前者仅在于消极地限缩法条文义，后者则积极地将不合规范意旨部分予以剔除。

（六）当然解释

当然解释是指法律虽无明文规定，但衡量规范目的，其事实较之法律所规定的事项更有适用理由，而径行适用该法律规定的方法。其法理依据，即所谓“举重以明轻，举轻以明重”。唐律规定：“诸断罪而无正条，其应出罪者，则举重以明轻；其应入罪者，则举轻以明重。诸断罪皆须引律令格式正文，违者笞二十。”又如《合同法》第374条规定，无偿保管人证明自己没有重大过失，不承担损害赔偿责任。采用当然解释，没有重大过失包括没有故意。

当然解释与类推适用的区别：第一，前者为狭义法律解释方法，后者为法律漏洞补充方法。第二，前者为直接推论，无须借助于其他命题；后者为间接推论，须借助于“类似案型应作同样处理”的法理规则。第三，前者以“立法趣旨”之预测可能性衡量，其射程较远，而类推适用，法律所未定事项乃出于立法者疏忽未预见，或情势变更出现法律漏洞。如在电发现之前，立法未预见到偷电也系偷窃他人之物，在德国第一例偷电的刑事判决，宣告被告有罪，理由就是采用了类推适用。第四，当然解释在公、私法领域均有适用的余地，而类推适用，为现代刑法所禁止。[1]

（七）目的解释

目的解释是指根据法律规范目的，阐释法律意义内容的解释方法。耶林在1877年发表《法的目的》一书中提倡目的解释：法律乃人类意志的产物，有一定目的，受目的律支配，所以解释法律必先了解法律欲实现何种目的，以此为出发点，加以解释，始能得其要领。目的解释为法律解释之最高准则。王泽鉴先生指出，任何法律均有其立法目的，解释法律乃在实践法律的意旨。因此，任何人在解释法律时，须想到的基本问题是：为何设此规定，立法目的何在？须注意的是，法律目的具有多种层面，有为具体的规范目的；有为抽象目的，如法律的社

---

[1] 梁慧星．民法解释学［M］．北京：中国政法大学出版社，1995：226．

会作用、经济效率以及公平正义等，应视情况，一并加以斟酌。❶ 杨仁寿先生认为，目的解释之目的系指某法之整个目的；不同于法意解释之法意。该法意系指某法之立法趣旨或立法本旨。法律目的的探求有三种情形：一是法律明定其目的；二是法律虽未明定，可从法律名称出发寻找其目的；三是法律既未明定目的，亦不能于法律名称寻找其目的时，则须以“逆推法”，先发现个别规定或多数规定所欲实现的基本价值判断，进而加以分析、整合，得出多数规定所欲实现的目的。然后再予以综合，探求所形成的目的，即法律目的。❷ 如我国台湾地区“民法典”没有规定落于邻地之果实归属，王泽鉴解释道：鉴于果实落于邻地，已不法侵害他人所有权，故将落地之果实视为邻地，以资平衡，并籍此增进睦邻及社会平和关系，勿为细物争吵。再如台湾地区“民法典”第244条规定，债务人所为之无偿行为，有害及债权者，债权人得申请法院撤销之。那么，债务人放弃继承的行为，债权人能否申请法院撤销？依“债权人撤销权及抛弃继承制度之规范目的，与当事人利益衡量而定之。前者为债权保全；后者为维护人格自由，以现行法基本原则，应以后者较值优先保护”，故认为，债权人不得撤销债务人放弃继承的行为。又如《合同法》第80条规定，债权人转让权利的，应当通知债务人。未经通知，该转让对债务人不发生效力。如果债务人未经让与人或受让人通知而对新债权人为给付，能否发生清偿债务效力？初看不能。若采目的解释，则应发生清偿效力。因为该规定目的在于保护债务人，使之在未受通知前，可向原债权人清偿。

目的解释之功能，在于维护法律秩序之体系性和安定性，并贯彻立法目的。尤其在社会稳定时期，目的解释有其重大作用。但在社会急剧变动时期，则可能发生旧有法律之目的与社会目的不一致，不能切合社会发展的需要的情形。此种情形，应采用社会学解释方法，以贯彻法律公平正义，确保实质妥当性。

（八）社会学解释方法

社会学解释，指社会学方法运用于法律解释，着重于社会效果预测和目的衡量，在法律条文可能文义范围内阐释法律规范意义内容的解释方法。社会学解释方法引入法解释学，依自由法学派之贡献。自由法学之前的概念法学，在解释方法上着重文义解释和论理解释，法律以外的社会、经济、政治、道德、伦理等因素被斥之为“邪念”。德国学者爱尔里希（Eugen Ehrlich）于1903年、1912年

❶ 王泽鉴．法律思维与民法实例［M］．北京：中国政法大学出版社，2001：234－235.
❷ 杨仁寿．法学方法论［M］．北京：中国政法大学出版社，1999：127.

分别撰文《法的自由发现与自由法学》《法社会学基础》，强调法律发展的动力源于社会之中，法官应自由探求生活中的法。社会学解释方法运用须以文义解释为基础，在文义解释有复数结果可能时，方得进行社会学解释。究竟以其中何种解释为正确、妥当，非属于理性认识问题，而属于政策性判断问题。如果涉及社会效果之预测或目的衡量，即应进行社会学解释。运用该方法，重点在于对每一种解释可能产生的社会效果加以预测，然后以社会目的衡量，何种解释所生社会效果更符合社会目的。但此种方法本身含有若干困难，所谓法律的社会作用，在从事法社会学之实际调查前，容易流于个人主观之揣测。例如美国俄勒冈州制定一项限制女性劳动时间的法律，被一工厂主缪勒（Muller）提起诉讼，指为违宪，著名律师布兰代斯（Brandeis）担任州辩护律师。此案争议的焦点为：限制女性劳动时间的法律是否侵害联邦宪法所保障的契约自由？过去的先例对州不利。最后美国最高法院公开认可布氏所采用的社会学解释方法，判决州法合宪。法官主要运用该解释方法说明保护女性立法之必要性，大致内容如下：① 因女性特殊身体构造，长时间劳动对她们有危害；② 因女性肉体体格之故，由于近代产业所产生的越来越大的紧张感，女性比男性受到更大的影响；③ 长时间劳动造成的疲劳，慢性地区性使健康完全恶化；④ 不论在结婚之前或之后，因从事过度劳动，将给生育造成严重影响，其后果尤其悲惨；⑤ 劳动妇女的事故，因一日劳动时间的延长而更为频繁，显然，灾难与长时间的疲劳相符；⑥ 过度劳动对道德产生重大影响，易造成女性滥用酒精饮料以放松；⑦ 根据以制造业为主的其他国家的经验，过度劳动将对全民福利造成恶劣影响，国民因此疲惫不堪，肉体、精神、道德低下；⑧ 短时间劳动，对社会、个人均有好处。[1]

社会学解释与目的解释的区别在于：第一，前者系指法律目的，后者系指社会目的。对多数法律而言，其法律目的与社会目的往往相同，但法律年代久远，社会目的已经改变，则二者可能不相符。第二，目的解释仅限于法律目的之衡量，而社会学解释不仅进行社会目的之衡量，并且更进行社会效果的预测。因此社会学解释比目的解释更为广泛。

（九）合宪性解释

所谓合宪性解释，是指依宪法及阶位较高的法律规范，解释阶位较低的法律规范的解释方法。法律秩序是一个阶层结构，法律规范之效力，依阶位而定，即法律和法规不得与宪法相抵触，下位法不得与上位法相抵触。因此产生了一项解

---

[1] 杨仁寿．法学方法论［M］．北京：中国政法大学出版社，1999：42．

释方法，即下位法律应依上阶位法律解释之，以贯彻上阶位法律规范之价值判断，维护法秩序的统一性。这就是合宪性解释。❶ 如现在许多公司与女性受雇者约定“一经结婚即须辞职”的约款，该约定尽管符合契约自由原则，但违反宪法保障男女平等原则及关于婚姻自由，同时也违反民法上公序良俗原则，应属无效。

合宪性解释表明，宪法本身具有两项基本功能：一是宪法参与法律解释内容之决定，合宪性因素也有所谓内容性功能；二是控制法律解释之结果，使其不超出宪法所宣示的基本价值判断范围之外，此即合宪性因素所具有的控制性功能。❷

（十）比较法解释

比较法解释是指引用外国立法例及判例学说作为一项解释因素，用以阐释本国法律意义内容的解释方法。王泽鉴先生指出，参酌外国立法例及判例学说以解释本国法律，系现代文明国家之通例：英国法院素称保守，但早在1833年就曾引用法国民法学者所著的《债法论》作为判决资料；德国法学昌盛，世界公认，但其最高法院亦常引述外国立法例作为判决依据；瑞士判例学说更明白承认外国立法例可以作为补充法律不完备的手段。瑞士民法起草人、民法权威胡贝尔(Eugen Huber)曾指出，对个人而言，彼此来往，实为生活上不可或缺。对国家民族亦然，不能使民法典的制定成为中国的万里长城。❸ 如悬赏广告的性质，依历史解释，为单方法律行为。若依比较法解释，亦可印证。再如我国《民法通则》第122条规定的产品责任，依体系解释、历史解释，为无过错责任。若采用比较法解释，亦可得出无过错责任的结论。因为美国产品责任的判例法及欧共体关于产品责任的指令，均采无过错归责原则。

进行比较法解释时，应当注意：第一，不得局限于法律条文之比较，应扩及关联学说及交易惯例，尽可能对于外国法之真意及现时作用有充分了解，并将所参引资料及参考理由进行说明；第二，不可因外国立法例较好就直接援引，以取代本国法律规定。外国法之斟酌，常可导致对本国法律规定之扩张或限缩解释，但不得超出法律文义之可能范围；第三，外国立法例虽有重大参考价值，但是可否援引解释本国法律规定或补充法律漏洞，应以不违反本国法律之整体精神及社会情况为限；第四，应经由解释途径，将立法所继受之外国法例，纳入本国立法

❶ 杨仁寿．法学方法论［M］．北京：中国政法大学出版社，1999：129.

❷ 梁慧星．民法解释学［M］．北京：中国政法大学出版社，1995：226.

❸ 王泽鉴．法律思维与民法实例［M］．北京：中国政法大学出版社，2001：229.

体系，使之融为一体。[1] 如我国合同法同时引进大陆法系的不安抗辩权制度与预期违约制度，造成两者之间出现不协调与矛盾。

（十一）各解释方法的位阶关系

对于某项法律问题，由于法律解释方法的多样化，而每一种解释方法，又可根据不同的诠释，得出不同的结论。这种“见解不一，众说纷纭”现象，严重影响法律适用的安定性。因此，法学方法论上面临一个重要的问题：以上各种解释方法，相互之间是否具有某种位阶关系，可据以决定各种解释方法的先后次序？本书赞同王泽鉴先生的观点，采取折中立场，既不认为各种解释方法具有一种固定不变的位阶关系，也不认为解释者可以任意选择其中一种解释方法得出结论。法律解释是一个以法律意旨为主导的思维过程。每一个解释方法各具功能，同时也有其局限；每一种解释方法的分量虽有不同，但须相互补充，共同协力，才能获得合理妥当的结论。在个案里面，还应当平衡当事人利益，贯彻公平正义理论进行法律解释。依通说，各解释方法的位阶关系大体如下：

（1）文义解释是基石。只有待解释的概念用语具有复数意义时，才须进一步使用其他解释方法加以阐明。

（2）体系解释的主要功能，在于依法律体系上关联去探求法律规范意义，并维护法秩序的统一性。法律外在体系在法解释学上的价值，不宜过分高估，而以之作为唯一或主要依据。

（3）历史解释主要依赖于法律发生史料或立法资料，有助于探讨法律规范的意旨，具有重要地位。解释者应当尊重立法者所作的价值判断。但立法资料不完备限制了历史解释方法的作用。

（4）比较法对于我国民法解释具有特殊意义。现行民法上若干重要争议问题，经常可借比较法加以澄清。须注意的是，外国立法例一旦继受成为我国法律，应就我国整体法律秩序及社会经济需要而认定其规范意义。

（5）法律文义上的疑义，如果还不能依体系解释、历史解释或比较解释等方法予以完全澄清时，须进一步探求立法目的。即使依上述方法初步澄清时，仍然需要依目的解释对初步结论加以检查、确定。

（6）合宪性解释属于体系解释，也可作为目的解释的一种，其在解释方法上居于优越地位。合宪性解释可以实现基本权利的价值。在不确定法律概念及概括条款的具体化中，合宪性解释尤为重要。

---

[1] 梁慧星．民法解释学［M］．北京：中国政法大学出版社，1995：234－235．

最后须强调的是，法律的目的终极言之，在于实现正义，法律解释的各种方法只是实践正义的手段或途径。诚如萨维尼所说，文义、逻辑、历史、体系诸因素，不是四种解释，可凭己好任意选择，而是不同的活动，必须结合，使解释臻于完善。各种解释方法具有协力关系，属于一种互相支持、补充，彼此质疑、阐明的论辩过程。法律文义有疑义时，应当依法律体系关联、立法资料予以澄清。有多种解释可能性时，应当通过比较法的规范模式、规范目的，排除或肯定某种解释。[1] 为了实现法律正义的目标，应就各种解释方法作通盘性的思考并运用到实际案件的解决过程中。

第四节　法律漏洞及其补充方法

一、法律漏洞概述

（一）法律漏洞的概念

任何法律均有漏洞。由于立法者的疏忽而未预见到，或者立法者对未来发展无法预见，或者法律自制定公布之时起逐渐与时代脱节等原因，导致法律一经制定，即形成法律漏洞。日本学者矶村哲认为，法律漏洞是指实定法上反于法律意图的法律不完全性。中国台湾学者黄茂荣先生认为，法律漏洞指法律体系上违反计划之不圆满状态；法律体系是指一个具有内在一致目的的法律规范之整合体。[2] 而王泽鉴先生认为，法律漏洞指依现行法规定之基本思想及内在目的，对于某项问题，可期待设有规定，而未设规定的状态。[3] 梁慧星先生认为，法律漏洞具有三层含义：一是指现行制定法体系上存在缺陷即不完全性；二是因此缺陷的存在影响现行法应有功能；三是此缺陷之存在违反立法意图。因此，法律漏洞定义应为：现行法体系上存在影响法律功能，且违反立法意图之不完全性。[4]

（二）法律漏洞的特征

法律漏洞具有不完全性、体系违反性和违反计划性三个特征。

---

[1] 王泽鉴．法律思维与民法实例［M］．北京：中国政法大学出版社，2001：240－243.
[2] 黄茂荣．法学方法与现代民法［M］．北京：中国政法大学出版社，2001：293.
[3] 王泽鉴．法律思维与民法实例［M］．北京：中国政法大学出版社，2001：251.
[4] 梁慧星．民法解释学［M］．北京：中国政法大学出版社，1995：251.

1. 不完全性

所谓不完全性，是指现行法欠缺当前事态所必要的规范，或规范不完全，或有补充的必要。法律的功能在于伸张正义。正义须透过法律规范实现到人类生活上来。如果某种生活类型未被法律所规范，那么该生活类型所发生的问题，人们也不能找到法律上答案，正义无法得到实现。这说明该法律具有不完全性。是否只要法律没有规范的事项，均属于法律漏洞呢？这与法律解释的界限有关。如何划分法律规范的不完全性与法律解释之界限？通说以“可能的文义”为界限。以此为准，法律在经过解释后如对某生活类型尚无答案，则法律对该生活类型即有不完全性。因此，根据该界限，在“可能的文义”范围之内的为法律解释；在“可能的文义”范围之外的为法律补充。黄茂荣先生认为，立法政策上或技术上的缺点，如果是可以被改进的，即不应认为存在不完全性。关键在于能否给待处理的事实以清楚的答案。如果能，除这种答案之不妥当足以导致规范矛盾外，不能认为有法律漏洞意义上的不完全性。[1] 如我国《合同法》规定的赠与人之任意撤销权，有学者认为，应当授予赠与人解除权而非撤销权，但两者均使合同溯及既往地无效，因而只属于在立法技术上待改进的情况，不属于有不完全性。

2. 体系违反性

所谓体系违反，是指法律规范之间构成法律秩序体系的违反。法律体系必须是没有矛盾的，一旦有矛盾，即构成法秩序中的体系违反。体系违反通常是以“规范矛盾”或“价值判断矛盾”的形态表现出来。

规范矛盾是指对于同一法律事实有两个以上法律规范加以规定，并赋予不同的法律效果。这种规范矛盾，大多数情况下可依规范竞合理论予以解决，一般称为“可化解的规范矛盾”。不可依规范竞合理论解决的矛盾，称为“不可化解的规范矛盾”。规范矛盾如果不能化解，那么依通说，这个矛盾所牵涉到的法条便会互相把对方废止，形成“碰撞漏洞”。这个法律漏洞只能依法律补充的一般原则来填补。

价值判断矛盾是指对于有类似性的两个法律事实，赋予不同的法律效果，或对于不同的法律事实，赋予相同的法律效果。价值判断矛盾存在四种样态：(1) 碰撞式价值判断矛盾。某一个规范（N_1）赋予某一个法律事实（T_1）以一种法律效果（R_1），而另一个规范（N_2）赋予另一个法律事实（T_2）以另一种法律效果（R_2），在 T_2 与 T_1 的法律要点相同时，便产生碰撞式价值判断矛盾。(2) 类推适用式价值判断矛盾。类推适用式价值判断矛盾，是指某一个规范

---

[1] 黄茂荣．法学方法与现代民法［M］．北京：中国政法大学出版社，2001：294－295.

（N_1）赋予某一个法律事实（T_1）以一种法律效果（R_1），而对另一个与 T_1 具有相同法律要点的事实 T_2 却未作规定而形成的矛盾。（3）目的扩张式价值判断矛盾。目的扩张式价值判断矛盾是指是指某一个规范（N_1）赋予某一个法律事实（T_1）以一种法律效果（R_1），但依据已存在的规范的意旨，应当对事实 T_2 作出规范却没有作出规范，且必须通过目的性扩张才能获得法律效果而形成的矛盾。与类推适用式价值判断矛盾相比，T_2 与 T_1 的相似性较低；前者直接诉诸已存在的法律规范之意旨，后者诉诸已规范的事实与未规范的事实的案型之间的类似性。（4）目的限缩式价值判断矛盾。目的限缩式价值判断矛盾是指某一个规范（N_1）赋予某一个法律事实（T_1）以一种法律效果（R_1），但依据已存在的规范的意旨，应当对事实 T_2 作出规范却没有作出规范，且必须通过目的性限缩才能获得法律效果而形成的矛盾。❶

学说上还存在演变式体系违反和自始无据式体系违反。前者是指因社会、经济、科学技术的发展所产生的新事物、新问题，立法当时未能预见，因此未规范所形成的体系违反；后者是指对于某生活事实，法律本应规定而因立法者的疏忽而未规定所形成的体系违反。两者的不同点在于前者后来形成，后者是先天存在；其相同点是都不具备所谓“违反计划性”。

3. 违反计划性

法律规定存在不完全性，即存在“漏洞”。但并非只要法律对某一生活案型没有规范，就属于法律漏洞。对某一生活案型有意识的沉默，不是法律漏洞，因为它们不具有违反计划性。有时立法者并不打算对其沉默的事项加以规范，此即法外空间，如合同法对约会等人际交往关系的沉默，思想、感情、生活方式等均为法外空间；有时立法者已透过沉默表达了其意思，此即为“反对解释”的情形，如法律条文采穷尽的列举规定，未列举的采反对解释，不能适用该条法律规定。这种看似未被规范的“漏洞”，被称为“表现漏洞”。❷

（三）法内漏洞

法内漏洞是指须评价地予以补充的法律概念，即所谓类型式概念及一般条款。法律概念可分为确定的法律概念与不确定的法律概念。前者如男人、女人、配偶、支票、本票等，可直接适用于具体案件；后者又可分为外延封闭的内涵不确定概念和外延开放的内涵不确定概念，不可直接适用于案件。外延封闭的内涵

---

❶ 黄茂荣．法学方法与现代民法［M］．北京：中国政法大学出版社，2001：311－329．

❷ ［德］卡尔·拉伦茨．法学方法论［M］．陈爱娥，译．北京：商务印书馆，2004：250．

不确定概念，如危险、物、违法性、犯罪、法律行为等概念；外延开放的内涵不确定概念，如重大事由、合理、公平、显失公平、善意、恶意、公共利益等概念。法内漏洞指外延开放的内涵不确定概念，即类型式概念和一般条款。

补充法内漏洞系属于法律解释还是漏洞补充？有学者认为是法律解释。其理由是：第一，不管法律概念多么不确定，它依然属于法律规定。法律规定的有无，是判断法律漏洞存在与否的标准。第二，法内漏洞不具备法律漏洞的第三个特征，即不具备违反计划性。相反的观点则认为应属法律漏洞。其理由是：法内漏洞的存在，起因于人类在规范设计上的力不从心，于是，不得已求助于开放式概念，希望能够弹性地、演变地对生活事实加以规范，以免挂一漏万。充其量可以说，这种不完全性属于可预见的不完全性或已认识到的不完全性，但不能因此否认“不完全性”或认为此“不完全性”不具备“违反计划性”特征。这种开放式法律概念所引起的不完全性属法律漏洞。[1]

法内漏洞还有两种情况：一是立法者授权由类推适用去填补漏洞。如为了避免繁琐与重复，采用“准用”“亦同”“有同一法律效力”“例示”等用语。二是空白规定。指那些立法者明示以“习惯”“善良风俗”“公共利益”“诚实信用”等为裁判标准的规定。[2]

二、法律漏洞分类

梁慧星先生将法律漏洞分为明显漏洞与隐含漏洞。

（一）明显漏洞

明显漏洞指某种事件，依法律所使用词语意义和依立法者意思或准立法者意思，均不能涵盖所产生的漏洞。明显漏洞包括授权型漏洞、消极型漏洞、预想外型明显漏洞三类。

1. 授权型漏洞

授权型漏洞是指立法者或准立法者，关于某种事件由解释者进行价值判断，而不设任何规定的情形。例如，我国《民法通则》未规定的侵权行为的损害赔偿范围，即为此类型漏洞。

2. 消极型漏洞

消极型漏洞是指关于某种事件，法律未设任何规定，但立法者或准立法者已

---

[1] 黄茂荣．法学方法与现代民法［M］．北京：中国政法大学出版社，2001：297－306．

[2] 梁慧星．民法解释学［M］．北京：中国政法大学出版社，1995：254．

有消极的价值判断的情形。如我国关于婚约的法律效力没有规定，即为此类型漏洞。

3. 预想外型明显漏洞

预想外型明显漏洞是指立法者或准立法者由于对某种事态不知，因而未设任何规定的情形。如保理合同、特许经营合同，在法律上没有规定，即为此类型漏洞。

（二）隐含漏洞

隐含漏洞，指某种事件，依法律所使用词语的意义，已被法律所涵盖，但依立法者及准立法者意思，本不应被法律所涵盖而产生的漏洞。隐含漏洞包括白地规定型漏洞、预想外型隐含漏洞、冲突型漏洞和立法趣旨不适用型漏洞四种。

1. 白地规定型漏洞

白地规定型漏洞是指诚实信用原则、权利滥用之禁止等原则、弹性的规定。于此，立法者或准立法者任凭解释者对白地规定的内容进行补充，但毕竟作了规定。

2. 预想外型隐含漏洞

预想外型隐含漏洞是指依法律条文所使用词语的意义，涵盖了本不应被涵盖的某种事件，而此隐含之产生，是由于该事件超出立法者或准立法者预想之外。如电动车侵害他人权利。

3. 冲突型漏洞

冲突型漏洞是指关于某一事实有不同的法律规定，这些不同法律规定的立法者意思或准立法者意思相互矛盾，而不能依法适用效力原则予以处理的情形。若能依法适用效力原则处理，则不构成漏洞。冲突型漏洞，即不能化解的体系违反。

4. 立法趣旨不适用型漏洞

立法趣旨不适用型漏洞是指法律规定的立法者意思或准立法者意思，与自己设定的立法趣旨相反的情形。是在法律的目的与手段关系中，某个别规定与该个别规定的立法趣旨或全体立法趣旨之间发生矛盾。[1]

三、法律漏洞的补充方法

（一）依习惯补充

依习惯补充法律漏洞，其理论根据在于各国民法均明文规定，于一定条件下

[1] 梁慧星．民法解释学［M］．北京：中国政法大学出版社，1995：260－263.

习惯有与法律同一的效力❶。如《瑞士民法典》第1条规定，本法未规定，审判官依习惯法；无习惯法者，依自居于立法者地位时，所应行制定之法规，裁判之。我国台湾地区“民法典”第1条规定，民事“法律”所未规定者依习惯；无习惯者，依法理。《日本裁判事务须知》第3条规定，民事之裁判，有成立法者依成文法；无成文法者，依习惯；无习惯者，应推考条理裁判之。具体的习惯可否用来补充法律漏洞，须以该习惯不违反法律强行性规定为条件。我国《合同法》第61条规定：“合同生效后，当事人就质量、价款或者报酬、履行地点等内容没有约定或者约定不明确的，可以协议补充；不能达成补充协议的，按照合同有关条款或者交易习惯确定。”

（二）依立法者或准立法者的消极意思补充

关于某种事件，立法者或准立法者已有消极的价值判断的表示，因而对该事件未设任何规定，属于消极型法律漏洞。如婚约，民法与婚姻法均未设明文规定，但有立法者或准立法者的消极意思，即不承认其法律效力。因此，对于婚约，应依此消极意思补充法律漏洞。❷

应当注意的是，关于立法者或准立法者是否有消极意思之认定，应格外慎重。如起草人对于某事件有消极的价值判断，故未作规定，此法案经通过成为法律，只在立法者知道起草人有消极的意思并予以认可时，才能认定对于该事件有消极的立法者意思。❸

（三）类推适用

所谓类推适用，是指将法律明文之规定，适用到法无明文规定之系争事件，但其法律之重要特征与该规定所明文规定者具有相类似性的案型。适用类推这一漏洞补充方法，关键在于如何认定待处理的案件与法律明文规定的案型之间具有相似性。例如，《民法通则》设有关于“自然人姓名权及法人名称权”规定，而关于财产的名称问题未有规定。在一个关于大厦买受人是否有权改变大厦名称的案件中，考虑到大厦的名称与法人的名称问题具有类似性，因此法院类推适用《民法通则》关于法人名称权的规定，判决大厦的买受人作为所有人有权决定自己的所有物即大厦的名称。再如我国台湾地区的一个“判例”，关于收养的无效及撤销，台湾地区相关“法院”类推适用其“民法典”关于婚姻无效及撤销的规定。❹

（四）目的性限缩

目的性限缩，是指法律文义所涵盖案型，依立法目的衡量，显然过广，以至

---

❶ 梁慧星．民法解释学［M］．北京：中国政法大学出版社，1995：281.

❷❸❹ 梁慧星．民法解释学［M］．北京：中国政法大学出版社，1995：282.

于将不同的案型，置于同一个法律规定下，造成对“不同之案型，为相同之处理”的情形。为消除该缺失，以贯彻系争法律规定之立法意旨，显然有必要对该规定所涵盖的案型予以类型化，然后将与该立法意旨不符的部分排除于其适用范围之外，以符合“不同之案型，为不同之处理”的平等要求。由于这里涉及将原为法律文义所涵盖的案型，排除于该法律的适用范围之外，所以其法律适用的性质，属于法律漏洞补充。目的性限缩所补充的法律漏洞，为隐含漏洞。如我国民法关于禁止自己代理的规定。代理人代被代理人接受赠与的行为，亦在该条可能文义涵盖范围之内。考查该条之规范目的，在避免利益冲突及保护本人。而代理人赠与物品于本人，并无利益冲突，对本人并无不利，因此，排除在该适用范围之外，即代理人代本人接受赠与的物品的代理行为有效。我国台湾地区在 1976 年发生了所谓“诽韩案”：被告作者郭寿华在一篇文章中说韩愈系风流才子，曾在潮州染风流病，误服硫磺补剂中毒而卒。引起韩愈第 39 代直系血亲韩思道向法院自诉作者犯“诽谤死人罪”。“法院”最终判决被告罪名成立，判处罚金 300 元。该“判决”引起我国台湾学术界强烈批评，被指为“文字狱”。我国台湾“刑法”第 312 条规定：对已死之人，犯诽谤罪者，处 1 年以下有期徒刑、拘役或一千元以下罚金。其“刑诉法”第 234 条第 5 款规定：“刑法”第 312 条之妨害名誉及信用罪，由死者之配偶、直系血亲等自诉。直系血亲，应依民法，而“民法”第 967 条规定，称直系血亲者，谓已身所从出，或从己身所出之血亲。并无年代限制。故判决推论，原告有告诉权。❶

（五）目的性扩张

目的性扩张，是指法律文义所涵盖案型，依立法目的衡量，显然过狭，以至于不能贯彻该规范意旨，所以显然有必要超过该规定的文义，将其适用范围扩张至该文义原不包涵的案型。由于涉及将原不为法律文义所涵盖的案型包括于该法律的适用范围内，所以依其法律适用的性质，属于法律漏洞补充。如《民法通则》第 120 条规定，公民的姓名权、肖像权、名誉权、荣誉权受到侵害，有权要求加害人承担民事责任。为贯彻本条之规范意旨，应采目的性扩张方法，有关司法解释对于公民其他人格如人格尊严、自由、隐私、婚姻自主权等人身权受到侵害的，应有权请求加害人承担民事责任。再如第 131 条规定，受害人对于损害的发生也有过错的，可以减轻侵害人的民事责任。此所谓受害人也有过错，显然指受害人本人有过错，不包括监护人的过错。如果监护人也有过错，采目的性扩张

❶ 杨仁寿．法学方法论［M］．北京：中国政法大学出版社，1999：3－8．

补充该法律漏洞，即可适用该条之规定。因为，以上待决案型与法律规定的案型之间没有类似性，不能采类推适用。目的性扩张所补充的法律漏洞，为明显漏洞。

（六）反对解释

所谓反对解释，指依法律条文所定结果，以推论其反面之结果。即对于法律所规定之事项，应其反面而为之解释。反对解释依“不同之案型，为不同之处理”的逻辑思维进行。如《民法通则》第5条规定：“公民、法人的合法的民事权益受法律保护。”采反对解释，公民、法人的非法的民事权益不应受法律保护，但并不意味着任何人都可以侵犯该非法财产，只有国家通过一定的程序才能收缴该非法财产。《著作权法》规定，依法禁止出版、传播的作品，不受本法保护。采反对解释，“电视节目预告表”属于非法律禁止出版、传播的作品，因此应受著作权法保护。合同法规定，无偿保管人证明自己没有重大过失的，不承担损害赔偿责任。采反对解释该条含义是：无偿保管人不能证明自己没有重大过失的，应承担损害赔偿责任。

（七）依诚实信用原则为法律漏洞补充

1. 依诚实信用原则补充白地规定型法律漏洞

依诚实信用原则补充白地规定型法律漏洞，指直接以诚实信用原则作为决定其用语的意义内容的手段的补充方法。如《合同法》第94条第（3）项规定，当事人一方迟延履行主要债务，经催告后在合理期限内仍未履行，当事人或以解释合同。合理期限即为白地规定型法律漏洞。基于诚实信用原则，如果债务人自催告后经过相当期限仍不履行者，应认为债权人可以解除该合同。即在具体案件中，应以诚实信用原则确定合理期限的意义内容。

2. 依诚实信用原则补充预想外型法律漏洞

《合同法》第95条规定，法律规定或者当事人约定解除权行使期限，期限届满当事人不行使的，该权利消灭。法律没有规定或当事人没有约定解除权行使期限，经对方催告后在合理期限内不行使的，该权利消灭。如果当事人一方违约，另一方当事人在第8年行使合同解除权。权利行使须依诚实信用原则，不得滥用，有合同解除权人，久不行使其权利，对方有理由相信其不行使，其后要求行使，应认为违反诚实信用原则，因而应解释为不许其行使。再如，《合同法》第230条规定，出租人出卖租赁房屋的，应当在出卖之前的合理期限内通知承租人，承租人享有以同等条件优先购买的权利。如果出租人在合理期限内通知了承租人，但没有约定行使优先购买权的期限，若出租人于通知当天，将出租的房屋卖给他人。依诚实信用原则，该出卖行为侵害了其承租人的优先购买权。若出租人为通知后第二年，承租人主张优先购买权，依诚实信用原则，承租人丧失此项权利。

（八）依比较法补充

当法律漏洞依上述方法均不能补充时，亦可考虑比较法方法，引外国立法例为补充。比较法不仅为法律解释方法之一，而且为法律漏洞补充方法之一。此方法为王泽鉴先生所主张。他以我国台湾地区“民法典”第469条规定为例进行分析：借用物之通常保管费用，由借用人负担。借用人就借用物支出的其他费用，尤其是有益费用，究竟由谁负担？法律未设规定，是一漏洞。而德国民法典规定，其他费用，由贷与人依无因管理之规定，负返还义务。借用人得取回借用物所增添之设施。瑞士债务法规定，为出借人利益而支出之非常费用，得由出借人请求偿还。他指出，依比较法补充法律漏洞有两种情形：其一，凡类推适用本国法上既有之规定或制度，以补充法律漏洞时，可采用外国立法例及其所蕴含之法理，以支持法律的类推适用。其二，用来补充法律漏洞之“材料”，非本国法上既有规定或制度，而是直接采自外国立法例时，则应认为系以外国立法例作为“法理”而予以适用。[1]

思考题

1. 如何运用司法逻辑三段论？
2. 民法为什么需要解释？
3. 民法解释的各种方法之间是否存在位阶关系？
4. 如何区分扩张解释与目的性扩张？
5. 如何区分限缩解释与目的性限缩？
6. 如何区分当然解释与类推适用？
7. 如何确认法律漏洞？
8. 补充法律漏洞有哪些方法？

---

[1] 王泽鉴．比较法与法律之解释适用［M］//民法学说与判例研究．北京：中国政法大学出版社，1998：25—30．

第三章 民法基本原则

导读

民法的基本价值储存在其法律条文之中，构成民法原则。民法中最高层次的价值准则，称为民法的基本原则，是民法的主导性思想所在。民法基本原则是民事立法、民事司法、民事活动的基本准则，反映市民社会和市场经济的根本要求，是高度抽象的、最一般的法律行为规范和价值判断准则，其效力贯彻民法始终，也是克服成文法局限性的立法技术。民法基本原则包括平等原则、意思自治原则、诚实信用原则、权利不得滥用原则和公序良俗原则。本章的重点和难点是作为民法基本原则理论基础的法律局限性理论，民法各基本原则的内涵及其在实践中的运用，民法各基本原则之间的内在逻辑关系。

第一节 民法基本原则概述

一、民法基本原则的概念及功能

（一）民法基本原则的概念及特征

民法的基本原则，是民法及其经济基础的本质和特征的集中体现，是高度抽象的最一般的民事行为规范和价值判断准则，是作为民法主要调整对象的经济关系的本质和规律以及立法者在民事领域所施行政策的集中反映，是效力贯穿民法始终的根本规则，是克服法律局限性的立法技术。民法基本原则的根本规则属性源于：一是原则内容的根本性；二是原则效力的始终性。民法基本原则是相对于民法具体原则而言的，后果的效力仅局限于一定范围内的民事法律关系，如情势变更原则通常局限于合同关系中，过错责任原则通常局限于损害赔偿法律关系中。

为什么说民法基本原则是克服民法局限性的立法技术？其根本原因在于由于各种原因，民法必然存在局限性。民法局限性通过法律解释、价值补充和漏洞补充等方式予以弥补。运用各种法律解释方法、价值补充方法和漏洞补充方法时，在不违背立法意旨的前提下，必须遵循一定的基本准则。这些准则就是民法基本原则。所谓法律局限性，是指法律基于其防范人性弱点的工具的特质，在取得积极价值的同时不可避免地需要付出不圆满的代价。成文法的积极价值在于其普遍性和确定性能够起到防范立法者和司法者人性弱点的作用。但是，在立法技术上为了满足成文法的普遍性和确定性而不得不存在不合目的性、不周延性和滞后性三大局限性。成文法的普遍性带来了法律的不合目的性。因为普遍性使法律对其对象只进行类型调整而非个别调整，类型调整容易导致只注意对象的一般性而忽视对象的特殊性，适用于个别情况可能造成不公平的结果，从而有悖于法律普遍正义的立法目的。成文法的确定性也带来了法律的不周延性。因为法律确定性要求立法者必须制定足够多且完善的法律，这样才能满足人们的一切行为有法可依，在法律范围内获得自由的要求。然而，由于语言文字的多义性和立法者运用语言能力的有限性及其认识能力的有限性，导致成文法在客观上存在“星罗棋布的缺漏和盲区”，这就是法律的不周延性。法律的确定性也带来了法律的滞后性。因为法律一旦确定，便不能朝令夕改，不能随着社会生活的发展、进步而进行相应的修改。一方面社会经济生活发展进步了，另一方面法律仍然在原地踏步。法律一经制定出来便呈现出其保守性和滞后性。[1] 正是由于民法同样具有“不合目的性、不周延性和滞后性”三大局限性，所以必须通过运用一定的立法技术（即确定一定的基本原则）来克服该局限性。

民法基本原则具有非规范性、不确定性等特征。非规范性指民法中有关民法基本原则的规定，不是民法规范，不能直接适用具体案件，必须待法官运用基本原则予以具体化，解释可适用的民法规范，然后结合该民法规范进行适用。因为，作为民法规范，应当具有法律规范所要求的行为模式和确定的保证手段的构成成分，而民法基本原则的规定则没有这些成分。民法作为一个整体，包括民法规范、民法原则及民法概念。法律规范可分为确定的和不确定的两大类。确定的规定详尽无遗地、具体和全面地规定了权利义务者的行为条件，并未给司法机关运用自由裁量权来具体地、个别地调整社会关系留下余地。而不确定性规定并不对权利义务者的行为模式和保证手段的内容和要件作十分确定的详尽无遗的规定，而是运用模糊概念，授予司法机关以自由裁量、考虑具体情况解决问题的权力。[2] 民法基本原则显然符合以上特征。

（二）民法基本原则的功能

民法基本原则的功能具体体现在：

1. 立法准则功能

民法基本原则是民事立法的准则，即立法准则功能。民法基本原则，是贯穿于整个民事立法，对各项民法制度和民法规范起统帅和指导作用的立法方针；它确定了民事立法的基本价值取向，是制定具体民法制度的基础。立法者在确定这些基本原则之后，再以之为指导方针制定民法各项具体制度和繁杂的民法规范，以便使制定出的民法制度和民法规范具有内在一致性。因此民法基本原则是各项民事制度和民法规范的基础和来源。

2. 行为准则功能

民法的基本原则是民事主体进行民事活动的基本准则，即行为准则功能。民法基本原则不仅是民事立法的指导方针，也是一切民事主体应遵循的行为准则。民事主体在进行民事活动时，不仅应遵循具体的民法规范，也应遵循民法基本原则。在现行法缺乏相应的具体规范时，应按照民法基本原则的要求行事。

---

[1] 徐国栋．民法总论［M］．北京：高等教育出版社，2007：116－118.

[2] 徐国栋．民法总论［M］．北京：高等教育出版社，2007：118－119.

3. 审判准则功能

民法基本原则也是审判机关在进行司法活动中应当遵循的基本准则，即审判准则功能。为了实现法律的强制性，行为规范只有作为审判规范才具有法律上的意义而与其他规范相区别，因此，法律上的行为规范与审判规范必须具有同一性。民法基本原则作为民事主体行为规范准则被遵循时，它同时也是司法机关就民法规范未作具体规定的社会关系所发生的讼争进行裁判的审判规则。

4. 授权司法机关进行创造性司法活动的功能。

民法基本原则是法院进行价值补充、法律漏洞补充的基本依据，即授权司法机关进行创造性司法活动的功能。法院在审理民事案件时，须对所应适用的法律条文进行解释，以阐明法律规范的含义，确定特定法律规范的构成要件和法律效果。法院在对法律条文进行解释时，如有两种不同的含义，应采用基本符合民事基本原则的含义。无论采用何种解释方法，其解释结果均不能违反民法基本原则。如果法院在审理案件时，在现行法上未能获得据以作出裁判的依据，或者仅获得类型式概念或一般条款，这就表明在现行法上存在法律漏洞，法院应依据民法基本原则来进行法律漏洞补充或价值补充。如《物权法》第 42 条规定，为了公共利益政府可以征收他人不动产。此处的公共利益就属于类型式概念，法院必须对该概念进行价值补充。

5. 研习功能

民法基本原则是我们学习和研究民法的基本出发点。学者对民法进行研究和解释时，应以民法基本原则作为基础，不得违背民法基本原则。无论何种学说，如果违背民法基本原则，就不是妥当的学说。

二、传统民法基本原则

传统民法发源于罗马法，成就于近代欧洲。近代欧洲在承继罗马法的基础上，复兴和发展了民法。这些国家，尽管各自的立法政策之间存在差别，但由于共同承继了罗马私法传统价值观，同时又共同接受了欧洲启蒙思想，在民法上，形成了一套共同的较为稳定的法律价值观，并且依不同层次法律原则加以表现。居于最高层次的贯穿全部民法体系的共同性价值准则，我们称之为民法的基本原则。这些原则，根深蒂固，为西方国家私法的一般理解，之后的立法者都自觉地将之贯彻于私法，成为民法基本的指导准则。[1] 在封建社会，奉行专制主义，与

---

[1] 龙卫球．民法总论［M］．北京：中国法制出版社，2001：57.

资产阶级奉行的“自由、平等”观念格格不入，两者在政治、经济和文化思想领域进行激烈的斗争。因此，资本主义国家建立和兴起，是资产阶级与封建专制进行激烈斗争的结果。资产阶级专政之初，开始着手制定各种法律规范，以巩固革命成果，表现在法律上为贯彻个人主义和权利本位的主流思潮。传统民法立足于“自由平等”和“个人主义”，并由此形成了传统民法的四项基本原则：人格平等原则、私有权神圣原则、契约自由原则和过失责任原则。这些朴素的观念，并不是资产阶级民法的创造物，只不过其完全符合资本主义社会各层面的需要，被他们拿来充当民法的基本原则。

1. 人格平等原则

人格平等原则，即民事主体资格平等原则，体现民法的平等价值观念。平等的价值观念始于古希腊。公元前 5 世纪，希腊政治家伯里克利在雅典阵亡将士国葬典礼的演说中，第一次响亮地喊出：“在市民私权方面，人人应当平等”的口号。然而，现实是无情的，古希腊、古罗马的奴隶社会，自然人的人格等级泾渭分明而森严。❶ 近代民法以“天赋人权”为宗旨，宣示人格平等原则。《法国民法典》第 8 条规定：“一切法国人均享有民事权利。”并于第 7 条规定：“民事权利的行使，不以按照宪法与选举法所取得的政治权利为条件。”《瑞士民法典》第 11 条明确宣示全面的人格平等原则：“（一）人都有权利能力；（二）在法律范围内，人都有平等的权利能力及义务能力。”这是对封建特权的否定。特权是指特权者不受普遍性的法律的约束，平等是指社会的所有成员同受普遍性法律的约束。这些规定，意味着近代民法“承认所有人的法律人格完全平等”，不考虑知识、社会及经济方面的力量的差异的抽象个人，在其背后是“理性、意思方面强而智的人像”。法律中的平等规定推动了西方国家市场经济的发展，因为市场经济是交换经济，在交换中，只有在当事人互不隶属的条件下，才能自主地表达自己的意志，作出合理的选择。因此，平等是意思自治的前提，意思自治又是市场经济的前提。

平等是身份的对立物。身份有两种含义：一是指在现代民法中亲权、配偶权等身份权发生的根据，它是家庭成员之间的关系，在古代曾具有不平等性。如家父对家庭成员享有支配性的家父权。家父权后演化为亲权。亲权是包含义务的权利。夫权是丈夫对妻子享有的支配性权利。夫权现已被废，现代民法中的身份关

---

❶ 恩格斯指出：“这样，至少对自由民来说，产生了私人平等，在这种平等的基础上罗马法发展起来了，它是我们所知道的以私有制为基础的法律的最完备形式。”参见：马克思，恩格斯．马克思恩格斯选集［M］．（第 3 卷）北京：人民出版社，1972：143.

系是一种平等关系。二是指一个人的处境由他出生时的处境决定，并难以改变的制度。在这种制度下，生为王子即终身为王子，生为奴隶即终身为奴隶，社会等级壁垒森严，难以逾越。身份是特权的依托，身份社会是机会不平等的社会，机会只对社会的特权阶层开放。进入资本主义后，人类发生了“从身份到契约”的运动。契约是唯一可以概括近代几百年来一切社会进步的一个名词，意味着当事人在平等的基础上自由选择，人们可通过利用契约对一切社会成员开放的机会，获得自身的发展。因此契约就是机会平等，是人人有权自主选择，是把人们从各种身份关系中解放出来，契约制度因而成为现代社会的基石。

但大家也应看到，法律只能保护每一个人平等地获得民事权利、承担民事义务的机会，即人格平等；法律不可能保证每一个人获得的民事权利、承担的民事义务在结果上平等。结果不可能是平等的，结果是否平等取决于各人的能力，只要不同的人个性、能力、素质等方面存在差异，结果难以平等。民法为实现机会平等作出了不懈努力，现代继承法在这方面发挥了重要作用：一方面，用遗产平均分配的方式瓦解一些大财产，使各继承人所得的遗产份额较小，不使其拥有超出社会平均水平的发展自己的手段；另一方面，采用遗产税的方式重新分配社会财富，使起跑线的不平等缩小。而古代的继承制度多实行长子继承制，不仅包括财产继承，也包括身份继承，这是进一步加剧了起跑线的不平等的继承制度。

机会平等是现代民法的灵魂，它要求废除特权与身份制度。然而，到目前为止，我国民事立法未能充分贯彻平等原则。在民事立法上，我国仍然存在主体立法的方式。即在企业制度上，我国仍然按所有制形式制定相关企业法，如《全民所有制工业企业法》《集体所有制工业企业法》《私营企业法》《外商独资企业法》等，这种区别规定的目的在于区别对待，是不平等的对待。因此，民法通则规定国家财产“神圣不可侵犯”，而对集体财产与个人财产，只规定“不可侵犯”。主体立法方式受到学者的强烈批评，社会各界呼吁应以责任形式立法，以区分各类企业。我国现在也有以责任形式的立法，以尽量保证机会平等，但并不彻底，如1996年《公司法》与以上各法并行不悖即为明证。[1]

2. 私有权神圣原则

资本主义社会以市场经济为基础，市场经济天然地存在着商品交换。商品交换的前提是交换者对用于交换的商品拥有所有权。因此，近代民法以确立个人所

[1] 徐国栋．民法基本原则解释——成文法局限性之克服［M］．北京：中国政法大学出版社，1996：96.

有权并加以保护为其使命。法国民法典承认财产的个人所有权，并以所有权奠定民法上全部财产权利的基础，从而奠定私有权神圣原则。该原则集中表现为私有权人对其所有物具有绝对的、排他的、自由处分的权利。私有权人可以按照自己的意志自由行使所有权，包括行使内容自由与行使方法自由；自由决定行使或不行使；任何人不得干涉。私有权绝对受法律保护，神圣不可侵犯。

3. 契约自由

契约自由是当事人以自己的意志决定契约各方面，以自由地处分自己的私有财产或私人事务。表现为是否缔约自由、选择合同相对人自由、变更和解除自由、契约方式自由、争议解决方式自由等方面。

4. 过失责任

《法国民法典》第1384条规定："任何行为使他人受损害时，因自己的过失而致行为发生之人，对该他人负赔偿的责任。"由此确立了近代民法上的过失责任原则。根据这一原则，行为人对于自己的行为，只有出于故意或过失，才负赔偿责任，否则，纵有损害他人，也不负责任；对于他人的行为，原则上不负责任，体现了责任自负以及理性主义思想。

三、现代民法原则的修正

（一）现代民法基本原则的修正方向[1]

传统民法四原则是18世纪个人主义法律思想的产物，对人类文明有莫大贡献，保障个人平等、维护个人财产、刺激自由竞争、鼓励个人负责精神。[2] 随着社会的发展，不适应社会发展的情况愈来愈暴露：弱者的生存环境日益恶化，僵化的人格平等不能给予弱者以特殊、必要的照顾；自然环境及社会环境问题日益突出，私有权的绝对性只能导致这些问题进一步恶化；垄断企业力量强大，大企业对工人、消费者形成不公平的地位，使得完全的契约自由实际可能是对工人或消费者的优势利用；企业尤其是工业企业应用现代化技术，引起日益严重的公害现象，使过失责任在此领域失去公平等等。当立法者或统治者认识到继续贯彻上述原则只会引发更多不公平问题，甚至带来社会动荡，现代各国民法典都纷纷对传统民法的基本原则予以修正或限制。从法律思想观之，主要方向是从极端尊重个人自由转向兼顾社会公共福利或社会公平。

---

[1] 本部分内容主要参考：龙卫球．民法总论［M］．北京：中国法制出版社，2001：62—64.

[2] 龙卫球．民法总论［M］．北京：中国法制出版社，2001：62.

1. 所有权的社会化倾向

自德国魏玛宪法规定所有权附有义务以来，法律思想上对于私有权绝对的观念，开始有所修正，即认为私有财产制度，是社会物资，托于个人，其目的在于使其充分利用，而不仅使其所有，所谓“从归属到利用”，实现社会的公共福利。因此，所有权行使与不行使以及如何行使，还须兼顾社会全体利益，无完全绝对的自由，表现在法律上，对私有权神圣原则作了相应的限制。

2. 契约正义观念的补救

现代社会已经意识到，若契约当事人在社会上或经济上地位悬殊，弱者不免被强者利用，契约自由只能徒具虚名。为了维护契约正义，各国合同法都从不同的程度上对合同自由予以限制：如强制缔约、对格式条款的限制、对免责条款的限制等。

3. 在一定范围内引入客观责任

依传统过失责任原则，不能证明企业主有过失便不能请求损害赔偿，被害人常常因不能证明企业过失而无法获得救济。在现代社会中，随着资本主义社会日益发达，企业经济扩张，现代科技大量应用，公害现象日益严重，受害人越来越难以证明受害原因，因此，传统过失责任原则在这些领域的适用，对受害人有失公平。现代法律为追求公平和合理分摊现代技术应用的特别风险，修正了过失责任原则在一些特殊领域的适用，或采推定过失原则，以存在客观损害就初步推定加害人有过失，在加害人不能举证排除责任时，使其对损害负责；或采无过失责任，使加害人不问有无过失，概须对损害负赔偿责任，如产品责任、交通肇事、工伤、环境污染、医疗事故等。

4. 社会弱者特殊协调与保护制度的确立

近代民法典，个人被作为抽象的各种实际能力的完全平等的法律人格而对待。这种处理具有历史的意义，但是也产生了令人难以忍受的后果：这实际支持了人与人之间的实际上的不平等，尤其使贫富差距中产生的各种问题表面化。❶拉德布鲁赫因此说：“在一切称为无经验、贫困、轻率的场合，专门以狡猾、放任且利己的人为对象而制定的法，只能将与之性质不同的人引向毁灭。”❷ 当代法律注意到社会弱者在人格平等原则下的某些不适应性。基于更深刻的人本意识，作出若干修补，提出了所谓“雇员人格”“消费者人格”“房屋租赁者人格”

---

❶ ［日］星野英一．私法中的人［M］//王闯译．梁慧星．民商法论丛（第8卷）．北京：法律出版社，1998：183.

❷ 转引自：龙卫球．民法总论［M］．北京：中国法制出版社，2001：64.

等具体而特殊的人格，在法律上赋予弱者一些特殊权利。对于强者，则强加一些特殊社会义务或限制，从而在一定程度上确立了有差别的法律人格制度，根据社会的经济地位及职业的差异把握更加具体的人的法律平等，由此进入对弱者加以保护的时代。

（二）现代民法基本原则的修正方法[1]

现代民法对传统民法基本原则的修正采取的修补方法主要有：一是制定具体规范，限制传统四原则在某些事项上的适用；二是在民法中引入一般限制条款。

1. 制定具体限制规范

如针对社会弱者保护的特殊问题，有关国家设立一些公法上或私法上的具体规定，积极扶持经济上或社会地位上的弱者结成集体，以集体力量对抗强者，取得地位平衡，维护实际的人格平等；另一方面，通过具体的法律规定赋予社会弱者某些特殊权利，如消费者的知情权、失业者的社会经济补偿权等。针对私有权社会化的要求，当代法律直接对私有权的绝对性设立若干限制规范。如对土地所有权或使用权行使的限制；针对契约自由带来的不公平问题，在法律上设置若干规定，对缔结合同加以监督或干预，对订立合同自由予以限制；对选择合同相对人的自由予以限制；对合同内容予以限制；在扶持经济上或社会地位上的弱者运用集体契约的办法维护契约；组织消费者协会；组织工会等；针对过失责任的弊端，现代法律往往就产品责任、工业灾害、环境污染等，制定具体规范，设立风险引入者以特殊法定义务，或直接在某些情形引入推定过失责任或无过失责任。现在各国都有越来越多的主体立法，以至于有学者惊呼，当代社会已经掀起了一场“从契约到身份”的运动。

2. 制定一般限制条款

这些一般条款是“公共利益条款”“诚实信用条款”“尊重公序良俗条款”或“权利行使不得滥用条款”等。它们在形式上采取法条的形式，但本身并非可以独立适用的法条，而是一种填补性法条，对其他全部民事规范具有限制解释、补充解释以及协调矛盾的作用，应与其他法条结合组成法律规定。

四、民法基本原则的运用

法官运用民法基本原则判案时应注意以下两点：

第一，存在具体法律规则可供适用的情况下，不能援引民事基本原则条

[1] 本部分内容主要参考：龙卫球．民法总论［M］．北京：中国法制出版社，2001：64－69．

文进行判案。如果在存在具体法律规则可供适用的情况下，法官不依据法律条文反而援引民法基本原则判案，则容易导致其懒惰，向一般条款逃避，从而架空民事法律条文。民法基本原则只有在缺乏具体的法律规则，为填补法律漏洞的情况下才能直接适用。其原因在于：① 民法原则的高度抽象性所带来的不确定性，给予了法官极大的自由裁量权。如果允许法官直接运用民法基本原则判案，会造成法律不确定性的增加，从而影响法律的稳定性，增强法律的不可预见性；也容易造成法官恣意、司法专横和司法不公现象。② 法律规定的具体规则已经承载了基本原则的精神。在存在具体规则的情况下，法官理所当然地应该运用该规则进行判案。③ 如果法官经常采用基本原则判决案件，在大多数判决书缺乏说理和论证、缺乏通过逻辑三段论和法律解释方法进行推理的情况下，将严重影响裁判的严谨性与逻辑性。判决书质量低，使当事人对于裁判结果缺乏足够的可预测性，这将直接影响人们对司法公正的信任和司法权威性的确立。[1]

第二，民法基本原则不能直接适用于个案。民法基本原则是对民法精神与理念的高度浓缩。由于它不区分构成要件和法效果，即使被民法条文明确宣示，也不能作为裁判规则直接适用于个案。正如拉伦茨说："作为原则，其并非可直接适用于具体个案的规则，毋宁为一种指导思想。透过立法，或者（如前所述）由司法裁判依具体化原则的程序，或者借形成案件类型以演绎较为特定的原则，借此可以将原则转变为——能被用作裁判基准的——规则。"[2]

五、我国民法通则确立的各原则

我国《民法通则》与西方国家民法对基本原则不作明确规定的态度不同，几乎将所有需要体现的基本原则均以一般条款的形式加以宣示。《民法通则》第一章明确规定为"基本原则"。根据多数学者的理解，该法第一章的第 3、4、5、7 条为民法基本原则的规定。该法第 3 条规定："当事人在民事活动中的地位平等。"第 4 条："民事活动应当遵循自愿、公平、等价有偿、诚实信用的原则。"第 5 条："公民、法人的合法的民事权益受法律保护，任何组织和个人不得侵犯。"第 7 条："民事活动应当尊重社会公德，不得损害社会公共利益，破坏国家经济计划，扰乱社会经济秩序。"因公平是

---

[1] 王利明．民法总则研究［M］．北京：中国人民大学出版社，2003：104－105.

[2] ［德］卡尔·拉伦茨．法学方法论［M］．陈爱娥，译．北京：商务印书馆，2004：293.

法律的普适性原则，而等价有偿原则仅适用于市场交易场合，与基本原则概念不完全相符。因而，本书认为，《民法通则》确立了平等、意思自治、诚实信用和公序良俗的四大基本原则。

第二节 民法的基本原则

一、平等原则

（一）平等原则的概念

平等原则是指维护民事主体之间平等的基本准则。何谓平等？平等是自然人在无合理的法律限制的情况下，享受与他人相同的法律处遇的权利。因此，平等是一种持中的法律处遇；在此之上的为特权，在此之下的为歧视。根据平等原则，除非有特别的必要，法律不得赋予特权或课加歧视。现代民法，以平等为常态、为原则，以特权和歧视为例外。在一些特定领域，在法律上，为了维护实质公平正义，不得不放弃形式上的平等。放弃形式平等而达到实质平等主要是通过赋予社会弱者以特权或者对强者课加各种歧视方式。为了维护弱者与强者之间的实质平等，在法律上，可以通过赋予弱者一些特殊的权利，或者免除其一些特殊的义务的方式，也可以通过减少强者的权利，或者课加一些特殊义务方式，从而保护弱者权利和协调双方之间的利益平衡，以达实质公平。“完全平等的社会是不存在的，而且如果有，肯定是治理不善的。特权和歧视是像平等一样必要的治理手段，不过要合理运用或不得滥用而已。”❶ 平等原则不仅适用于人与人之间的法律处遇，而且适用于物与物之间的法律处遇。这两种法律处遇彼此相互关联，例如，国有企业、集体企业和私人企业的法律处遇是三种人之间的处遇，与之相对应的国有财产、集体财产和私人财产的法律处遇是三种物之间的处遇。❷

（二）平等原则的内容

《民法通则》第 3 条规定：“当事人在民事活动中的地位平等。”第 5 条规定：“公民、法人的合法的民事权益受法律保护，任何组织和个人不得侵犯。”这是平等原则在法律上的表现形式，是宪法中“公民在法律面前一律平等原则”《宪法》第 33 条第 2 款的具体体现。平等原则主要包括以下内容：

---

❶❷ 徐国栋．民法总论［M］．北京：高等教育出版社，2007：144.

1. 人格平等

民法平等原则主要体现在人格平等。人格平等就是在法律上不分尊卑贵贱、财富多寡、种族、性别而一律认为人与人的抽象人格是平等的。《民法通则》第10条规定："公民的民事权利能力一律平等。"任何公民均使之平等地享有民事权利能力，即使被剥夺了政治权利的罪犯，也不丧失其民事权利能力。民事权利能力与生俱来，终生享有，任何单位和个人不得非法限制和剥夺他人民事权利能力。人格平等具体可以理解为以下几个方面的内容：(1) 主体资格平等。任何自然人因出生而当然平等地享有权利能力，成为民事主体，不因身份、性别、地位和其他原因而差别。(2) 主体地位平等。任何人平等享有主体地位，任何一方当事人无权将自己的意志强加给另一方。(3) 主体平等地受法律保护。

2. 处遇平等

对各类民事主体给予平等处遇，包括强势意义上的平等处遇和弱势意义上的平等处遇。前者是指尽可能避免对人进行三六九等地分类，以对各类群体给予平等处遇；后者是指针对不同情况而给予区别处遇。现代民法既重视强势意义上的平等处遇，也重视弱势意义上的平等处遇，两者均是必要的治理国家的手段。

3. 补救平等

补救平等是指不论受害人的具体受害事实上的差异，法律给予一体的保护，使之平等地享有各种补救方法。古代的法律文本中，平民受害的补救与贵族受害的补救往往是不相同的，而现代法律文本中，受害人的补救是平等的。

(三) 平等原则在具体制度中的体现

现代民法平等原则往往需要以古代法的相反规定为衬托，才能体现出来。通过古今对比，现代民法在以下制度中体现平等原则：

(1) 权利能力制度。罗马法上的人格根据自然人的身份不同而赋予差别的人格，在自然人与法律人之间设置自由、市民、家庭等障碍制造两种人的分裂，由此造成人与人彼此间的不平等。而现代民法权利能力制度的核心理念是让每一个自然人都成为民事主体，享有平等的权利能力，从而达到人与人之间的平等。

(2) 法律规定的普遍性。古代法的规范依等级立法，每个等级都有自己的法律，因而不具有普遍性。而现代民法则以普遍性为常态，以特别规定为例外。普遍性是指法律不区分对象的个别差异而制定或适用的状态，在法条的逻辑结构上表现为全称判断。[1]

---

[1] 徐国栋．民法总论［M］．北京：高等教育出版社，2007：145.

(3) 继承制度。古代法往往规定只有长子长孙才享有或者享有较大继承权。而现代民法基本上普遍赋予各继承人以平等继承权。另外，为了体现人人生而平等理念，有些西方国家继承法或税法还规定高额累进的遗产税，力图使每个人出来伊始处于同一起跑线上，给予人人平等的机会。

应当指出的是，平等原则是指机会、过程平等而不是结果平等，不是在实际的民事法律关系中人人享有相同的具体的民事权利和承担相同的民事义务。权利能力平等是指法律平等地赋予每个人权利能力，而不是每个人的具体权利能力完全相同。补救平等是指人人均可诉诸相同的补救方法，而不是补救结果的平等。"同命不同价"是平等地享有各种补救机会，运用各种补救方法的结果之一，这并不是不平等在民法中的体现。

二、意思自治原则

(一) 意思自治原则概念

意思自治原则，又称为私法自治原则，是指民事主体依法在尽可能的范围内从事民事活动的意志自由，不受国家机关、其他组织或个人的非法干预。《民法通则》第4条规定，民事活动应当遵循自愿原则。这是自愿原则在法律上的表现形式。自愿就是主体的意志自由，按照国际通行的表述，就是意思自治。意思自治（自愿）原则要求保障当事人从事民事活动时意思自由，不受国家权力和其他当事人的非法干预。因此，自愿原则有两方面的功能：一是以民事权利抗御非正当行使的国家权力。国家权力的行使，以法律有明文规定为限；二是使当事人的自由意志不受来自其他当事人的非法干预。

尽管意思自治在民法不同部分中体现程度不相同，但意思自治原则作为民法的一项基本原则，贯彻于整个民法之中，体现了民法最基本的精神。正如德国学者罗伯特·霍恩等人所言："私法最重要的特点莫过于个人自治或其自我发展的权利。契约自由为一般行为自由的组成部分，是一项受到宪法保护的基本权利。契约是一种灵活的工具，它不断进行自我调节，以适应新的目标。它也是自由经济不可或缺的一个特征。它使私人企业成为可能，并鼓励人们负责任地建立经济关系。因此，契约自由在整个私法领域具有重要的核心作用。"[1] 意思自治原则是民法调整市场经济关系的必然反映，也是民法作为市民社会的法律的本质要

[1] [德] 罗伯特·霍恩，海因·科茨，汉斯·G. 莱塞. 德国民商法导论 [M]. 楚建，译. 北京：中国大百科全书出版社，1996：90.

求。[1]人类历史发展过程已经证明了人的认识能力是有限的，人不可能完全认识自然与社会。因此，我们不能指望立法者是万能的人，能够对所有问题均作出圆满妥当的安排。立法者自知之明地将私法利益、私法关系等私人领域的事务交由个人打理，由他按照自己的意志自由地安排。也就是说，在市场上，当事人被假定为是他自身利益的最佳判断者，他利用自己的或他人的能力和知识从事经济活动，对自己的行为负责，享受自己行为带来的福利，承担自己行为的风险。每个人根据自己的判断追求自身利益的结果，将使社会利益得到增长。任何他人的判断都不能取代当事人自己的判断，因为当事人最清楚自己的利益之所在，因此，一切不法干预当事人自由意思的行为，都是对意思自治原则的违反，同时也是对市场经济方式的背离。立法者在制定民法时，进行了一个最基本的假定：假定每个私人是理性的人，是自己利益的最佳判断者。这就是著名的“经济人假设”理论在私法规范中的体现。意思自治原则是以理性主义为基础，塑造了民法中强而智的主体形象。

（二）意思自治原则的内容

在意思自治原则下，允许当事人在法律规定的范围内自主决定自己的事务，自由地从事各种民事行为，充分地实现自己的利益。意思自治原则具体包括以下方面：① 民事主体有依法自主决定从事或不从事某种民事活动的自由。民事主体是否从事民事活动，是否行使某种权利，完全由当事人自主安排。只要不损害国家利益、社会公共利益和他人的利益，这种选择或安排就是合法有效的。② 民事主体从事民事活动时，有权自主地选择民事活动的相对人，并自主决定民事活动的内容。与谁发生民事法律关系，完全取决于民事主体自己的决定。民法法律关系的内容也可以由双方当事人通过平等协商方式确定。如何设定权利和义务，由当事人自主决定。③ 民事主体有权选择从事民事活动的方式。民事主体从事民事活动，有权选择口头、书面、公证等方式进行。但法律、行政法规对从事民事活动的形式有特殊要求的，依照法律的规定遵守该特殊要求。④ 民事主体有权自主选择补救方式。如果一民事主体的行为既构成了违约，又构成了侵权，受害人有权自主选择违约损害赔偿请求权或侵权损害赔偿请求权；非违约方有权自主选择请求违约方承担违约金责任或定金责任或损害赔偿责任等。⑤ 在合同领域内，合同当事人还有选择纠纷解决方式的自由，如双方当事人可以自由约定本合同纠纷的解决方式；双方当事人有权在法律规定的范围内选择管辖法

---

[1] 王利明．民法总则研究［M］．北京：中国人民大学出版社，2003：111.

院；在涉外合同纠纷中，甚至可以选择所适用的法律等等。

（三）意思自治原则的发展

意思自治原则以理性主义为基础，体现了“经济人”本质。然而现代民法吸收了非理性主义的合理因素，勾画了民法中“强而智”与“弱而愚”两类主体并存的画面。为什么现代民法要吸收非理性主义的合理因素？其原因在于：经济人假设成立奠基于三个基本前提。第一，经济主体是完全理性的。只有理性的经济主体才能明了自己的利益所在。第二，经济主体具有完全意志力。只有具备完全意志力的经济主体才能坚持自己的利益。第三，经济主体是完全自私自利的。然而，现代行为经济学利用试验证明，经济人并非现实人，与前者单一的趋利性相比，后者的属性要丰富得多。行为经济学系统地通过试验证明：现实人的理性是有限的，因为人的认识能力存在多方面的局限；现实人的意志力也是有限的，因为人总有自己的嗜好、欲望和多重自我；现实人的自私自利同样是有限的，因为人会受各种社会规范、道德规范所约束，也会追求公平、社会认可等非自私自利的东西。因此，现代民法必须反映现实，吸收非理性主义的合理因素。现代民法塑造了“民法中的人”的“强而智”与“弱而愚”的双重形象。

民法中各部分不同程度地体现意思自治：民法总则关于自然人、法人及其权利能力的规定，诉讼时效的规定等均为强行性规定，该部分所涉及的社会生活通常不体现意思自治；物权因公共利益的考虑而实行物权法定主义，除物权行使等方面不同程度地体现意思自由外，在多数方面不适用意思自治原则；亲属法、知识产权法体现意思自治原则方面与物权法相近；在债法中，只有合同法贯彻意思自治原则，而侵权法、无因管理法、不当得利法则难以适用之；在继承法中，法定继承不体现意思自治，而遗嘱继承则适用之。总之，在适用法律行为制度的民法内容中，完全贯彻意思自治原则。具体而言，意思自治原则在物权法中表现为财产处分自由原则，在亲属法中表现为婚姻自由原则，在合同法中表现为合同自由原则，在继承法中表现为遗嘱自由原则。其中合同自由是意思自治原则最基本的体现。但在现代社会中，合同自由原则正受到标准合同、强制缔约、附随义务等现代合同制度，特别是合同正义的冲击。

基于以上情况，徐国栋教授提出了意思自治原则实际上已经向意思自治与国家的保护性干预相结合原则转变的观点。[1]

---

[1] 徐国栋．民法总论［M］．北京：高等教育出版社，2007：140．

三、诚实信用原则❶

（一）诚实信用原则概念及其作用

1. 诚实信用原则概念

《民法通则》第4条规定："民事活动应当遵循诚实信用原则。"这是诚实信用原则（以下简称"诚信原则"）在法律上的表现形式。何谓诚信原则？在我国有语义说和一般条款说。语义说认为，诚信原则是对民事活动的参加者不进行任何欺诈、恪守信用的要求。一般条款说认为，诚信原则是外延不十分确定，其内涵也具有不确定性，但具有强制性效力的一般条款。诚信原则是要求民事主体在民事活动中维持双方的利益平衡，以及当事人利益与社会利益平衡的立法意志。一方面，这种意志要求主体有良好的行为，称之为客观诚信；另一方面，要求主体具有毋害他人的内心意识，称之为主观诚信。诚信原则是立法者对实现上述三方利益平衡的要求，目的在于社会稳定与和谐发展。三方利益平衡是这一原则实现的结果，当事人以诚实、善意的心理和行为行使权利履行义务，法官根据公平正义进行创造性的司法活动就是达到这一结果的手段。在当事人之间的利益关系中，诚信原则要求尊重他人利益，以对待自己事务的注意对待他人事务，保证法律关系的当事人都能得到自己应得的利益，不损人利己。在当事人利益与社会利益关系中，诚信原则要求当事人不得通过自己的民事活动损害第三人利益和社会利益，必须在权利的法律范围内以符合其社会经济目的的方式行使自己的权利。

2. 诚实信用原则的作用

诚信原则在大陆法系中确立，是对大陆法系追求法律绝对确定、否定司法活动能动性所造成的弊端的补救，因而反映着大陆法系的法律思想、立法技术、立法机关与司法机关关系的转变。诚信原则的作用不限于指导当事人正确进行民事活动，在完善立法机制，承认司法活动的能动性方面具有更重要的作用。诚信原则意味着承认法官的创造性司法活动，允许法官在法无明文规定时依据公平正义的要求进行裁判。

因此，诚信原则主要在两个方面发挥着作用：首先，它是对当事人进行民事活动时必须具备诚实、善意的内心状态的要求，在当事人进行民事活动时起指导作用，以便使良好的内心状态转化为良好的行为；其次，它是对法官自由裁量权的授予。诚实信用在法律意义上没有确定的内涵与外延，其适用范围几乎没有限

---

❶ 本部分内容主要参考：徐国栋．民法总论［M］．北京：高等教育出版社，2007：120－133．

制。这种“模糊规定”或“不确定规定”源于：立法机关考虑到法律不能包容诸多难以预料的情况，不得不把补充和发展法律的部分权力授予司法者，以“模糊规定”或“不确定规定”的方式将自由裁量权交给法官。因此，诚信原则意味着承认司法活动的创造性与能动性。

（二）诚实信用原则的适用

由于诚信原则是一个一般条款，其外延具有不确定性，其意义在于为法官解决法无明文规定的问题提供依据；加之诚信原则仍处于不断发展过程之中，因此，完全列举诚信原则的各种适用情况是不可能的，它需要通过判例来进行补充和不断完善。下面是诚信原则适用比较典型的情形：

1. 情势变更原则

情势变更原则，是指合同有效成立以后，因发生了当事人不可预见或难以预见的事情，导致履行合同时的情势与订立合同的情势相比，发生了重大变化，以至于合同履行的基础发生了动摇或丧失，如果继续维持合同原有效力则有悖于诚实信用原则（显失公平）时，应允许当事人变更合同内容或者解除合同。它以公平观念和社会连带关系为基础，允许当事人通过协商或诉讼的方式对合同内容进行调整，以达到维持双方当事人利益动态平衡之目的。情势变更原则是对“契约必须信守”原则的严苛性的缓和，是基于公平角度对合同关系进行的调整。因此，情势变更原则是诚信原则适用情形之一。

2. 先合同义务

古典合同法理论认为，只有在合同生效后，当事人才负担合同义务。然而现实生活中，许多纠纷发生在合同订立过程中，依照古典合同法理论缔约当事人的利益难以得到保护。这违背法律的正义、公平理念。基于此，现代合同法均对先合同义务以及违反先合同义务的法律后果作出规定。所谓先合同义务，是指在订立合同过程中，合同成立之前所发生的，应由合同双方当事人各自承担的法律义务。它是建立在民法诚实信用原则、公平理念基础上的一项法律义务，是诚实信用原则、公平理念的具体化。它主要包括合同当事人之间的互相保护、通知、保密、协作及诈欺禁止等义务。先合同义务将当事人承担义务的时间向前延伸到了合同存续之前。《秘鲁民法典》第 1362 条将先合同义务直接规定为“谈判诚信”和“缔约诚信”。

3. 附随义务

依诚信原则，债务人于契约及法律所定内容之外，尚负有附随的义务。此附随义务，又可分为两种。一为辅助的或非独立的附随义务，并无独立目的，惟保证主给付之义务履行；二为补充的或独立的附随义务，为达一定之附从的目的而担保债之效果完全实现。[1] 附随义务是指法律没有明文规定，当事人之间也无明确约定，但为维护对方当事人的利益，并依社会的一般交易观念，当事人应当负担的义务。这种义务对一方当事人并非很大的负担，却使相对人能够获得很大好处。当事人如果不履行附随义务，不仅使相对人陷于不利，而且影响社会经济生活秩序。根据合同的性质、目的和交易习惯，当事人应当履行的附随义务主要包括通知、协助、保密、保护等给付义务以外之义务。秘鲁民法典第 1362 条将附随义务直接规定为"履约诚信"。《合同法》第 60 条第 2 款规定了附随义务："当事人应当遵循诚实信用原则，根据合同的性质、目的和交易习惯履行通知、协助、保密等义务。"

4. 后合同义务

后合同义务，是指合同关系消灭后，缔约双方当事人依诚实信用原则依法应负有某种作为或不作为义务，以维护给付效果，或协助对方处理合同终了的善后事务的合同附随义务。《合同法》第 92 条规定了后合同义务："合同的权利义务终止后，当事人应当遵循诚实信用原则，根据交易习惯履行通知、协助、保密等义务。"后合同义务不以通知义务、协助义务、保密义务这三种为限，通常，还应当包括注意义务、说明义务、照顾义务、忠实义务、禁止竞业义务和减损义务等等。后合同义务的内容应当遵循诚信原则，根据交易习惯确定，合同的具体内容不同，相应的后合同义务也不完全相同。

5. 格式合同

经济交往中的双方当事人往往经济实力强弱不一。经济实力强的一方因为交易内容的重复性和追求交易的高效性，往往利用其优势地位编制格式合同；经济实力弱的一方只能全部接受或全部拒绝，在无更多的订约对手可供选择的情况下，常常不得不全部接受格式合同。提供格式合同一方往往对自己的责任范围严加限制，导致他们几乎仅享有权利而不承担任何风险。对这种损害当事人利益平衡的免责条款，应根据诚信原则加以限制。《合同法》第 39 条规定："采用格式条款订立合同的，提供格式条款的一方应当遵循公平原则确定当事人之间的权利和义务，并采取合理的方式提请对方注意免除或者限制其责任的条款，按照对方的要求，对该条款予以说明。"第 40 条规定："格式条款具有本法第五十二条和第五十三条规定情形的，或者提供格式条款一方免除其责任、加重对方责任、排

---

[1] 史尚宽．债法总论［M］．北京：中国政法大学出版社，2000：341．

除对方主要权利的，该条款无效。”这两条规定尽管没有明确宣示格式合同提供者在确定格式合同内容和制定免责格式条款时必须遵循诚信原则，但其中之义已经渗透于字里行间。

6. 防止损失继续扩大的义务与裁判机构的衡平赔偿责任的裁量权

当事人一方因对方违反合同受到损害时，依诚信原则，应当及时采取措施防止损失扩大；没有采取适当措施致使损失扩大的，不得就扩大的损失要求赔偿（《合同法》第119条）。

约定的违约金低于造成的损失的，当事人可以请求人民法院或者仲裁机构予以增加；约定的违约金过分高于造成的损失的，当事人可以请求人民法院或者仲裁机构予以适当减少（《合同法》第114条第2款）。裁判机构应当根据情况，遵循公平理念，依据诚信原则，对赔偿金额予以适当裁增或裁减。

7. 善意取得与时效取得

善意是指当事人不知道自己的行为已造成他人损害，或者相信自己的行为未损害他人的一种内心状态。徐国栋教授称之为“主观诚信”。善意是主体对其行为符合法律或道德的个人确信。这种确信尽管是主观的，但只要这种确信形成时主体尽到了注意，它就是诚实、合理的。善意与诚信都以同样的符号表示（Bona fides或Good faith）。因此，各国民法均赋予善意买受人取得标的物的法律效果；赋予善意占有人通过自主、公然、和平、持续占有他人财产一定的时间，取得该财产的法律效果。

8. 权利不得滥用原则

《民法通则》第7条规定，民事活动应当尊重社会公德，不得损害社会公共利益，破坏国家经济计划，扰乱社会经济秩序。该条规定尽管没有使用权利不得滥用的用语，但禁止权利滥用的意图比较明显。这是权利不得滥用原则在法律上的表现形式。民事活动是民事主体行使民事权利和承担民事义务以满足个人利益的活动，权利不得滥用原则的要旨是要求民事主体在行使权利以及履行义务的过程中，实现个人利益与社会利益的平衡。在大陆法系国家，权利不得滥用是诚信原则的当然内容，即权利的行使有悖于诚信原则时，即构成权利滥用。权利不得滥用原则主要调整当事人利益与社会利益之间的平衡。其适用范围主要在绝对权之行使方面。法律将权利不得滥用原则从诚信原则中独立出来，以减少诚信原则的非直观性。

《民法通则》采取列举方式规定权利不得滥用原则，即详列违反社会公德、社会公共利益、国家经济计划、社会经济秩序的行为为滥用权利的行为。这种列举式优点与缺点都十分明显。优点是比较直观，当事人可获得何谓权利滥用的较清晰认识，而且不至于给法官过大的自由裁量权，从而危及民事活动的安全。因为“一旦某种内容极为广泛而且又十分重要的原则形成为一种基本原则时，这就要不可避免地付出法官享有过度权力的代价，原则的内容越广泛，法官的权力也就越广泛。”缺点是缺乏概括性，“否定性的禁止规定绝不可能穷尽到列举全部有悖于权利职能的滥用的行为。同时侵犯社会利益的行为因为权利主体广泛自主和有关条件的不断变化，实际上很难对它们设立一个固定标准。并且，禁止性规定亦很容易规避。因此，有必要确定一个有一定弹性的一般原则，来禁止一切滥用权利的行为”❶。

关于权利滥用的标准，有主观说、客观说、主客观说、缺乏正当利益说、不利益说、违反侵权的一般原则说等。主观说认为，只要在主观上以故意损害他人利益为目的的行使权利的行为，即为权利滥用行为。《德国民法典》第 226 条规定：“权利的行使不得以损害他人为目的。”奥地利、瑞士等国民法也采此标准。客观说认为，在损害利益的情形下行使私权，就构成权利滥用。缺乏正当利益说认为，对自己没有正当利益，却对他人造成损害的行为，构成权利滥用。不利益说认为，凡行使权利带来的利益小于其所造成的损失行为，都构成权利滥用。违反侵权的一般原则说认为，这一标准实际将滥用权利纳入侵权范畴，行使权利的过程中侵害他人的权利即构成权利滥用。本书采主客观说，在主观方面，应看权利人在行使权利时有无导致滥用权利的故意或过失；在客观方面，应看权利人行使权利的行为是否造成了他人或社会利益的损失或可能造成损失。判断主观过错的方法是从其外部行为推知其内心过错状态，根据行使权利是否缺乏正当利益、是否以有害的方式行使权利、损害是否大于所得利益、是否违反侵权法的一般原则和行使权利是否完全不顾权利设置的目的等因素来推断。

权利滥用将产生以下法律后果：第一，给予相对人以适当的救济方法。如果权利人滥用权利未造成实际损害的，相对人有权请求消除危险、排除妨碍；如果对他人或社会已造成损害，应承担赔偿责任。第二，使权利人达不到所希望达到的法律效果。要么剥夺滥用者的权利，要么限制其权利。前者如《国家建设征用土地条例》第 21 条规定，已征用 2 年还不使用的土地，除经原批准征地的机关同意延期使用的土地外，当地县、市人民政府有权收回，并报原批准机关备案。后者如《专利法》规定，发明和实用新型专利权人自专利权被授予之日起满 3

❶ 彭万林．民法学［M］．北京：中国政法大学出版社，2007：47．

年，无正当理由没有在中国制造其专利产品、使用其专利方法的，专利局根据具备实施条件的单位的申请，可以给予实施该专利的强制许可。专利权人不丧失其专利，如果其无正当理由在3内不实施其专利，也不同意他人实施其专利，将强制权利人许可他人实施。

四、公序良俗原则

（一）公序良俗原则概念及其发展

公序良俗是公共秩序与善良风俗的合称。公共秩序是从国家角度进行定义的，指国家之一般利益；善良风俗是从社会角度进行定义的，指社会之一般道德观念。公序良俗原则是指民事主体从事民事活动应当尊重国家之一般利益和社会之一般道德观念的基本准则。我国《民法通则》没有使用“公序良俗”这一概念，该法第7条规定：“民事活动应当尊重社会公德，不得损害社会公共利益”。

公序良俗原则起源于罗马法。乌尔比安在《告示评注》中第30卷写道：“如果约定了对欺诈不承担责任，此等约定无效，因为这样的约定违反诚信并违反善良风俗，因而不得遵循”。罗马法中尽管没有关于公共秩序的明确规定，但包含这种精神的规定还是有的。公共秩序是法国固有法上的概念。在制定法国民法典时，立法者把从罗马法继受的善良风俗规定与自己既有的公共秩序规定结合起来构成公序良俗原则。[1]《法国民法典》第6条规定：“任何人不得以特别约定违反有关公共秩序和善良风俗的法律。”德国固有法并没有公共秩序的概念，加上对罗马法的忠诚，所以仅采用善良风俗作为规制民事活动的手段。《德国民法典》第138条第1款规定：“违反善良风俗的行为，无效”。《日本民法典》第90条规定：“以违反公共秩序或善良的事项为标的的法律行为无效。”我国台湾地区“民法典”第72条规定：“法律行为，有悖于公共秩序或善良风俗者，无效。”1949年以后我国民法力图切断与旧法统的联系，长期以来不谈公序良俗原则问题。改革开放以来，我国民法理论对西方国家民法理论开放，公序良俗原则逐渐为我国学者、立法者、法官所接受，形成了研究公序良俗的专著，制定了隐晦的公序良俗原则规定，作出了运用公序良俗判案的先例。

（二）公序良俗原则与诚信原则的关系

在补救法律局限性，引进法外规范于法内的功能上，公序良俗原则与诚信原则类似。如何区分两者？现代民法理论主要有三种学说：

---

[1] 于飞．公序良俗原则研究［M］．北京：北京大学出版社，2006：12.

1. 纵向区别说

该说主张公序良俗原则与诚信原则对行为人的要求高低不同，前者为最低要求，后者为较高要求。相较于诚信原则，善良风俗只涉及来自人的社会条件的最低要求，并且只要求在某种情境下遵守这一要求。善良风俗只涉及特定时空的道德，而诚信原则要求高于这一标准，它以专门的约束为前提，并确定了行为的参与者之间的依赖。因此，并非所有违反诚信的行为都违反善良风俗，而不道德的行为却总是违反诚信。西班牙学者莫佐斯认为，公共秩序是适用诚信的外在界限，在适用公共秩序的时候，就不得不适用诚信原则。❶

2. 横向区别说

该说认为公序良俗原则主要适用于家庭法领域，而诚信原则主要适用于经济交换领域。❷

3. 功能区分说

该说认为公序良俗原则的法律效果是概括地否定某类行为，而诚信原则的法律效果只否定特定的行为。因为公序良俗原则涉及的行为反社会性比较强，所以必须一体否定；而诚信原则涉及的行为的反社会性较弱，在肯定法律行为效力的基础上，限制当事人行使权利或履行义务的方式，即可平衡当事人之间的利益。❸

以上三种学说，分别从三个角度说明公序良俗原则与诚信原则之间的差别。本书认为，在区别适用公序良俗与诚信原则时，既要考虑对行为人的高低要求不同，又要考虑民事活动所涉及的法律领域，还要考虑该行为可能产生的法律后果。

（三）公序良俗原则与权利不得滥用原则的关系

德国等国家将是否违反善良风俗作为判断权利是否被滥用的标准，因此不存在两者区分的问题。日本等国家民法既确立了公序良俗原则，又确立了权利不得滥用原则，这引起了学者探讨两大原则的区分问题。于飞博士认为，两者存在以下几个方面的不同：第一，判断的时间点不同，违反公序良俗在法律行为成立时即可判定；而是否构成权利滥用往往要到履行阶段才能判定。第二，针对的事项不同，公序良俗原则针对的往往是法律行为客体；而权利不得滥用原则针对的往往是法律行为方式。第三，适用的法律效果不同，违反公序良俗原则往往导致法律行为无效；而违反权利不得滥用原则并不导致涉及的权利无效，而是承担相应

---

❶ 徐国栋．民法总论［M］．北京：高等教育出版社，2007：136.

❷ 徐开墅．民商法辞典［M］．上海：上海人民出版社，2004：126.

❸ 于飞．公序良俗原则研究［M］．北京：北京大学出版社，2006：93.

侵权责任。[1]

（四）公序良俗原则的适用

我国有学者通过对法国法、德国法、日本法和我国台湾地区等公序良俗原则适用情况的类型化研究，提出了我国违反公序良俗原则的下列案型，可供参考：

1. 违反公共秩序的行为

违反公共秩序的行为包括：① 违反国家安全、国家和社会公共利益、社会经济秩序的行为，例如订立买卖毒品的合同；② 限制经济自由的行为，如订立价格联盟协议、禁止竞争合同等；③ 不正当竞争行为，例如假冒行为、伪造行为、引诱他人违约行为、不正当的有奖销售行为等；④ 垄断行为；⑤ 暴利行为，如放高利贷的行为，哄抬物价的行为等；⑥ 赌博行为，因赌博容易激发人的侥幸和冒险的心理，往往导致参加赌博的人倾家荡产，从而危害社会安全、公共秩序，因此赌博行为是违反公共秩序的行为。赌债为不法之债，自然不受法律所保护。

2. 违反善良风俗的行为

违反善良风俗的行为包括：① 违反人伦的行为，如断绝父子关系的协议，父母不抚养未成年子女、子女长大成人后也无须赡养父母的协议，代孕协议等；② 有损人格尊严的行为，如以债务人的人身为抵押标的物的担保协议，对被怀疑为窃贼者进行强行搜身的行为等；③ 违反道德风俗的行为，如以装扮汉奸为卖点的经营行为，带有色情色彩或不健康色彩的广告行为等。[2]

在适用公序良俗原则时，究竟应如何认定公序良俗？近年来，在一些案件的审理中，裁判者援引公序良俗原则裁决案件，均产生较大争议，如发生在四川泸州的“第三者继承案”、重庆的“脱衣秀案”、辽宁的“骨灰盒案”等案件。因为公序良俗是“俗成”而非“约定”，感性地存在于民间意识之中，要以法律理性将之总结出来，可能会因角度不同而得出不同的结论；因其并未明文规定，要以明确语言总结之，难免会因人不同而产生差异。更何况在社会变迁和价值多元的时代，何为公序良俗，人们本身可能就看法不一，比如将遗产遗赠给“第三者”是否违背公序良俗？人们从不同价值观出发，观点差异很大。有学者认为，应将认定公序良俗的技术问题转化为程序问题。比如在审理公序良俗案件时，对何为公序良俗进行“司法听证”，或者规定涉及公序良俗的案件，必须有人民陪审员

---

[1] 于飞．公序良俗原则研究［M]．北京：北京大学出版社，2006：93.

[2] 赵万一．民法的伦理分析［M]．北京：法律出版社，2003：157—161.

参加审理等。在很多情况下，程序比技术往往更能使裁判获得“合法性”与权威性。[1]

思考题

1. 试述民法基本原则的功能。

2. 我国民法哪些制度反映了诚信原则?

3. 试论民法基本原则的适用。

案例分析

案例一： 四川省泸州市某公司职工黄某和蒋某1963年结婚。1994年，黄某认识了一个张姓的女子，并且在与张认识后的第二年同居。1996年底，黄和张租房公开同居，以“夫妻”名义生活，依靠黄的工资（退休金）及奖金生活，并曾经共同经营。2001年2月，黄到医院检查，确认自己已经是晚期肝癌。在黄即将离开人世的这段日子里，张面对旁人的嘲讽，以妻子的身份守候在黄的病床边。黄在2001年4月18日立下遗嘱：“我决定，将依法所得的住房补贴金、公积金、抚恤金和卖泸州市江阳区一套住房售价的一半（即4万元），以及手机一部遗留给我的朋友张某一人所有。我去世后骨灰盒由张负责安葬。”4月20日黄的这份遗嘱在泸州市纳溪区公证处得到公证。4月22日，黄去世，张根据遗嘱向蒋索要财产和骨灰盒，但遭到蒋的拒绝。张遂向纳溪区人民法院起诉，请求依据继承法的有关规定，判令被告蒋某按遗嘱履行，同时对遗产申请诉前保全。从5月17日起，法院经过4次开庭之后，于10月11日纳溪区人民法院公开宣判，认为：尽管继承法中有明确的法律条文，而且本案中的遗赠也是真实的，但是黄将遗产赠送给“第三者”的这种民事行为违反了《民法通则》第7条“民事活动应当尊重社会公德，不得损害社会公共利益”，因此法院驳回原告张某的诉讼请求。

请运用有关民法基本原则分析本案。

提示：本案主要涉及公序良俗原则，公序良俗原则适用的条件。可以公序良俗原则与财产自由原则冲突及其解决方式等角度分析本案。

案例二： 2005年12月15日凌晨，重庆市郭家沱长城公司路段发生车祸，导

---

[1] 刘坤轮．公序良俗的法律追问［N］．人民法院报，2005-1-17（12）．

致农村户口的中学生何源和两名城市户口的同学死亡。肇事司机挂靠单位——重庆铺金公路运输有限公司与死者家属“私了”，赔偿城市户口家庭每家20万余万，对农村户口者仅赔偿5.07万元，两者相差近4倍。此案曝光后，社会哗然，提出了“同命不同价”的社会大讨论。

请运用你所学的民法知识分析本案。

提示：本案主要涉及平等原则。平等原则是指结果平等还是过程与机会平等?

第四章 民事法律关系

导读

本章内容讲述的是民事法律关系，是民法总论中非常重要的一章，论述了社会关系进入民法视野中的关键环节和法律技术，自然人、法人、合伙、民事权利和物等章是对于本章所涵括内容的进一步展开。本章的主要知识点包括民事法律关系的概念、民事法律关系的特征、民事法律关系的分类、民事法律关系的要素、民事法律事实的概念、民事法律事实的构成、民事法律事实的分类等内容，其中，难点是民事法律事实的概念、民事法律事实的分类。

第一节 民事法律关系概述

一、民事法律关系的概念

民事法律关系是指基于民事法律事实，由民事法律规范调整所形成的权利义务关系，是民法所调整的平等主体之间形成的财产关系和人身关系在法律上的表现。

法律关系只是对一部分现实生活的撷取，它将一个连续统一的生活关系提取出一部分，进行法律观察。[1] 民事法律关系是法律关系的一种，是现代社会中最重要的一类法律关系，属于私法关系。民法组织社会秩序功能的实现主要就是依赖对民事法律关系的调整，民法的调整功能是通过将社会关系转化为法律关系来完成和实现的。民事法律关系是构成民法世界的一条主线，民事法律关系是民法中的重要组成部分。国家制定和颁布各种民事法律规范，目的是要求人们以其为根据设立各种民事法律关系。可以说，民法学研究的范围虽然广泛，但其核心问题是民事法律关系，在某种意义上，民事法律关系的发生、变更和消灭是民法学理论的基础，也是民法学理论的总纲。[2]

二、民事法律关系的特征

（一）民事法律关系的主体具有平等性

民法是调整平等主体之间法律关系的部门法，民事法律关系区别于其他法律关系的一个很重要的特征就是它的平等性，平等性是民事法律关系的基本属性。民事法律关系的平等性既是由民法所奉行的平等原则所决定的，同时也决定于民法所调整的社会关系的特点，民法所调整的社会关系是平等主体之间所发生的财产关系和人身关系。在民事法律关系中，无论是自然人、法人还是国家，他们都是有自己独立意义的、互不隶属的、法律地位平等的民事主体。[3] 民事法律关系的主体享有平等的法律地位，他们享有的权利和承担的义务一般具有对等性，即每个民事主体既作为权利人享有权利，又作为义务人负有义务。通常情况下，一

---

[1] ［德］迪特尔·梅迪库斯．德国民法总论［M］．邵建东，译．北京：法律出版社，2001：51.
[2] 申卫星．民法学［M］．北京：北京大学出版社，2003：46.
[3] 余能斌．民法学［M］．北京：中国人民公安大学出版社，人民法院出版社，2003：71.

方取得权利必须以承担相应的义务为前提，不允许只享有权利而不承担义务，或者只负担义务而不享有权利。即便在一些单务、无偿行为如赠与行为中，当事人的权利义务在某种意义上也是对等的。因为从长期的角度而言，赠与人许诺对他人进行赠与实际上是对该他人早期提供的恩惠作出回报，或者期待将来获得该他人的恩惠。[1]

（二）民事法律关系是人与人之间的社会关系

民事法律关系是人与人之间在社会生活中产生的权利义务关系，而不是人与物之间或者物与物之间的关系。民事法律关系通常离不开物，甚至有时还直观地表现为人与物之间的关系，但物只是人与人之间的民事法律关系的客体或者中介，而不可能是民事法律关系的主体。

（三）民事法律关系是以权利和义务为内容的人身关系和财产关系

由于民法产生之初主要是为了调整商品经济关系，因此，在民法当中，体现商品经济利益性质的财产关系占有重要地位。这也是民法所调整的商品经济关系在法律上的反映和体现。同时，民法也非常重视对人身关系的调整，一方面，人身关系与财产关系有着密切联系，因为人身关系往往被当作是财产关系调整的前提，即要调整财产关系，往往首先要通过对人身关系的调整确立参与财产关系的民事主体地位和人格；另一方面，民法发展到今天，现代化、文明化程度日益提高，人们对人身关系的重视程度不断加强。因此，财产关系与人身关系在民事法律关系中居于重要地位。

（四）民事法律关系具有任意性，贯彻当事人意思自治原则

民事法律关系发生在公民、法人或者非法人组织之间，当事人的意志对于民事法律关系的产生、变更和终止具有决定性的作用。因而，民事活动以当事人意思自治为原则，尤其是在合同关系中，更是强调合同当事人的自治处分权。当然，民事法律关系的任意性并不是毫无限制的，当事人设立、变更和终止民事法律关系，必须在法律规定的范围内进行，否则不能产生相应的法律效果。[2]

（五）民事法律关系的保障措施具有补偿性和强制的可能性

由于民事法律关系中当事人地位是平等的，因而民事责任一般只具有补偿性而不具有惩罚性，民事责任的范围与违法行为造成的权利损害相适应，民事责任是一方当事人对于另一方当事人的责任。此外，民事责任只是具有强制性的可能

[1] 张玉敏．民法［M］．北京：中国人民大学出版社，2003：39.

[2] 柳经纬．法律总论［M］．厦门：厦门大学出版社，2000：42.

性，即民事责任可以在没有相应的国家干预的情况下，由违反义务者自己实现。只有在当事人不自觉承担责任，权利人诉请人民法院强制追究违反义务者的责任时，才体现民事责任的强制性。[1]

三、民事法律关系的分类

民事法律关系可以根据不同的标准进行分类。民事法律关系的分类，对于把握具体的民事法律关系的性质和特点，了解当事人之间的相互关系和正确适用法律都具有积极意义。

（一）人身法律关系和财产法律关系

这是根据民事法律关系的内容的不同所进行的分类。

人身法律关系是指与民事主体的人格和身份不可分离的、不具有直接物质利益内容的法律关系。人身法律关系又可以分为人格关系和身份关系。如因人的姓名、名称、名誉、荣誉而发生的关系，因发明、发现以及因创作出科学、文学、艺术作品而发生的法律关系中的人身权利义务方面，都属于人身法律关系。这类关系虽然不具有直接的物质利益内容，但并不是与人的物质利益不发生联系。

财产法律关系是指与财产所有或者财产流转有关的具有物质利益内容的法律关系。财产法律关系又可以分为物权关系和债权关系。如财产所有权关系、租赁关系、借贷关系、买卖关系等。由于民法在民法调整的社会关系中，人与人之间关系具有极大的比例，因此，财产法律关系在民事法律中占有很大的比重。

（二）绝对法律关系和相对法律关系

这是根据民事法律关系的义务主体是否特定所进行的分类。

绝对民事法律关系是指与权利人相对应的义务人是权利人以外一切不特定人的民事法律关系。在这种法律关系中，它提供一个对于所有其他人的权利，它是法律保障给一个特定人的自由空间。权利人无须义务人的积极协助，即可直接行使和实现其权利；义务人则是一切不特定的人，其义务一般表现为消极的不作为，即尊重权利人的权利，不实施任何妨碍权利人行使和实现其权利的行为。所有权关系、人格权关系通常都属于绝对法律关系。

相对法律关系是指与权利人相对应的义务人是特定人的民事法律关系。在这种法律关系中，参与法律关系的往往是特定人，其中权利人必须由具体的义务人积极协助才能实现其权利，义务人只是特定的一人或数人，其他第三人对权利人

---

[1] 马骏驹，余延满．民法原论（上）[M]．北京：法律出版社，1998：75.

则不负有积极义务。如债权关系。❶

（三）调整型民事法律关系与保护性法律民事关系

这是根据民事法律关系的形成和实现的不同（民法对民事关系作用方式的不同）所进行的分类。

调整性民事法律关系是指由民事主体的合法行为形成的、权利义务能够正常实现和履行的关系。比如所有权关系、合同关系、继承关系等。

保护性民事法律关系是指因不合法的行为产生的民事法律关系，其目的是保护受损害的权利和恢复被破坏的秩序，是民法的不正常的实现方式。比如，侵权行为产生的侵权法律关系，就是保护性民事关系。❷

（四）主民事法律关系和从民事法律关系

这是根据民事法律关系能否独立存在所进行的分类。

主民事法律关系是无需依赖其他民事法律关系就能够独立存在的民事法律关系。从民事法律关系是指必须依赖或者附属于其他民事法律关系而存在的民事法律关系。主民事法律关系与从民事法律关系是相对而言的。

第二节　民事法律关系的要素

民事法律关系要素，是指构成民事法律关系必须具备的条件。任何民事法律关系都由几项要素构成，要素发生变化，具体的民事法律关系就会随之发生变更。民事法律关系包括主体、内容和客体三个要素。

一、民事法律关系主体

民事法律关系的主体，又称民事权利义务主体、民事主体、当事人，是指参加民事法律关系，享受民事权利、承担民事义务的人。

民事法律关系是人与人之间的关系，所以必须要有人的参加。民法上的“人”是指民事主体，包括自然人（公民）、法人以及其他某些可以参加民事法律关系的组织（称为非法人团体）。国家在特殊场合也可以参加民事活动（如发行国库券），国家在民事活动领域被视为“公法人”。

---

❶ 王利明．民法［M］．4版．北京：中国人民大学出版社，2008：45.

❷ 杨立新．民法［M］．北京：中国人民大学出版社，2005：22-23.

在具体的民事法律关系中，根据主体享受权利、承担义务的情况，可将主体分为权利主体和义务主体，享受权利的人称为权利主体，承担义务的人称为义务主体。由于民法所调整的财产关系大都具有财产交换的性质，所以，大多数民事法律关系中，双方当事人既是权利主体，又是义务主体。如买卖合同法律关系中，就交付货物而言，买受人是权利主体，出卖人是义务主体，但就支付价款而言，出卖人是权利主体，买受人成为义务主体。

民事法律关系的权利主体或者义务主体既可以是单数，也可以是复数。例如，在债权法律关系中，债权人和债务人每一方都既可以是一个人，也可以是几个人。如果债权人或者债务人为几个人，或者债权人、债务人都是数人，则该债权法律关系为多数人之债。几个债权人或者几个债务人可以连带享受权利或者承担义务，可以按份享受权利或者承担义务。

近代民法以来，自然人成为民事主体，通常认为除了其作为自然人之外，不需要任何额外的条件。但社会组织要成为民事主体，必须由法律赋予其主体资格。此类主体人格的确定，应当依据以下条件：第一，具备独立法律人格者应有自身的独立性；第二，赋予主体独立法律人格，必须对第三人有益无害；第三，赋予主体独立人格，对其内部成员应利多弊少。

二、民事法律关系的内容

民事法律关系的内容，是指由法律确认并保证其实现的民事主体在民事法律关系中所享有的权利和承担的义务。民事法律关系是一种以权利和义务为内容的社会关系，而这种权利和义务内容，则是民法调整的社会关系在法律上的直接表现。民法对民事社会关系的调整就是通过赋予民事主体以权利义务而将他们之间的社会关系纳入民事法律关系的轨道的，因而民事主体享有权利和承担义务是民事法律关系最实质的地方，是民事法律关系区别于其他法律关系和非法律关系的标志，是各个具体民事法律关系之间相互区别的依据。具体而言，民事权利和民事义务是民事法律关系的核心，是构成民事法律关系必不可少的因素。

（一）民事权利

民事权利是指民事主体为实现某种利益而依法为某种行为或不为某种行为的可能性。它具体包括：

（1）权利人依法直接享有某种利益，或者实施一定行为的可能性；

（2）权利人可以请求义务人为一定行为或不为一定行为，以保证其享有或实现某种利益的可能性；

(3) 在权利受到侵犯时，有权请求有关国家机关予以保护。

对于民事权利的本质，应从三个方面予以理解：

第一，任何权利都必然体现、实现和维护主体的一定利益；

第二，主体的利益总是可以通过意志支配下的行为来主张、实现和维护；

第三，主体意图实现一定利益的意志，取决于法律对一定合法利益和意志的承认、保护和限定。

(二) 民事义务

民事义务，是指义务人为满足权利人的利益而为一定行为或不为一定行为的必要性。它具体包括：

(1) 义务人必须依据法律的规定或合同的约定，为一定行为或不为一定行为，以满足权利人的利益，这又被称之为第一性义务；

(2) 义务人必须履行其义务，否则，要依法承担民事责任，这又被称之为第二性义务。

民事义务具有以下特征：

第一，限定性：民事义务是义务主体应当为一定行为或不为一定行为的范围限度，民事义务可依法律直接规定而产生（如损害赔偿义务），也可因当事人之间的约定而产生（如合同义务），但任何义务均有其特定的范围，义务主体仅在其义务范围之内承担履行责任。

第二，强制性：民事义务对义务主体具有法律的约束力。义务主体不履行义务，必须依法承担相应的法律责任。义务只能由权利人加以免除，但不能基于义务人的意思而发生变更、免除或抛弃。

三、民事法律关系的客体

民事法律关系的客体是指民事主体享有的民事权利和承担的民事义务所共同指向的对象。民事法律关系的客体又称为民事法律关系的标的，是主体之间据以建立民事法律关系的对象性事物。[1] 民事法律关系的客体决定了民事主体活动的目的性。如果没有客体，主体的权利义务就无法体现、无法落实。

民事法律关系主要客体主要包括：

(一) 物

作为民事法律关系客体的物，是指具有一定形体、占有一定空间，能够为人

[1] 张俊浩．民法学原理（上册）[M]．北京：中国政法大学出版社，2000：58.

掌握、利用，具有一定交换价值和使用价值的物质财富，包括天然存在的和人工制造出来的物质财富。物是最为主要的民事法律关系客体，大部分民事法律关系的客体都是物。

作为民事法律关系客体的物可以是天然物，也可以是劳动创造物，但它不仅具有物理属性，而且具有法律属性，即民法上的物一般应当具有财产的性质。由于民法的调整对象的重要部分是平等主体之间的财产关系，所以，大多数民事法律关系都是以物即财产为客体（如买卖、租赁、借贷等法律关系的客体均为物）。在民法上，客体也可称“标的”，如果客体为物，则习惯上可称之为“标的物”。

（二）行为

作为民事法律关系客体的行为，指的是在民事法律关系当中，权利人行使权利的活动和义务人履行义务的活动，它体现为能够满足权利主体某种利益的作为或不作为。行为是债权关系的客体。行为作为民事法律关系的客体可以体现为给付财产的行为、提供劳务或服务的行为以及完成一定工作并交付工作成果的行为，等等。义务主体履行某种特定的行为，从而使权利得以实现。

（三）智力成果和商业标志

智力成果是指人的脑力劳动创造出来的精神财富，包括各种科学发现、发明、设计、作品等，商业标志是商业活动中使用的以识别或服务的提供者的标志，如商标、商号等。它们虽无一定的形体，但都有其表现形式，或使用文字，或借助模型等，因而能够为他人感知，可以满足生产和生活的一定需求，具有价值和使用价值。在知识产权法律关系中，其客体即为智力成果和商业标志。

（四）人身利益

民事主体的利益是多方面的，包括人格、身份两大方面。根据我国《民法通则》的规定，人身利益具体体现为生命健康、姓名（法人或非法人组织为名称、字号）、名誉、荣誉、肖像、身份等。人身利益是人身权法律关系的客体。其中，人格是人格权的客体，身份是身份权的客体。

（五）财产权利

财产权利也可以作为民事法律关系的客体。比如权利质押，质押权的客体是被质押的权利，如著作权、专利权、商标权等。[1]

---

[1] 张玉敏．民法［M］．北京：中国人民大学出版社，2003：39．

第三节 民事法律事实

一、民事法律事实的概念

民事法律关系的变动，也即民事法律关系的产生、变更、消灭并不是无缘无故的，而具有一定的发生根据，这个根据就是民事法律事实。民事法律事实，是指符合民事法律规范规定，能够引起民事法律关系产生、变更或消灭的客观情况。法律事实是反映现实生活情况的存在，具有使法律规范发生作用的杠杆的意义，是把法律规范和具体主体的权利义务联系起来的环节。因此，法律事实伴随法律关系的整个生命过程——产生、变更、消灭。

民事法律关系是当事人之间的民事权利义务关系，其产生、变更或消灭，首先必须符合民法的规定。但是，民事法律规范对于民事权利和民事义务的规定本身，并不能直接引起民事权利义务的产生、变更或消灭，它仅规定的是民事主体享有权利和承担义务的可能性，只有法律所规定的法律事实发生时，这种民法所规定的权利义务才能成为现实，权利人才得以行使权利，义务人才据以履行义务。例如，民法规定，民事主体可以对合法取得的财产享有所有权。但这一规定并不能直接使某个具体的当事人享有某项具体的所有权。当事人要实际地享有所有权，必须通过自己的行为（如买卖、赠与等）才能取得对特定财产的所有权。因此，在符合民法规定的前提之下，当出现某种可以导致民事后果的客观情况时，民事法律关系才能产生、变更或消灭。这些能够依法引起民事后果的客观情况，被称为民事法律事实。

就民事法律规范、民事法律事实以及民事法律关系三者的关系而言，民事法律规范是确认民事法律事实的依据，民事法律事实是引起民事法律关系产生、变更或消灭的具体原因，民事法律关系的产生、变更或消灭则是民事法律事实所必然导致的结果。而从根本上讲，民事法律关系的产生、变更或消灭，是民事法律规范作用于社会的客观表现。这就表明：

（1）只有当民法规范把某种客观情况与一定的法律后果相联系时，这种客观情况才具有法律意义，才被认为是民事法律事实。例如，根据民法的规定，损害他人财产应予赔偿，即损害他人财产的行为应当引起赔偿的法律后果。因此，这种行为是民事法律事实。但是，一般的生活中的行为（如读书、看报），则不引起任何法律后果，因而不构成民事法律事实。

（2）随着社会生活的发展和法律对各种行为评价的变化，民事法律事实的种类、范围及其导致的法律后果也会发生变化。例如，在我国《民法通则》颁布以前，损害他人名誉权的行为不能导致财产赔偿后果，即精神损害不能成为产生损害赔偿后果的民事法律事实。但在《民法通则》颁布以后，精神损害赔偿为法律所确定，即同样的行为便成为引起赔偿后果的民事法律事实。

二、民事法律事实的分类

根据是否与当事人的意志相关，法律事实可以分为事件和行为两大类。

（一）事件

事件，是指与当事人意志无关，不以当事人主观意志为转移，能够引起民事法律后果的客观现象。

能够成为民事法律事实的事件主要有：

1. 不可抗力

不可抗力是指不能预见、不能避免，也不能克服的客观情况，包括自然灾害（地震、台风、冰雹、洪水等）和意外事故（战争等）。不可抗力的出现可以使合同关系发生变更或解除，也可以使当事人免除侵权责任等。

2. 时间的经过

一定时间的经过可以依法导致一定法律后果的发生。如根据时效制度的规定，时效期间的届满，可以使权利人的权利归于消灭；根据知识产权法的规定，法定保护时间的届满，可以使当事人享有的专利权、商标权及著作权归于消灭。

3. 人的出生和死亡

自然人的出生导致该自然人人身权利的产生。自然人的死亡导致继承关系的产生，也可导致婚姻法律关系的消灭。

除上述情形之外，在符合法律规定和合同约定的情况下，其他自然现象和客观事实，也可成为法律事实而引起民事法律后果。

（二）行为

行为，是民事主体有意识的活动。行为可以分为表示行为和非表示行为。表示行为包括民事行为和准民事行为；非表示行为是指事实行为。行为还可以分为积极的活动（称为“作为”），也包括消极的不活动（称为“不作为”）。

1. 事实行为

事实行为是指行为人不具有设立、变更或消灭民事法律关系的意图，但依照法律的规定能引起民事法律后果的行为。该行为引起一定的法律后果，与行为人的主观意志以及行为本身是否具有合法性质无关。

按照现行《民法通则》的规定，事实行为分别包括：无因管理行为、正当防卫行为、紧急避险行为以及侵权行为、违约行为、遗失物的拾得行为、埋藏物的发现行为等。

2. 民事行为

民事行为是指民事主体在民事活动中实施的、试图发生一定民事法律后果的行为。其主要包括：

（1）民事法律行为。民事法律行为是指民事主体依法实施的旨在引起预期的民事法律后果的行为。民事法律行为是合法的民事行为，具有法律效力。民事法律行为可以依行为人的意愿而引起民事权利义务产生、变更或消灭的后果。这种行为以行为人的意思表示为基本特征，即法律直接根据行为人的意思表示赋予其法律效果，属于合法的“表意行为”。如订立合同的行为、设立遗嘱的行为、委托授权行为等等。

民事法律行为是产生、变更或消灭民事法律关系最主要的法律事实。

（2）效力未定的民事行为。效力未定的民事行为是指行为成立后，其是否发生法律效力尚不确定，必须等待法律规定的事实的出现才能具有效力的民事行为。如限制行为能力人超出法定范围独立实施的行为，必须等待其法定代理人承认才能有效。

（3）可变更、可撤销的民事行为。可变更、可撤销的民事行为是指不完全具备民事法律行为的条件，经当事人主张即可变更或撤销的民事行为。这种民事行为经当事人请求变更后，即成为有效的民事行为；经当事人请求撤销，则发生无效的后果。如果当事人不在法定时间内提出撤销请求，该行为即确定地具有法律效力。

（4）无效的民事行为。无效的民事行为是指不具备民事法律行为的条件，依法不能产生行为人预期的民事法律后果的民事行为。如内容违法的民事行为，从行为开始起即不具备法律效力。无效的民事行为可以在当事人之间产生返还财产、损害赔偿的法律后果。

3. 违法行为

违法行为是指当事人实施的违背法律禁止性规定，损害他人合法利益的行为。主要包括：

（1）侵权行为。侵权行为是指侵害他人财产或人身的行为。我国《侵权责任法》第 6 条规定：“行为人因过错侵害他人民事权益，应当承担侵权责任。根据法律规定推定行为人有过错，行为人不能证明自己没有过错的，应当承担侵权责任。”第7条规定：“行为人损害他人民事权益，不论行为人有无过错，法律规定应当承担侵权责任的，依照其规定。”

（2）违约行为。违约行为是指违反合同义务的行为。合同订立以后，如果当事人不履行合同义务，又无法定免责原因，则违约行为人依法承担违反合同的民事责任。

除以上行为之外，某些能够引起民事法律后果的行政行为、财政行为、司法行为以及仲裁行为等，也属于民事法律事实。

三、民事法律事实构成

民事法律事实构成是指能引起民事法律关系产生、变更或消灭的几个法律事实的总和，又简称法律事实构成。

民事法律关系的产生、变更和消灭需要具备三个基本条件：民事法律规范、民事主体和民事法律事实。其中，民事法律规范和民事主体是民事法律关系产生的抽象条件，而法律事实则是民事法律关系产生的具体条件。只有在一定的法律事实发生后，民事法律关系才能产生，并因一定的法律事实的发生而变更或消灭。

在一些民事法律关系中，民事法律关系的产生、变更或消灭只须具备一个民事法律事实即可实现。但在另外一些民事法律关系中，民事法律关系的产生、变更或者消灭必须具备两个或者两个以上的民事法律事实的结合才能得以实现。民事法律事实构成可能是两个以上法律行为的结合，或者是两个以上法律事件的结合，或者法律行为与法律事件的结合。

思考题

1. 简述民事法律关系的概念与特征。
2. 简述民事法律关系要素。
3. 简述民事法律事实的类型划分。

第五章 自然人

导读

本章讲述自然人，是民法总论中关于民事法律关系主体的重要一章。本章主要知识点有：自然人的概念；自然人民事权利能力的概念、特点、取得、终止；自然人民事行为能力的概念、特征、划分、终止；监护的概念、性质，监护人的设定、职责；宣告失踪的概念、条件、法律后果，宣告死亡的概念、条件、法律后果；自然人住所的概念、法律意义和确定，户籍和居民身份证的概念和法律规定；个体工商户的概念、特征、民事主体资格及责任承担，农村承包经营户的概念、特征、权利义务和承担的责任。

第一节　自然人的民事权利能力

一、自然人的概念

自然人是基于自然规律出生而取得民事主体资格的人。传统上，自然人的产生方式是基于男女两性的结合与生育，但在现代社会，随着科学技术的高度发展，自然人的产生方式日益增多，如试管婴儿、人工授精、代孕母亲等方式也能产生自然人，通常对于以这些方式出生并生存的自然人，世界上大多数国家的民事立法已经承认其能成为民事主体。至于通过克隆技术而形成的“克隆人”能否视为自然人并作为民事主体，这有待于各国伦理道德和法律的认可。[1]

自然人与公民既有区别，又有联系。公民是指取得一国国籍并根据该国法律规定享有权利、承担义务的人。公民的概念强调的是个人与国家的法律联系，公民一词经常在公法中使用。公民均为自然人，但自然人不一定是本国公民，因为自然人除了本国公民外，还包括外国公民及无国籍人。我国《民法通则》中使用“公民（自然人）”，并未直接使用“自然人”这一概念，但《合同法》中直接使用了“自然人”的概念。

二、自然人民事权利能力概念

自然人的民事权利能力，是自然人成为民事主体，享受民事权利和承担民事义务的资格。自然人的民事权利能力是自然人参与民事法律关系，成为民事主体的资格。资格是从事某种活动必须具备的条件或身份。自然人要享受民事权利，首先必须具有享受权利的资格。所以，民事权利能力与民事主体资格是同义语。与此同时，自然人的民事权利能力是法律赋予自然人的民事主体资格，其本质作用，是确认自然人在社会生活中的民事法律地位。

关于民事权利能力，传统立法认为与各国立法有所差异。在古代罗马法上，并没有近代意义上的权利能力概念。在罗马法上，要成为完全的权利主体，需要具有自由权、市民权和家庭权，并用人格或人格权来总称这三种权利，没有出现权利能力这一概念。[2] 中世纪罗马法学家也是如此。近代意义的一般民事权利概

[1] 佘能斌．民法学［M］．北京：中国人民公安大学出版社，人民法院出版社，2003：81.

[2] 周枏．罗马法原论［M］．北京：商务印书馆，1994：97－98.

念，学者们大多认为是奥地利民法典所首创。尽管在现代各国民事立法中，其称谓有所不同，如法国民法典称之为“民事权利的享有”，德国民法典、瑞士民法典以及苏俄民法典称之为“权利能力”，日本民法典称之为“私权的享有”，我国《民法通则》则称“民事权利能力”，然而它们的实质是一致的。不过，“民事权利能力”这一概念，使自然人在民法上的地位与在其他部门法中的地位区别开来，应该说更为科学地反映了民事主体权利能力的本质。[1]

应当承认，任何社会生活中，人与人在很多方面都是有差别的（如智力的高低、能力的大小、财产的多寡等），人们所实际享有的财产权利也是很不相同的（如有的人有自己的住房，有的人没有或者暂时没有自己的住房）。但人们实际享有的具体的财产权利，与人们是否具有享受民事权利的同等资格，却不是一回事，换言之，一个人是否拥有自己的住房，与他是否可以通过买卖、继承或赠与等而获得自己的住房是两回事。自然人的民事权利能力，就是自然人可以享有民事权利即成为民事主体的资格，而如果一个人连享受最基本的权利的资格都没有，那么就可以说，这个人在法律上根本没有被看成是“人”。例如，在奴隶社会，法律不承认奴隶可以享受任何财产权利和人身权利，也就是不承认奴隶是法律意义上的“人”。而在现代社会，人人生而平等，每个人在法律上都具有同等的地位。因此，现代民法无一例外地赋予一切人以平等的民事权利能力。而自然人具有法律上的民事权利能力，也就具有法律上的“人格”。所以，民事权利能力也是法律人格的同义语。

三、民事权利能力的特点

根据我国民法的规定，自然人的民事权利能力具有平等性、不可转让性和不可剥夺性的特征。

（一）平等性

我国《民法通则》第10条明确规定：“公民的民事权利能力一律平等。”这是我国《宪法》所规定的“中华人民共和国公民在法律面前人人平等”精神的体现。具体表现为：

(1) 我国公民不分民族、种族、性别、年龄、职业、家庭出身、政治态度、宗教信仰、教育程度、职务高低、财产状况、居住年限等，在民事法律地位上都是平等和无区别的，在民事主体资格上，公民和公民之间无任何差别。在我国，

[1] 马骏驹，余延满．民法原论（上）[M]．北京：法律出版社，1998：99．

法律不承认任何特权的合法存在。

(2) 我国公民都有资格平等地参加各种民事法律关系，有民事行为能力的公民可以以自己的行为参加民事活动，缺乏民事行为能力的公民（未成年人及精神病人等），也可以通过其法定代理人的代理而参加各种必须的民事活动。

(3) 我国公民在其民事权利受到不法侵犯时，都有同等的权利向人民法院提起诉讼，获得同等的法律保护。

关于外国人和无国籍人在本国的民事法律地位，各国经历了由不承认主义到有限承认主义、相对对等主义，再到平等主义的发展过程。现今多数国家采取平等主义的立法政策，但这并不意味着两者的民事权利能力范围完全一致，现实中由于各种复杂因素的存在两者之间还存在诸多差别。

(二) 不可转让性

民事权利能力与民事主体的主体资格是不可分离的，是自然人生产和发展的必要条件，转让民事权利能力无异于抛弃自己的生存权。在民事权利能力不可转让原则下，自然人的民事权利能力只能因为死亡而消灭，不能转让和抛弃。

(三) 不可剥夺性

现代社会致力于承认并保障每个人的主体地位，反对将人视为客体的做法。为了确保这种秩序，法律对主体的自由范围作出了限制，即民事权利能力不得放弃与转让。即使当事人要转让、抛弃民事权利能力，法律亦不承认其效力。这一特征来源于人格平等的民法精神。不可剥夺性意味着任何人没有任何权利剥夺他人的权利能力，不可剥夺性为自然人民事权利能力理论的重要原则，不可突破其应有之义。

四、民事权利能力的取得

我国《民法通则》第 9 条规定："公民从出生时起到死亡时止，具有民事权利能力，依法享有民事权利，承担民事义务。"由此可见，自然人的民事权利能力始于出生，终于死亡。自然人只要出生，当然取得民事权利能力，无须履行任何法律手续，至于我国户籍制度规定公民出生之后应当进行登记，是户籍制度上的要求，而不是自然人权利能力取得的要件。[1]

(一) 自然人的出生

1. 出生的概念

出生是指自然人脱离母体而成为生命独立体的法律事实，它属于自然事件。界

---

[1] 杨震．民法学［M］．中国人民大学出版社，2009：41.

定出生的要件有：第一，必须与母体分离而成为独立体，至于分离时间、分离方式等均在所不问；第二，必须有生命，即与母体分离后须为“活着”的婴儿，如果离开母体后为死体，自无出生可言，至于生命延续时间的长短，也在所不问。

2. 出生的时间

出生时间是自然人权利能力开始的时间，关于出生时间的确定，主要有以下几种学说：① 部分露出说，以胎儿的一部分露出母体之时为出生时间；② 全部露出说，以胎儿的身体全部脱离母体之时为出生时间；③ 独立呼吸说，以胎儿独立呼吸之时为出生时间。近代各国民法多采取全部露出说。在我国，出生后有呼吸的婴儿，即使是随即死亡，根据户口制度也要进行出生登记和死亡登记。可见，我国实际上是采用独立呼吸说，即每一个出生婴儿，从其第一次呼吸开始，就成为自然人，享有民事权利能力。[1]

（二）胎儿利益的保护

尚未出生的自然人（胎儿）不具备民事权利能力，不能享受民事权利、承担民事义务。但是，为了使胎儿出生后的利益能够得到保护，各国民法都作了特别的规定。各国民法对胎儿利益的保护有三种立法例：

（1）总括保护主义，即视胎儿为权利主体，胎儿依法享有民事权利能力。例如瑞士民法典就作了如此规定。瑞士民法典规定凡涉及对胎儿个人利益的保护，均视为胎儿已经出生。

（2）个别保护主义，即胎儿原则上无民事权利能力，但是在若干例外情形下则视为有民事权利能力，对其利益加以保护。法国民法典、德国民法典、日本民法典等即采取了列举方式规定胎儿的损害赔偿请求权、抚养请求权、继承权和受遗赠权等。如《法国民法典》第1923条规定：“在继承开始时尚未出生，但已怀孕的胎儿，视为在继承开始前出生。”《日本民法典》第886条规定：“（一）胎儿就继承视为已出生；（二）前款规定，不适用于胎儿以死体出生情形。”第721条规定：“胎儿就损害赔偿请求权，视为已出生。”

（3）绝对主义，即在不承认胎儿权利能力的前提下，考虑到胎儿即将成为婴儿，为了照顾他们出生以后的利益，给予特殊的保护，我国民法就采取此立法主义。我国《继承法》第28条规定：“遗产分割时，应当保留胎儿的继承份额。胎儿出生时是死体的，保留的份额按照法定继承办理。”但是我国立法仅仅在继承上照顾了胎儿的利益，从根本上并不承认胎儿的民事权利能力，因此，必然的逻

[1] 王利明．民法（第四版）[M]．北京：中国人民大学出版社，2008：54.

辑结果是也就不承认胎儿的损害赔偿请求权，因此，对胎儿的利益保护很不充分，应当在未来的立法中予以完善。

五、民事权利能力的终止

自然人权利能力享有的前提是自然人的存在，因此，自然人一旦死亡，其权利能力自然终止，这也是世界各国的普遍规定。在法律意义上的自然人死亡包括两类，即自然死亡和宣告死亡，前者乃生理意义上的死亡，后者为法律拟制。

（一）自然死亡

自然死亡又称之为生理死亡或者绝对死亡，是自然人生命的终结，是一种自然事件。关于确定死亡的标准主要有以下几种学说：① 心脏停止跳动说。此说认为，自然人的心脏停止跳动是确定其死亡的标准。② 停止呼吸说。此说以自然人呼吸停止为确定死亡的标准。③ 脑死亡说。此说以自然人的脑电波消失为确定死亡的标准。在我国一般是以心跳和呼吸均告停止为自然人的生理死亡时间。在我国的司法实践中，自然人在医院死亡的，以死亡证上记载的死亡时间为准；案件的当事人对自然人死亡的时间有争议的，应以人民法院调查后确定的死亡时间为准。两个以上互有继承权的人在同一事件中死亡，又不能确定死亡时间先后的，应推定没有其他继承人的人先死亡；死亡人各自都有继承人的，如几个继承人辈分不同，推定长辈先死亡；几个死亡人辈分相同，则推定同时死亡，彼此不发生继承，由他们各自的继承人分别继承。[1]

（二）宣告死亡

宣告死亡又称之为推定死亡或者相对死亡，是指公民下落不明，超过了法律规定的时间，经利害关系人申请，由司法机关依照法定程序和方式宣告该公民死亡的一种法律推定。被宣告死亡的人，判决宣告之日为其死亡日期。

第二节　自然人的民事行为能力

一、自然人民事行为能力的概念与特征

（一）自然人民事行为能力的概念

自然人的民事权利能力仅是自然人成为民事主体、享有民事权利、承担民事

[1] 申卫星．民法学［M］．北京：北京大学出版社，2003：64－65．

义务的资格，而要实施法律保护的民事法律行为，则要具备相应的判断能力和意思能力。为了保障思虑未成熟者的利益和维护社会正常的交易秩序，法律创设了以意思能力为基础的民事行为能力制度。[1]

民事行为能力可简称“行为能力”，它是指自然人能够以自己的行为依法行使权利和承担义务，从而使法律关系发生、变更或消灭的资格。民事权利能力是民事主体享有权利和承担义务的资格，是作为民事主体进行民事活动的前提条件；民事行为能力为民事主体享有民事权利、承担民事义务提供了现实性。民事活动是一种涉及财产利益或其他利益的活动，需要行为人具有相当的判断能力和认识能力。如果行为人对自己的行为后果缺乏必要的预见，则行为人自身的利益就难以得到保护，同时，也不利于维护社会经济秩序的稳定。例如，未成年人独立实施重要的民事行为的情形，一方面，由于未成年人对事物缺乏正确的判断能力，容易受到他人的欺诈，其自身的利益很可能被他人侵犯；另一方面，未成年人独立实施金额较大或具有重大利害关系的民事行为，其或者缺乏经济上的履行能力，或者缺乏承担民事责任的心智条件，这就会导致已经成立的民事法律关系处于极不稳定的状态，影响正常的交易活动的进行。因此，民法在赋予一切自然人以民事权利能力，在承认每个自然人都可以享受权利和承担义务的同时，确认具备一定的心智条件的自然人具有民事行为能力，可以独立参加民事活动，不具备一定的心智条件的自然人不能独立参加民事活动或只能在一定范围内独立参加民事活动，这样，有利于保护自然人的合法权利，维护社会交易安全。

（二）自然人民事行为能力的特征

自然人民事行为能力的特征主要有以下几个方面。

1. 具体性

民事行为能力并非普遍适用于所有自然人，它存在不同类型和个体差异，例如，严重的精神病人就没有民事行为能力。

2. 差异性

行为能力根据自然人的精神状况和智力水平而有所不同，可以分为完全民事行为能力、限制民事行为能力和无行为能力。需要指出的是，民事行为能力的差异性是针对不同的享有者而言的，而具体到某一个单独的民事主体，他的行为能力只是有与无的差异。[2] 这与民事权利能力不同，所有自然人均被赋予完全一致

---

[1] 苏号朋．民法总论［M］．北京：法律出版社，2006：112-113.

[2] 马骏驹．民法学［M］．北京：清华大学出版社，2007：71.

的民事权利能力。

3. 可变性

权利能力伴随着主体的存亡而相应地取得或者丧失，不会发生变化，但是行为能力会随着主体的认识能力的改变而自动适用相应的一种行为能力。

（三）自然人民事行为能力和民事权利能力的区别

自然人的民事行为能力与民事权利能力之间的区别主要表现为以下几个方面：

第一，民事权利能力为自然人人人皆有的一般的权利能力，而民事行为能力以民事权利能力为前提。具备民事权利能力不一定具备民事行为能力，而具备民事行为能力则必然具备民事权利能力。

第二，民事权利能力是不受限制、不能转让和不可剥夺的，而民事行为能力则可以依据法律规定作出限制。例如，未成年人和精神病人的民事行为能力就被限制。

第三，民事行为能力以意思能力的存在为基础。所谓意思能力，是指行为人能够判断自己行为性质和后果并作出意思表示的能力。它为公民行为能力的生理和心理基础，与法律上的能力相结合，构成完整的民事行为能力，从而认识自己行为之结果。而民事权利能力则是每个自然人都享有的，不以意思能力的存在为基础。

二、自然人民事行为能力的划分

我国《民法通则》根据我国自然人的具体情况，按照年龄阶段的不同和理智是否正常，将自然人的民事行为能力划分为完全民事行为能力、限制民事行为能力和无民事行为能力三种。

（一）完全民事行为能力

完全民事行为，是指自然人具有通过自己独立的意思表示进行民事行为的能力。具有完全民事行为能力的自然人，称之为完全民事行为能力人，其可以自己的行为独立地广泛地参与法律范围内的民事活动，为自己取得民事权利和设定民事义务，可以独立地实施法律规定自然人有权实施的一切民事行为。

现代各国民法均以自然人成年作为其享有完全民事行为能力的年龄标准。自然人达到一定的年龄，可称之为成年人。成年人通常具有相当的社会生活经验和知识，并开始独立生活，在社会交往活动中具有识别、判断和预见能力，能够判断和预见自己行为的法律后果。因此，法律赋予成年人完全民事行为能力，使其能够独立从事民事活动。由于各国人生理发育有差异，各国民法中所规定的成年年龄也不同，主要有18岁、20岁和21岁等不同标准。[1] 我国《民法通则》将18岁作为成年年龄。

我国《民法通则》第11条第1款规定："十八周岁以上的公民是成年人，具有完全民事行为能力，可以独立进行民事活动，是完全民事行为能力人。"《民法通则》第11条第2款规定："十六周岁以上不满十八周岁的公民，以自己的劳动收入为主要生活来源的，视为完全民事行为能力人。"依据《民法通则》司法解释第2条之规定，所谓"以自己的劳动收入为主要生活来源"，是指16周岁以上不满18周岁的公民，能够以自己的劳动取得收入，并能维持当地群众一般生活水平。

年满16周岁、不满18周岁的自然人如果已经从事一定的职业，具有相对固定的经济收入，则法律认为他们已经具有判断自己行为后果的能力及独立地处理个人事务的能力。因此，法律特别赋予他们以完全民事行为能力，有利于满足这部分自然人的正当需要。但是，在认定年满16周岁、不满18周岁的自然人是否应被视为完全民事行为能力人的时候，应当掌握两条标准：

第一，他们必须有自己的劳动收入，如果他们仅仅拥有一定财产甚至巨额财产，其也不构成具备完全民事行为能力的事由；

第二，他们的收入必须具有稳定性、连续性并达到一定数额，即能够维持当地群众一般的生活水平。

（二）限制民事行为能力

限制民事行为能力又称部分民事行为能力或不完全行为能力。是指可以独立进行一些民事活动但不能独立进行全部民事活动的资格。限制民事行为能力是具有一定的民事行为能力，但为保护其合法权益和维护社会正常经济秩序不得不对其行为给予一定的限制。

在我国，限制民事行为能力人包括年满10周岁但不满18周岁的自然人和不能完全辨认自己行为的精神病人，还包括对比较重要的民事行为缺乏判断能力和自我保护能力，并且不能预见其行为后果的患痴呆症的人。

限制民事行为能力人可以独立进行与其年龄、智力相适应的民事活动。对于该类活动的范围的确定，应从行为与本人生活相关联的程度、本人的智力能够理解其行为并预见相应的行为后果，以及行为标的数额方面予以考虑。一般而言，

[1] 柳经纬．民法总论［M］．厦门：厦门大学出版社，2000：84.

与当事人日常生活所需有关的行为以及其他金额较小的行为，限制民事行为能力人可以独立实施。

此外，根据我国有关司法解释，限制民事行为能力人可以独立实施接受奖励、赠与及报酬的行为。限制行为能力人独立实施此类被称之为“纯法律上利益”的行为，不需要其法定代理人的同意，相对方行为人也不得以其为限制行为能力人为理由否定行为的法律效力。

限制民事行为能力人如果需要参加重要的民事活动，应由其法定代理人代理，或者事前征得法定代理人的同意，也可事后征得法定代理人的追认。

根据我国《民法通则》的规定，限制民事行为能力人包括：

(1) 10 周岁以上的未成年人是限制民事行为能力人，可以进行与他的年龄、智力相适应的民事活动；其他民事活动由他的法定代理人代理，或者征得他的法定代理人的同意。10 周岁以上的未成年人是指除 16 周岁以上不满 18 周岁以自己的劳动收入为主要生活来源的公民外，10 周岁以上 18 周岁以下的公民。

(2) 不能完全辨认自己行为的精神病人。《民法通则》第 13 条第 2 款规定：“不能完全辨认自己行为的精神病人是限制民事行为能力人，可以进行与他的精神健康状况相适应的民事活动；其他民事活动由他的法定代理人代理，或者征得他的法定代理人的同意。”

(三) 无民事行为能力

无民事行为能力人是指不能以自己的行为参与民事法律关系享有民事权利和承担民事义务的自然人。根据我国《民法通则》第 12～13 条相关规定，在我国，无民事行为能力人包括未满 10 周岁的儿童和不能辨认自己行为的精神病人，还包括痴呆症患者。无民事行为能力人既不能自己独立实施民事行为，也不能经他们的法定代理人的同意而独立实施民事行为。如无民事行为能力人需要实施民事行为，只能由他们的法定代理人代理。

三、自然人民事行为能力的终止

自然人民事行为能力的终止是指自然人民事行为能力的消灭。自然人具有民事行为能力，须以民事权利能力为前提条件。自然人失去权利能力，其民事行为能力随之终止。所以，自然人自生理死亡时起，权利能力和行为能力同时归于消灭。自然人因健康状况而被宣告为无民事行为能力人，并非意味着民事行为能力终止。在此应当区分民事行为能力的终止和民事行为能力的中止的概念。民事行为能力的中止是自然人民事行为能力一时的丧失，而民事行为能力的终止则是指民事行为能力永远的灭失。公民因精神健康状况被宣告为无民事行为能力人或限制民事行为能力人时，其民事行为能力一时部分或全部丧失，在他恢复健康时，可以重新获得民事行为能力。❶

四、自然人无民事行为能力和限制民事行为能力的宣告

自然人的民事行为能力由于受其年龄、智力和精神健康状态等因素的限制，具有可变性，出于维护自然人利益和社会利益的目的，人民法院以法律宣告的形式对自然人民事行为能力加以确认。

我国民事立法对精神病人的民事行为能力和限制民事行为能力采取宣告制度。《民法通则》第 19 条第 1 款规定："精神病人的利害关系人，可以向人民法院申请宣告精神病人为无民事行为能力人或者限制民事行为能力人。"宣告自然人为无民事行为能力人或者限制民事行为能力人，必须具备的条件有：

(1) 被宣告人须为精神病人（包括痴呆人）。当事人是否患有精神病，人民法院应当根据司法精神病学鉴定或者参照医院的诊断、鉴定确认。在不具备诊断、鉴定条件下，也可以参照群众公认的当事人的精神状况认定，但仍以利害关系人没有异议为限。

(2) 须经利害关系人申请。没有利害关系人申请，人民法院不得主动宣告。所谓利害关系人，主要是指精神病人的配偶、父母、成年子女以及其他亲属。

(3) 须经人民法院宣告。自然人被宣告为无民事行为能力人或者限制民事行为能力人，其行为只是处于一时的中止或受限制状态，所以，当他们的智力障碍排除，具有辨认事物的能力时，可以根据其健康恢复的状况，经本人或利害关系人申请，由人民法院宣告其为限制民事行为能力人或者完全民事行为能力人。❷

第三节 监　　护

一、监护的概念

监护是指监护人对无民事行为能力人和限制民事行为能力人的人身、财产和其他合法权益进行监督和保护的一种民事法律制度。在监护关系中，受到监督和

❶ 陈明添，吴国平．中国民法学［M］．北京：法律出版社，2007：87.

❷ 余能斌．民法学［M］．北京：中国人民公安大学出版社/人民法院出版社，2003：87.

保护的无民事行为能力人和限制民事行为能力人，称为被监护人；履行监督和保护职责的人，称为监护人。监护从其本质上讲就是对缺乏行为能力人的监督和照顾制度。监护设立的目的主要是保护无民事行为能力人和限制民事行为能力人的合法权益，从而维护社会秩序的稳定。

监护制度，最早起源于罗马法上的监护和保佐制度。监护和保佐制度均是对自权人而设，到了罗马共和国末年，其已经成为一种社会公益性质的职务，不再完全是私人的事情，而受到公法保护。监护人和保佐人无正当理由也不能随意辞职。最初，监护的主要作用在于补充受监护人的能力，保佐则是代理被保佐人管理财产。这种区别到帝政后期便逐渐消失。❶ 现代民法沿袭罗马法上的制度，对于无民事行为能力人和限制民事行为能力人设立监护制度，目的在于：一是弥补被监护人民事行为能力的欠缺，保护被监护人的人身、财产和其他合法权益；二是维护社会交易的安全，保护他人的合法权益。

二、监护的性质

关于监护制度的性质，主要有三种观点：一是权利说。该说认为监护是一种身份权。二是义务说。该说认为监护制度并未赋予监护人任何权利，而只是加之以沉重的负担，因此，监护是法律施加给监护人的片面义务。三为职责说。该说认为监护制度纯粹为保护被监护人的利益，绝对不允许监护人借监护以谋取自身利益。我国民法理论长期认为监护是一种身份权。这种观点存在不少问题，因为权利的最终落脚点是权利人从权利中获得的利益。如果说监护是一种权利，就等于说监护人可通过监护他人获得利益，但实际上，《民法通则》关于监护的规定并未赋予监护人任何利益，而只是课以沉重的负担。因此，找监护人一直是困扰法院的难题。就事理之性质而言，监护是法律课加给监护人的片面义务。❷ 本书赞成监护的性质应当属于法律施加于监护人的一项职责。理由在于：第一，法律上所谓身份权，系以特定身份关系上之自然人为客体的权利。其内容为对作为客体的自然人人身的支配。而监护制度的设立，在于弥补被监护人民事行为能力之欠缺，着眼点在保护被监护人之合法权益，而非为监护人自身之利益。因此，监护并不构成对被监护人的权利。第二，监护之内容专在保护被监护人的身体和财产，与身份权之内容在于对人的支配，绝无相同之处。❸

---

❶ 周枏．罗马法原论［M］．北京：商务印书馆，1994：241-242.

❷ 彭万林．民法学（修订第3版）［M］．北京：中国政法大学出版社，2002：71.

❸ 陈明添，吴国平．中国民法学［M］．北京：法律出版社，2007：93.

三、监护人的设定

（一）未成年人监护人的设定

未成年人监护人的设定方式包括法定监护、指定监护和约定监护。

1. 法定监护

所谓法定监护，是指监护人是由法律直接规定而设置的监护。《民法通则》第16条规定："未成年人的父母是未成年人的监护人。未成年人的父母已经死亡或者没有监护能力的，由下列人员中有监护能力的人担任监护人：（一）祖父母、外祖父母；（二）兄、姐；（三）关系密切的其他亲属、朋友愿意承担监护责任，经未成年人的父、母的所在单位或者未成年人住所地的居民委员会、村民委员会同意的。对担任监护人有争议的，由未成年人的父、母的所在单位或者未成年人住所地的居民委员会、村民委员会在近亲属中指定。对指定不服提起诉讼的，由人民法院裁决。没有第一款、第二款规定的监护人的，由未成年人的父、母的所在单位或者未成年人住所地的居民委员会、村民委员会或者民政部门担任监护人。"

依据《民通意见》第13条的规定，为患有精神病人的未成年人设定监护人，适用《民法通则》第16条的规定。因此，患有精神病被宣告为无民事行为能力的未成年人，其监护人的设定应依据《民法通则》第16条的规定。

2. 指定监护

所谓指定监护，是指没有监护人，或者对监护人有争议的，监护人由有关部门或者人民法院指定而设置的监护。《民法通则》第16条规定："对担任未成年人的监护人有争议的，由未成年人父、母所在单位或者未成年人住所地的居民委员会、村民委员会在近亲属中指定。对指定不服提起诉讼的，由人民法院裁决。"

3. 约定监护

约定监护，是指有监护资格的人之间协议确定由其中一人或者数人行使监护职责的监护。

根据《民通意见》的规定，有监护资格的人之间协议确定监护人的，应当由协议确定的监护人对被监护人承担监护责任。但是，如果有监护资格的人之间以规避法律、推脱责任为目的而约定的，该约定无效，仍应由有监护资格的人负监护责任。

4. 委托监护

根据《民通意见》第22条的规定，监护人可以将监护职责部分或者全部委托给他人。

5. 遗嘱监护

在其他国家和地区的立法上，尚认可后死的父或母得以遗嘱的形式为自然人确定监护人。我国现行立法对此未设明文规定，但依据遗嘱自由的原则，应认可包含此类内容的遗嘱的效力。

（二）精神病人监护人的设定

精神病人监护人的设定包括法定监护和指定监护。

《民法通则》第17条规定："无民事行为能力或者限制民事行为能力的精神病人，由下列人员担任监护人：（一）配偶；（二）父母；（三）成年子女；（四）其他近亲属；（五）关系密切的其他亲属、朋友愿意承担监护责任，经精神病人的所在单位或者住所地的居民委员会、村民委员会同意的。没有以上内容的监护人的，由精神病人的所在单位或者住所地的居民委员会、村民委员会或者民政部门担任监护人。对担任监护人有争议的，由精神病人的所在单位或者住所地的居民委员会、村民委员会在近亲属中指定。对指定不服提起诉讼的，由人民法院裁决。"

（三）监护人设定的顺序

法律对监护人的设定，规定有一定顺序。对于未成年人，其父母为第一顺序监护人，祖父母、外祖父母为第二顺序监护人，兄姐为第三顺序监护人，关系密切的其他亲属、朋友为第四顺序监护人。对于精神病人，其配偶为第一顺序监护人，父母为第二顺序监护人，成年子女为第三顺序监护人，其他近亲属为第四顺序监护人，关系密切的其他亲属、朋友为第五顺序监护人。前一顺序有监护资格的人无监护能力或者对被监护人明显不利的人民法院可以根据对被监护人有利的原则，从后一顺序有监护资格的人中择优确定。被监护人有识别能力的，应视情况征求被监护人意见。

四、监护人的职责

《民法通则》第18条第1款规定："监护人应当履行监护职责，保护被监护人的人身、财产及其他合法权益，除为被监护人的利益外，不得处理被监护人的财产。"由此可以总结，监护人的职责主要有以下一些方面。

（一）保护被监护人的人身、财产及其他合法权益

监护人应当保护被监护人人身方面的合法权益，主要包括被监护人的生命健康权、姓名权、肖像权、名誉权、荣誉权等。监护人在保护、管理被监护人的财产时，应尽到善良管理人之注意义务，为了被监护人的利益，也可以合理利用和处分被监护人的财产。

（二）担任被监护人的法定代理人

《民法通则》第14条规定："无民事行为能力人、限制民事行为能力人的监护人是他的法定代理人。"被监护人可以进行与他的年龄、智力、精神健康状况相适应的民事行为，其他民事行为由他的法定代理人代理，或者征得他的法定代理人的同意。

（三）教育和照顾被监护人

监护人应当教育和照顾被监护的未成年人，使他们在品德、智力和体质等方面全面发展。我国《义务教育法》第11条第1款规定："凡年满六周岁的儿童，其父母或者其他法定监护人应当送其入学接受并完成义务教育；条件不具备的儿童，可以推迟到七周岁。"第2款规定："适龄儿童，少年因身体状况需要延缓入学或者休学的，其父母或者其他法定监护人应当提出申请，由当地乡镇人民政府或者县级人民政府教育行政部门批准。"监护人还应当关心照顾被监护人的生活，使他们健康成长或者正常生活，不得虐待和遗弃。

（四）依法承担相应的民事责任

监护人不履行监护职责，侵害被监护人合法权益的，应当承担赔偿责任；给被监护人造成财产损失的，应当赔偿损失。人民法院可以根据有关人员或者有关单位的申请，撤销监护人的资格。如果因为监护人管教不严，致使被监护人实施不法行为造成他人损失的，由监护人承担民事责任。监护人尽了监护职责，可以适当减轻其民事责任。监护人在承担赔偿责任时，应首先从被监护人的财产中支付赔偿费用，不足部分由监护人以自己的财产适当承担。监护人可以将监护职责部分或者全部委托给他人。因被监护人的侵权行为需要承担民事责任的，应当由监护人承担，但另有约定的除外；被委托人确有过错的，负连带责任。

五、监护的终止

监护的终止，即监护关系的消灭。监护终止主要因下列情形而发生：

（1）监护目的消灭。被监护人获得完全民事行为能力，如未成年人已经成年，精神病人恢复健康。

（2）监护人或者被监护人一方自然死亡或者被宣告死亡。

（3）监护人有正当理由辞去监护。如监护人因迁居等原因，不能进行监护。此种情形只能适用于指定监护，而不能适用于法定监护。[1]

---

[1] 王利明．民法总则［M］．北京：中国法制出版社，2006：91.

（4）监护人丧失监护能力。担任监护人的前提是具备监护能力，因此，如果监护人丧失监护能力，自然不能担任监护人。

（5）监护人被撤销监护人资格。当监护人不履行监护职责或者侵害被监护人的合法权益时，人民法院可以根据有关人员或者单位的申请，撤销其监护资格。

第四节　宣告失踪和宣告死亡

自然人离开其住所或者居所，下落不明而难有返回之预期者，谓之失踪。失踪也可因灾难事故、战争等而发生。现实生活中，经常会出现自然人因战争、自然灾害、意外事件以及其他原因失踪因而造成的下落不明、生死难定的状态。失踪会导致与失踪人有关的财产关系和人身关系的不稳定，失踪时间越长，此种不稳定越是加剧，不仅涉及失踪人自身的财产利益保护，而且涉及失踪人之利害关系人的财产利益与人身利益之保护。为此，法律有必要采取一定措施，遂在民法上设置宣告失踪与宣告死亡制度。其中，宣告失踪涉及失踪人的财产管理；宣告死亡则涉及失踪人权利能力，即人格的消灭。故此两项制度在民法中的地位尤为重要，我国《民法通则》亦对前述两项制度作了规定。

一、宣告失踪

（一）宣告失踪的概念与条件

宣告失踪是指自然人离开自己的住所，下落不明达到法定期限，经利害关系人申请，由人民法院宣告其为失踪人的法律制度。宣告失踪是对一种确定的自然事实状态的法律认定，目的在于结束失踪人财产关系的不确定状态，保护失踪人及其利害关系人的合法权益。

在我国，依据《民法通则》第 20 条的规定，宣告自然人失踪必须具备下列条件。

1. 须有自然人下落不明满 2 年的事实

所谓下落不明，是指自然人离开最后居住地后没有音讯的状况。依据《民通意见》第 28 条之规定，下落不明的起算时间应从该公民离开最后住所地后音讯消失之次日起算。

自然人只有持续下落不明满 2 年的，有利害关系人才能向人民法院申请宣告他为失踪人。下落不明的时间应该从最后获得该自然人消息之日起计算。战争期间下落不明的时间应从战争结束之日起计算。

2. 须由利害关系人向人民法院提出申请

这里所谓的利害关系人包括被申请宣告失踪人的配偶、父母、子女、兄弟姐妹、祖父母、外祖父母、孙子女、外孙子女以及与被申请人有民事权利义务关系的人，如债权人、合伙人等。这些利害关系人应具有完全民事行为能力。利害关系人应向被宣告失踪人住所地的基层人民法院提出申请。人民法院对于申请宣告失踪的案件，采取不告不理的原则，若没有利害关系人的申请，人民法院不能主动宣告某公民为失踪人。

3. 须由人民法院依照法定程序宣告

宣告失踪只能由人民法院作出判决，其他任何机关和个人无权作出宣告失踪的决定，人民法院接到宣告失踪的申请后，应对下落不明的自然人发出公告，公告期为 3 个月。公告期满，人民法院应当根据被宣告失踪的事实是否得到确认，作出宣告失踪的判决或者驳回申请的判决。

（二）宣告失踪的法律后果

自然人被宣告失踪后，其民事主体资格依然存在，并不产生婚姻关系解除和继承开始的法律后果。《民法通则》第 21 条规定："失踪人的财产由他的配偶、父母、成年子女或者关系密切的其他亲属、朋友代管。代管有争议的，没有以上规定的人或者以上规定的人无能力代管的，由人民法院指定的人代管。失踪人所欠税款、债务和应付的其他费用，由代管人从失踪人的财产中支付。"宣告失踪产生的法律后果主要有两个方面：① 为失踪人的财产设定代管人；② 规定财产代管人的职责。

失踪人的财产代管人，有权从失踪人的财产中支付失踪人所欠税款及应付的其他费用，包括支付失踪人应付的赡养费、抚养费、抚育费和因代管财产所需的管理费等必要的费用，以及履行失踪人被宣告失踪前签订的合同及其他义务等。代管人追索失踪人的债权所取得的财产，应为失踪人所有，由代管人管理。代管人为失踪人清偿债务应以失踪人的全部财产为限，代管人管理失踪人财产所支出的费用，可以从失踪人的财产中支付。失踪人的财产代管人拒绝支付失踪人所欠税款、债务和其他费用，债权人提起诉讼的，人民法院应当将代管人列为被告。失踪人的财产代管人向失踪人的债务人要求偿还债务的，可以作为原告提起诉讼。

代管人管理失踪人的财产，应尽善良管理人的注意义务，不得侵害失踪人的合法权益，失踪人的财产代管人不履行职责或者侵犯失踪人财产权益的，失踪人的利害关系人可以向人民法院请求财产代管人承担民事责任。失踪人的其他利害关系人还可以同时申请变更财产代管人。人民法院应告知其以原指定的代管人为被告起诉，并按照普通程序进行审理。

（三）宣告失踪的撤销

《民法通则》第 22 条规定："被宣告失踪的人重新出现或者确知他的下落，经本人或者利害关系人申请，人民法院应当撤销对他的失踪宣告。"失踪宣告一经撤销，代管人的代管权随之终止，应当将其代管的财产交还给被撤销失踪宣告的人，并告知代管期间对其财产的管理和处置情况。

二、宣告死亡

（一）宣告死亡的概念和条件

宣告死亡是指自然人离开自己的住所，下落不明达到法定期限，经利害关系人申请，由人民法院宣告其死亡的法律制度。与宣告失踪制度的设计目的相比，宣告死亡主要解决失踪人的整个民事法律关系的状态问题，而宣告失踪则主要解决失踪人的财产管理问题。故宣告死亡重在保护被宣告死亡人的利害关系人的利益，而宣告失踪则重在保护失踪人的利益。

根据我国《民法通则》第 23 条的规定，宣告公民死亡必须具备下列条件。

1. 须被申请人下落不明满一定期间

一般情况下，自然人离开住所下落不明满 4 年的，或者因意外事故下落不明从事故发生日满 2 年。战争期间下落不明的，申请宣告死亡的失踪期间适用 4 年的规定。下落不明的起算时间，从自然人音讯消失之次日起计算。

2. 须经利害关系人申请

申请人包括：① 配偶；② 父母、子女；③ 兄弟姐妹、祖父母、外祖父母、孙子女、外孙子女；④ 其他有民事权利义务关系的人，比如债权人、债务人、合伙人、人寿保险合同的受益人。必须按此顺序申请，顺序在先的申请人有排他效力，有在先顺序的排除在后顺序，同顺序的权利平等。

3. 须由人民法院宣告

宣告死亡的案件只能由人民法院审理，其他任何单位和个人都无权宣告自然人死亡。人民法院受理宣告死亡案件后，必须发出寻找下落不明人的公告。被申请宣告死亡的公民下落不明满 4 年或者因意外事故下落不明满 2 年的，公告期间为 1 年；被申请宣告死亡的公民因意外事故下落不明，经有关机关证明其不可能生存的，公告期间为 3 个月。公告期满仍不能确定失踪人尚生存的，人民法院才能依法对其作出死亡宣告。人民法院判决宣告公民失踪后，利害关系人向人民法院申请宣告失踪人死亡，从失踪的次日起满 4 年的，人民法院应当受理，宣告失踪的判决即是该公民失踪的证明，审理中仍应依照《民事诉讼法》第 168 条的规定进行公告。人民法院发出寻找失踪人的公告期间，不包括在被宣告死亡的自然人下落不明所须达到的法定期间内。

（二）宣告死亡的法律后果

宣告死亡与自然死亡产生相同法律后果。被宣告死亡时间和自然死亡时间不一致的，被宣告死亡所引起的法律后果仍然有效，但自然死亡之前实施的民事法律行为与被宣告死亡引起的法律后果相抵触的，则以其实施的民事法律行为为准。有民事行为能力人在被宣告死亡期间实施的民事法律行为有效。

具体而言，被宣告死亡的自然人与他人之间现存的各种民事法律关系，在法律没有特别规定时，会因为宣告死亡而消灭。这主要包括：被宣告死亡的自然人与其配偶之间婚姻关系消灭；他的继承人因此可以继承其遗产；受遗赠人可以取得遗赠，等等。

自然人的宣告死亡与自然死亡毕竟不同，宣告死亡只是依法对失踪人死亡的推定，事实上该失踪人的生命不一定终结。某自然人在甲地被宣告死亡，但他在乙地生存时，仍享有民事权利能力，其实施的民事法律行为仍然有效。宣告死亡确定的死亡日期和自然死亡日期可能不同。[1] 对此，《民通意见》第 36 条第 2 款规定，被宣告死亡所引起的法律后果仍然有效，其中自然死亡前实施的民事法律行为与被宣告死亡引起的法律后果相抵触的，则以实施的民事法律行为为准。

（三）宣告死亡的撤销

失踪人被宣告死亡只是法律上的推定死亡。当被宣告死亡人重新出现或者确知他没有死亡时，经本人或利害关系人申请，法院应撤销对他的死亡宣告。宣告死亡的判决一经撤销发生以下法律后果：

（1）被撤销死亡宣告的人，其民事主体资格不消灭，仍可享有各种人身权利和财产权。

（2）被撤销死亡宣告的人有权请求返还财产。

（3）被撤销死亡宣告的人的配偶在其宣告死亡后尚未再婚的，夫妻关系从撤销死亡宣告之日起自行恢复。如果配偶再婚后又离婚或者再婚后配偶死亡的，则不认定夫妻关系自行恢复。

---

[1] 魏振瀛．民法学［M］．北京：京大学出版社/高等教育出版社，2000：61－62．

（4）被撤销死亡宣告的人的子女在被宣告死亡期间被他人依法收养的，该收养关系有效。被撤销死亡宣告的人仅以未经本人同意而主张收养关系无效的，一般不应准许，但收养人和被收养人同意的除外。

第五节　自然人的住所、户籍和居民身份证

一、自然人的住所

（一）自然人住所的概念

自然人的住所是指自然人生活和进行民事活动的中心处所。认定住所时强调久住的意思和久居的事实这两个方面。住所和居所不同，居所是自然人居住的处所，通常是指自然人为特定目的暂时居住的处所，自然人并无久居的意思。

（二）住所的法律意义

自然人的住所在法律上具有重要意义，它具体包括：① 住所可以和自然人的姓名相结合，成为民事活动中识别自然人的标志。② 确定自然人权利、义务的享有地和承担地，如依我国有关继承的法律规定，继承人一般应在被继承人生前最后住所地或主要遗产所在地主张继承权。③ 确定有关组织或机关的管辖权。依照《民法通则》的规定，对监护人的指定，依法应由未成年人或精神病人的住所地的居民委员会、村民委员会在近亲属中指定；有关宣告失踪或宣告死亡的案件，依法应由下落不明人住所地基层人民法院受理。④ 住所还是诸多法律关系的连接点。如依《民法通则》第 149 条的规定，在涉外遗产继承关系中，遗产的法定继承，动产适用被继承人死亡时住所地法律，不动产适用不动产的住所地法律。

（三）自然人住所的确定

一般情况下，自然人户籍所在地为其住所。我国《民法通则》第 15 条规定：“公民以他的户籍所在地的居住地为住所，经常居住地与住所不一致的，经常居住地视为住所。”《民通意见》第 9 条规定，自然人离开住所地最后连续居住一年以上的地方，为经常居住地，但住医院治病的除外。自然人由户籍所在地迁出后至迁入另一地之前，无经常居所地的，仍以其原户籍所在地为住所。自然人的住所可以有数处。

二、户籍

户籍是以户为单位记载自然人的姓名、出生时间、住所、婚姻状况、受教育程度等事项的法律文件。户籍制度是我国通过户籍登记和管理确定自然人身份，保护自然人权利，维护社会秩序的一项法律制度。

三、居民身份证

居民身份证是证明自然人居民身份的法定证件。所谓居民身份，实际上就是指公民资格。我国自 1984 年开始实行居民身份证制度，1985 年 9 月 6 日通过的《中华人民共和国居民身份证条例》（2004 年 1 月 1 日废止）、2003 年 6 月 28 日由第十届全国人民代表大会常务委员会第三次会议通过，自 2004 年 1 月 1 日起施行的《中华人民共和国身份证法》规定，居民身份证是为了证明居住在中华人民共和国境内的公民的身份，保障公民的合法权益，便利公民进行社会活动，维持社会秩序。居住在中华人民共和国境内的年满 16 周岁的中国公民，应当依照规定申请领取居民身份证；未满 16 周岁的中国公民，可以依照规定申请领取居民身份证。居民身份证登记的项目包括姓名、性别、民族、出生日期、常住户口所在地住址、公民身份证号码、本人相片、证件的有效期和签发机关。公民身份证号码是每个公民惟一的、终身不变的身份代码。在办理婚姻登记、收养登记以及法律、行政法规规定需要用居民身份证证明身份的其他情形，公民应当出示居民身份证证明身份。

第六节　个体工商户和农村承包经营户

一、个体工商户

（一）个体工商户的概念与特征

个体工商户是指在法律允许的范围内，依法经核准登记，从事工商业经营的一个或多个家庭成员。个体工商户经当地工商行政管理部门核准登记，领取营业执照后方为成立。个体工商户的特征主要有以下几个方面。

1. 个体工商户由一个或多个家庭成员组成

个体工商户可以是个人经营，也可以是夫妻共同经营，还可以是家庭多个成员共同经营。如果个体工商户的成员只有一个自然人，则该自然人应当符合我国法律关于劳动能力的规定，即应当年满16周岁。如果个体工商户的成员为多个家庭成员时，则营业执照上登记为户主的自然人应当具有民事行为能力。

2. 个体工商户必须经核准登记才能成立

一个或多个家庭成员要从事个体工商业经营，必须依法向工商行政管理部门提出申请，并经受理机关核准登记，颁发个体经营的营业执照后，申请人才能取得个体工商户的资格。

个体工商户应当在法律允许范围内从事工商业经营活动。个体工商户的经营范围包括小型手工业、手工业、零售商业、饮食业、修理业、服务业、运输业、咨询服务、建筑业、修缮业。个体工商户在经核准登记的经营范围内从事经济活动。[1]

（二）个体工商户的民事主体资格

个体工商户并不是一类独立的法律主体，而是包含在自然人这种民事主体中。一般情况下，自然人作为民事主体参加各种民事活动，主要是为了满足自己日常生活的需要，自然人一旦以个体工商户的资格从事商品生产和经营活动，就成为商事主体。这并没有改变自然人的一般民事权利能力和民事行为能力。根据我国法律，个体工商户享有合法财产权，包括对自己所有的合法财产享有占有、使用、收益的处分的权利，以及依据法律和合同享有的各种特权。

（三）个体工商户责任的承担

个人经营的个体工商户，以全部个人财产承担无限清偿责任，而不是以全部家庭财产对其债务承担连带责任。他的债权人只能就经营者的个人财产提出债权请求。家庭经营的个体工商户，应当以家庭财产承担。

二、农村承包经营户

（一）农村承包经营户的概念与特征

农村承包经营户是指在法律允许范围内，按照承包合同规定从事商品经营的农村集体经济组织成员。农村承包经营户的特征主要有以下几个方面：

（1）主体方面，农村承包经营户是农村集体经济组织的成员。在法律实践中，农村承包经营户以家庭为单位，承包土地数量一般按照家庭成员的数量确定。

---

[1] 苏号朋．民法总论［M］．北京：法律出版，2006：130-131．

(2) 在内容上，农村承包经营户与其所属的集体经济组织的权利义务关系通过承包合同约定。在承包合同中，发包方是集体经济组织，承包方是承包经营户。在现实生活中，承包经营户既可以是本组织内部成员，也可以是本组织以外的其他人员。在承包合同规定的范围内，农村承包经营户一方面能够自主地安排生产计划、作物布局、增产措施，并统一支配户内劳动力，组织生产协作，独立或相对独立地完成生产任务；另一方面，它能够以独立或相对独立的商品生产者和经营者的身份进入交换领域，与其他民事主体发生商品交换关系。

(3) 在财产上，农村承包经营户承包经营的财产是属于集体所有的土地、森林、草原、荒地、滩涂和水面等生产资料。

(二) 农村承包经营户的权利义务

根据国家有关法律和承包经营合同的规定，农村承包经营户享有合法的财产所有权，享有承包的土地及其他生产资料的使用权，对依法承包的土地、果园、山岭享有长期承包权。在承包合同因为某些特殊原因变更或者解除时，承包户对土地、果树等方面的投资有要求补偿的权利。这些民事权利均应受到法律的严格保护。同时，农村承包经营户必须在合同规定的范围内进行经营活动，全面履行合同中规定的各项义务，不得损害发包方的合法权益，及时缴纳承包费，不得故意破坏集体所有的财产，不得浪费土地资源等。

(三) 农村承包经营户承担的责任

根据《民法通则》第 29 条的规定，对于农村承包经营户的债务，如果是个人经营的，以个人财产承担；如果是家庭经营的，以家庭财产承担。最高人民法院针对司法实践中遇到的具体问题，又进一步作出规定：(1) 以自然人个人承包的农村承包经营户，用家庭共有财产投资，或者收益的主要部分供家庭成员使用的，其债务应以家庭共有财产清偿；(2) 在夫妻关系存续期间，一方从事承包经营的，其收入为夫妻共有财产，债务亦应以夫妻共有财产清偿；(3) 农村承包经营户的债务如以家庭共有财产承担责任时，应当保留家庭成员的生活必需品和必要生产工具。

思考题

1. 简述民事权利能力与民事行为能力的联系与区别。
2. 简述监护的性质。
3. 简述宣告失踪与宣告死亡的法律效果的区别。

第六章 法人

导读

本章讲述的是法人，也是民法总论中关于民事法律关系主体的重要一章，是一种非常重要的民事法律关系主体的类型。本章主要的知识点有：法人的概念、特征、分类、本质；法人民事权利能力的概念、特征、开始、终止、范围及其限制，法人的民事行为能力的概念、特征，法人民事责任能力的概念与要件；法人成立的概念与条件，法人设立的原则，我国法人设立的原则；法人机关的概念、有关法人机关地位属性的学说，法人机关的种类，法定代表人的概念、地位，法定代表人代表权的限制，法人的住所；法人变更的概念、类型，法人终止的概念、原因，法人清算的概念，清算法人的性质，法人清算程序。

第一节　法人制度概述

一、法人的概念与特征

法人是各国民法中均承认的不同于自然人的另一类民事主体。法人是具有民事权利能力和民事行为能力，依法独立享有民事权利和承担民事义务的组织。从根本上讲，法人和其他组织一样，是法律技术的产物，是自然人实现自身特定目标的手段。法律确认法人为民事主体，意在为自然人充分实现自我提供有效的法律工具。《民法通则》第 36 条第 1 款规定："法人是具有民事权利能力和民事行为能力，依法独立享有民事权利和承担民事义务的组织。"由此，可以总结法人的本质特征有：

1. 法人是社会组织

法人与自然人的区别在于法人是一种社会组织，即按照一定的宗旨和方式组成的团体，可以是人的结合，也可以是依特定目的形式的财产的结合体。传统民法对"人的结合体"的理解，坚持至少两人才能组成团体。但是，随着"一人公司"的出现，传统的"人的结合体"的含义受到了挑战。[1]

2. 法人拥有独立的财产

法人的制度功能主要是财产上的，因此，法人能成为民事主体的支柱，就是必须有独立财产。易言之，无财产就无法人的人格。在社会组织中。有财产的不都是法人，如合伙、分公司等也有财产，但与法人财产不同的是，后者的财产只是被出资人看作是自己财产的一部分。在合伙，合伙财产是合伙人的个人财产；在分公司，分公司的财产是属于总公司财产的组成部分。而在法人则不同，法人的财产属法人所有，既独立于其出资人，也独立于其雇员。法人的出资人一旦将财产所有权移转于法人，其享有的就只是股东权而不再是所有权，出资财产与出资人"脱钩"，使这部分财产成为法人的独立财产。法人能够独立享有民事权利能力和民事行为能力，就是依赖于其有独立财产，没有财产或者没有独立财产的法人，就无法承担其应负的义务。

3. 法人独立承担民事责任

这是法人拥有独立财产的逻辑结果。法人既然拥有独立财产，便能够以此财

[1] 杨震．民法学［M]．北京：中国人民大学出版社，2009：58－59.

产负担自己行为的法律后果。显示法人这一特征的主要对照物，就是合伙。团体性合伙，合伙人对这一团体债务仍然要负无限连带责任。即在民事活动中，合伙团体所负的民事责任最终要归到合伙人的头上，合伙团体并不能独行其是自己承担责任。而法人的承担责任情况就不同，任何以法人面目所为的行为，其后果由法人承担，即使行为的作出者是作为法人成员的自然人，也由法人承担该行为的后果。易言之，法人的出资人仅负有限责任。

4. 法人能以自己的名义参加民事法律关系

法人作为拟制的人，其所为的行为总是由具体的自然人作出的，也就是法人在参加民事法律关系时，是由法人代表人、代理人或者其他雇员出面的。但法人既为民事主体，任何自然人在代表法人从事民事活动时，其人格就被法人吸收，不再代表自己，其行为名义上属于法人，其效果自然也由法人承担。法人能以自己的名义参加民事法律关系，使法人的独立人格显现于法律，也与法人拥有独立财产的特征相一致。

二、法人的分类

根据不同的标准，可以对法人进行不同类型的划分。

（一）公法人与私法人

依据成立的法律依据，法人可以分为公法人和私法人。在大陆法系国家和地区，以实现公共福利为目的，依据公法而设立、组织的法人为公法人。公法人一般是指依据公法而成立的法人，如众所悉知的国家，国家所得设立之其他行政主体（如地方自治团体），以及法律明定具有公法人资格的人民团体（如工商联）等均属于公法人。追求私人目的，依据私法设立的法人为私法人。民法为私法，因此依据民法而设立的法人是私法人。对于公法人与私法人的划分，德国学者认为可以从三个角度判断：第一，可以从设立行为的角度，依据公权行为或者法律设立的为公法人，依据法律行为设立的为私法人。第二，可以从设立的任务或者宗旨的角度，公法人旨在执行国家的任务，国家可以为实现此项任务而专门设立法人，也可以事后将此项任务纳入到它的组织中去。第三，可以根据法人以何种外在身份出现进行区分，即法人是否以公法所特有的强制手段来对付其成员或非成员。[1]

---

[1] ［德］迪特尔·梅迪库斯．德国民法总论［M］．邵建东，译．北京：法律出版社，2001：816—817.

（二）社团法人和财团法人

社团法人是以人的组合作为法人成立基础的私法人，所以又称法人型人合组织。例如各种公司、合作社、各种协会、学会等都是社团法人。财团法人是以一定的目的财产作为成立基础的私法人。财团法人的形态是无成员的，表现为独立的特别财产，因此又称为“一定目的的财产的集合体”。例如各种基金会、私立学校、医院、图书馆、博物馆、科学研究机构、宗教教堂、寺庙以及孤儿院、救济院等慈善机构都是财团法人。❶

一般认为，社团法人与财团法人的划分是大陆法系民法上关于法人的分类中最为重要的一种。同样，社团法人与财团法人的分类也没有统一的标准，亦有诸多学说。❷

社团法人与财团法人的区分意义在于前者以人为基础，后者以特定财产为基础。有以下差别❸：

（1）设立行为的差别。社团的设立行为，限于生前行为，并且是二人以上所为的共同法律行为，表现为以设立法人为目的订立章程的法律行为，简称社团章程行为；财团的设立行为，不限于生前行为，可以是死因行为，是行为人所谓的捐助行为，简称捐助行为，仅有一人为之也无不可。

（2）撤离程序的差别。财团一般以追求公益事业为目的，其设立在多数国家较为严格。社团内部形态不一，依法可适用不同的设立程序，其中非营利性社团在许多国家往往只需要登记即可。

（3）设立人地位的差别。社团的设立人，在社团成立后，取得社团的社员资格。财团的设立人，完成财团设立后，则与财团不再有任何联系。

（4）变更和解散的条件不同。在社团，社员可以依决议自动加以变更，还可以依决议自愿解散。在财团，其目的、章程及组织的变更、管理方法的修改，或者解散，须由特定机构依职权为之，不存在自愿决议的解散。

（5）内部组织不同。社团以社员大会为意思机关或权力机关，董事会或理事会依据其指示进行管理。财团法人则无社员大会或意思机关，只有一个管理机关，依章程目的进行管理。

（三）营利法人与非营利法人

根据社团法人设立的目的不同，法人的分类有两种立法模式：一是营利法人

---

❶ 王利明．民法（第四版）［M］．北京：中国人民大学出版社，2008：86.

❷ 王利明．民法总则研究［M］．北京：中国人民大学出版社，2003：386.

❸ 龙卫球．民法总论［M］．北京：中国法制出版社，2002：336－337.

与公益法人，二是营利法人与非营利法人。前者以日本和我国台湾地区为代表，后者以德国与瑞士为代表。其差异在于前者的立法模式往往有所谓“中间法人”的归属无法确定的问题，后种立法模式则回避了“公益”的定位问题，以非营利法人统称公益法人与中间法人。[1] 所谓营利法人就是以分配其经营获得的经济利益给社员为目的的法人。所谓非营利法人就是指不以社员获得经济利益为目的的法人；非营利法人可以再分为公益法人和非公益法人。公益法人是专门以社会公益为目的的法人；非公益法人，也可以称为中间法人，是指不以营利为目的、也不以公益为目的的法人。[2]

（四）我国《民法通则》对于法人的分类

民法通则按法人的功能、设立方法以及财产来源的不同，把法人分为四类，即企业法人、机关法人、事业单位法人、社会团体法人。

1. 企业法人

企业是从事生产、运输、贸易等经营活动等以营利为目的经济组织，企业法人就是取得法人资格的企业。它是具有符合国家法律规定的资金数额、企业名称、组织章程、组织机构、住所等法定条件，能够独立承担民事责任，经主管机关核准登记取得法人资格的社会经济组织。依照现行民事立法，我国的企业法人有两种分类方法：① 按企业资产的所有制性质来分类，企业法人包括：全民所有制企业法人、集体所有制企业法人、中外合资经营企业法人、中外合作经营企业法人以及外商独资企业法人以及它们之间成立的具有法人资格的联营企业和其他各种具有法人资格的企业或者公司。② 按照企业制度的形态分类有：个人企业、合伙企业和公司制企业。前两者为非法人组织，公司制企业中的有限责任公司和股份有限公司都是企业法人。

2. 机关法人

机关法人是获得法人资格的国家机关，其是依法律直接设立的。认定国家机关是否属于法人，应视其有无独立的财政预算经费和是否行使国家权力为标准确认。机关法人属于公法人，其成立不是依据《民法通则》等民事法律，相反是依据《政府组织法》等有关公法成立；其次机关法人是不需要进行注册登记的法人，其成立只需要根据《政府组织法》等经上级主管机关批准并拨足经费即取得法人资格。

---

[1] 尹田．民事主体理论与立法研究［M］．北京：法律出版社，2003：169.

[2] 王利明．民法总则研究［M］．北京：中国人民大学出版社，2003：387－388.

3. 事业单位法人

事业单位法人是被赋予民事主体资格的事业单位。所谓事业单位，以往是指由国家财政拨款、从事公益事业的组织体。不过，经济体制的改革，有些事业单位已不再享有财政拨款，被改制为自负盈亏或实行企业化经营，尽管如此，必须注重事业单位的目的事业主要是公益，这是事业单位法人区别于企业法人的一个主要特征。

4. 社会团体法人

社会团体法人是指具有法人资格的社会团体。依据《社会团体登记管理条例》第 2 条规定，所谓社会团体是指由自然人自愿组成，为实现会员共同意愿，按照其章程开展活动的非营利性社会组织。

社会团体法人与事业单位法人都不得以营利为目的，这是两者的相同点而区别于企业法人。但是事业单位法人和社会团体法人仍然有着重要的区别：其一，事业单位法人主要是由国家投资而成立的，而社会团体法人则是由民间自愿组成的；其二，事业单位法人是以公共利益为其目的事业，而社会团体法人一般是以本组织成员的共同利益为目的事业。

三、法人的本质

法人本质问题，曾经是法人这种社会组织形式产生之初引起法学界争论最为激烈的话题之一。如何认识与界定法人的本质，不仅关乎法人本身这种法律技术设计的具体展开，而且涉及国家、团体、财产、合同、侵权行为以及犯罪等多方面的问题，从而成为法哲学上的一个课题。就法人制度的具体建构而言，对法人本质的界定，会在民法具体制度建构上涉及法人能否以独立人格参与到民事法律关系之中，法人的法律地位如何，法人的民事权利能力、民事行为能力、民事责任能力以及法人机关于法人之间的关系等问题，这些问题意义重大，同时具有重要的理论意义和实践意义。关于法人的本质，在民法史上引发持久探讨，时至今日仍然难有一致意见，概括起来，关于法人的本质主要有以下几种学说：

（一）法人拟制说

该学说发端于注释法学派和教会法学派的提倡，被德国历史法学派的代表萨维尼发展和完善。法人拟制说认为民事主体享有权利必须具备意思能力，没有意思能力就不能享有权利。只有自然人才有意思能力，法人并不意思能力，除自然人之外并不独立人格的存在。因此，法人拟制说虽然也承认法人是法律上的权利主体，但是这是法律拟制的产物，法人不过是法律上的拟制人或者观念上的人。

根据法人拟制说，对于法律所拟制的人应采取限制的态度，表现为法人应经过国家的特许才能成立。同时主张区分法人与其成员的财产、区分法人与其成员的人格、区分法人与其成员的责任。因此法人本身既无意思能力，也无侵权行为能力。

法人拟制说基本上是以罗马法的法人观念为基础，认为自然人为自然的权利主体，法人为拟制的权利主体，拟制说反映了18、19世纪政治的绝对主义观念。在当时的绝对主义观念下，各种组织团体并无活动自由，只有基于君主特准成立的团体才能受到承认。据此观念，法人的基础并不在于其社会组织与功能，而在于君主的特许。拟制说的贡献是，认为法人所为行为的独立性，即法人所为的行为，并非是其成员的共同行为或设立人的行为，而是不同于其成员或设立人的独立组织（即法人本身）所为的行为。❶ 这对于现代法人制度的建立有重要意义。

（二）法人否认说

法人否认说否认法人在社会上有独立的人格，认为法人仅仅是假设的主体。在法人否认说中，又有几种不同的论述进路和见解：(1) 目的财产说。该说为德国学者布林兹所提倡，认为法人不过是为一定目的而存在的无主财产，法人本身不具有独立的人格，而是为达到特定目的由多数人的财产集合而成的财产，成为一个法律拟制的人格。(2) 受益人主体说，该说为德国学者耶林所提倡，认为意思行为是个人的意思，不存在集合体的意思，因而集合体不能成为法律主体。法律所保护既不是存在于团体的集合意思，也不是团体的独立人格，权利义务的归属者为享有法人财产利益的个人。(3) 管理人主体说，该说认为法人的财产并不为法人本身所有，而属于管理财产的自然人，只有管理法人财产的自然人，才是法律上所称的法人。

虽然法人否认说法人作为独立主体的存在，难以适应社会经济生活发展的需要，所以一直没有成为通说。❷ 但有学者也分析了法人否认说有自身特定的贡献，它进一步分析了社团和财团，认为团体的最后基础为个人，团体由个人组成，但个人并不因此丧失其主体性。此外，该学说说明了法人的技术性本质，即法人是合理处理法律关系的一种抽象的社会技术。❸ 现代社会，法人制度出现了异化，法人凭借越来越强大的财力凌驾于自然人之上，法人否认说的这种认识观

---

❶ 柳经纬. 民法总论 [M]. 厦门：厦门大学出版社，2000：115.

❷ 王利明. 论法人的本质和能力 [M] //王利明. 民商法研究（第3辑）. 北京：法律出版社，1999.

❸ 柳经纬. 民法总论 [M]. 厦门：厦门大学出版社，2000：115－116.

点对于我们在现代社会矫正法人制度的弊端具有一定的借鉴意义。

（三）法人实在说

法人实在说认为法人并不是虚构的，也并非没有团体意思和利益，其作为一种类型的民事主体并非基于法律拟制，而是社会上具有独立地位的实体。在法人实在说中，又有“有机体说”和“组织体说”这两种主张。

1. 有机体说

此说为德国法学家基尔克所倡，认为社会生活中存在两种有机体，一种是“自然的有机体”，即自然人，有“个人意思”，另一种是“社会的有机体”，即团体，有“团体的意思”。法人有团体意思，在社团法人中有社员的集合意思，在财团法人中有捐助行为意思，它应当成为社会有机体，法律赋予法人以法律人格，使其承担民事权利义务，成为法律上的民事主体。

2. 组织体说

此说为法国学者米休德等人所提倡。该说认为，法人的本质在于其具有适合成为权利主体的组织，这种组织就是具有一定目的的社团或者财团。法人是一种抽象的存在，是实际存在的能保护和实现特定利益的意思团体。它具有区别于其成员利益的团体利益，具有自己的组织，法人的意志是由法人机关实现的。组织体说说明了法人的组织特征，以及法人与其机关以及其成员之间的关系，这些都奠定了大陆法系关于法人制度的基本理论。组织体说不仅为大多数大陆法系民法学者所接受，而且也为20世纪以来的民事立法所普遍采用。通说认为，我国《民法通则》关于法人的本质即采用组织体说。[1]

第二节 法人的民事能力

法人的民事能力的有无及其具体内容是由法人的本质决定的。法人拟制说认为民事主体应以自然人为限，法人并无意思能力，法人之所以能成为民事主体，仅仅是法律拟制上的人或者是观念上的人，法人的人格完全是通过立法技术由法律赋予的，因此，法人仅具有民事权利能力，不具有民事行为能力与民事责任能力，法人代表人对外执行法人事务时，适用民法关于代理之规则，从而建立了法人代表人行为之“代理说”。法人否认说否认法人在社会上有独立的人格，认为

[1] 王利明．民法［M］．4版．北京：中国人民大学出版社，2008：85.

法人仅是假设的主体，因此也不承认法人有独立的人格，必然的逻辑是不承认法人具有民事权利能力与民事行为能力，更不承认法人具有民事责任能力。法人实在说肯定法人是社会上具有独立地位的实体，肯定法人具有如同自然人一样的民事权利能力，也具有民事行为能力和民事责任能力。我国《民法通则》采纳了法人实在说中的组织体说，法人的民事能力可以分为民事权利能力、民事行为能力和民事责任能力。

一、法人的民事权利能力

（一）法人的民事权利能力的概念与特征

法人的民事权利能力，是指法人能够以自己的名义参加民事法律关系，享有民事权利和承担民事义务的资格。法人与自然人一样同为民事主体，其民事权利能力皆由法律所赋予，但基于这两类民事主体性质的不同，二者的民事权利能力也存在着差异，这主要表现在：

1. 民事权利能力的开始和终止原因的差异

自然人的民事权利能力始于自然人出生的法律事实，终于自然人死亡的法律事实。而法人的民事权利能力始于法人成立之时，终于法人终止之时。法人被依法撤销或者解除后，还必须经过清算程序进行清算后才能终止。在清算期间，法人仍然在清算活动的范围内享有民事权利能力。

2. 民事权利能力享有的程序要件不同

自然人民事权利能力始于出生，并因出生这一自然事实的完成而当然取得民事权利能力，无需履行任何法定手续。我国户籍制度要求自然人出生后办理户籍登记，但此登记仅属户籍管理上的要求，并不是自然人取得民事权利能力的要件。法人的民事权利能力始于其成立，终于其被撤销、解散或宣告破产，无论其成立与终止，均须履行法定手续始得完成，如企业法人的登记行为是其成立的关键行为，若无该登记行为，其法人资格是不能自然取得的，自然也无民事权利能力的取得。[1]

3. 民事权利能力享有的范围不同

自然人是生命体，始于其出生，终于其死亡，依法享有的民事权利能力范围很广，包括财产权与人身权，但自然人不能享有某些专属于法人的民事权利能力，如银行法人开展信贷业务的民事权利能力。法人是组织体，其民事权利能力

---

[1] 苏号朋．民法总论［M］．北京：法律出版社，2006：145.

直接来源于法律的规定，法人不可能享有自然人基于其特有的人身关系为前提而享有的民事权利，例如法人不可能享有肖像权、继承权、生命健康权、婚姻和家庭关系中的民事权利，等等。

（二）法人民事权利能力的开始和终止

《民法通则》第36条第2款规定："法人的民事权利能力和民事行为能力，从法人成立时产生，到法人终止时消灭。"因此，法人的民事权利能力开始于法人资格取得之时，终止于法人资格消灭之时。

（三）法人民事权利能力范围的限制

法人的民事权利能力范围为法人以自己名义参加民事法律关系、享有民事权利和承担民事义务的资格，也即法人的活动范围，各国民法中都对此有限制性规定。但基于法人作为民事主体自身的性质以及法律、法规的规定，法人的民事权利能力也要受到诸多限制：

1. 自身性质的限制

尽管法人与自然人一样，都是独立的民事主体，但法人属于组织体，因此不能享有专属自然人的某些权利。就人身权而言，法人不能享有以自然人的肉体和心理要素为客体的民事权利，如生命权、身体权、健康权、肖像权以及贞操权等；就财产权而言，法人不能享有基于自然人的身份发生的权利，如抚养、扶养和赡养请求权、继承权等。专属于自然人的义务，如私法上的扶养义务，法人当然不能负担。

2. 法律、法规上的限制

与自然人以及其他组织一样，法人的民事活动范围受法律和行政法规的限制。除此普遍限制之外，法人的民事权利能力还要受到法律、法规等规范的特别限制。如我国《民法通则》第42条规定，企业法人应当在核准登记范围内从事经营。《公司法》第11条规定，公司的经营范围由公司章程规定，并依法登记，公司应当在登记的经营范围内从事经营活动。《公司法》第116条规定，公司不得直接或者通过子公司向董事、监事、高级管理人员提供借款。

二、法人的民事行为能力

法人的民事行为能力，是指法人从事民事法律行为参与民事法律关系，取得民事权利、承担民事义务的资格。法人作为民事主体，需要实际参加民事活动，取得民事权利承担民事义务，均以具有相应的民事行为能力为必要，法人的民事行为能力为法人民事权利能力的实现之要件。法人一旦成立，即同时具备了民事权利能力和民事行为能力。在法人存续期间，法人的民事行为能力不得被随意限制或剥夺。对比于自然人的民事行为能力，法人的民事行为能力具有以下特征：

1. 法人的民事行为能力与民事权利能力同时产生、同时消灭

我国《民法通则》第 36 条规定，法人的民事权利能力和民事行为能力，从法人成立时产生，到法人终止时消灭。当法人具备相应的成立条件，并经由设立程序取得法人资格后，即开始享有权利能力，也同时开始具备行为能力。当法人终止时，法人的权利能力和行为能力都随之终止。而自然人的民事行为能力受其年龄和精神健康状况的限制，并非与其民事权利能力同时产生，也不一定与其民事权利能力同时消灭，二者在时间上并非始终处于并存状态。

2. 法人的民事行为能力和民事权利能力的内容和范围相同

法人的民事行为能力和民事权利能力范围完全一致，而自然人民事行为能力的范围则可能与其民事权利能力的范围相同，也可能小于其民事权利能力的范围，这要取决于其是具有完全民事行为能力、限制民事行为能力还是无民事行为能力。此外，每个法人的民事行为能力的内容也存在差别。这是因为法人只有在其民事权利能力范围内所从事的民事活动，才能受到法律的承认和保护。因此，法人的民事权利能力的内容和范围大小决定了法人的民事行为能力的内容和范围大小。

3. 法人民事行为能力实现方式上的特殊性

自然人的行为能力通常是由自己来实现，法人则不同，法人的行为能力通常是由法人的机关或者法人机关委托的代理人来实现。法人机关的行为，视同法人的行为。法人机关还可以委托其他法人、自然人或者其他组织作为法人的代理人，以法人的名义进行民事活动。

三、法人的民事责任能力

（一）法人的民事责任能力的概念

法人的民事责任能力是指法人因其违法行为而独立承担民事责任的法律资格。在民法理论上，关于法人本质，存在不同的学说，因此对法人是否具有民事责任能力，在理论上也存在不同的认识。持法人拟制说的学者认为法人无意思能力，进而主张法人无民事责任能力。相反，持法人实在说的学者认为法人具有民事意思能力，可以预见其违法行为的法律后果，因此主张法人有民事责任能力。

尽管在理论上存在着不同认识，但是大多数国家的民法都规定法人的损害赔

偿责任，肯定法人的民事责任能力，特别是法人的侵权行为能力。我国在民法立法中采纳了法人实在说，立法肯定了法人的民事责任能力。《民法通则》第43条规定："企业法人对它的法定代表人和其他工作人员的经营活动，承担民事责任。"《民法通则》第106条规定："公民、法人违反合同或者不履行其他义务的，应当承担民事责任。公民、法人由于过错侵害国家的、集体的财产，侵害他人财产、人身的应当承担民事责任。没有过错，但法律规定应当承担民事责任的，应当承担民事责任。"第121条规定："国家机关或者国家机关工作人员在执行职务中，侵犯公民、法人的合法权益造成损害的，应当承担民事责任。"《民通意见》第58条进一步规定："企业法人的法定代表人和其他工作人员，以法人名义从事的经营活动，给他人造成经济损失的，企业法人应当承担民事责任。"该司法解释第152条规定："国家机关工作人员在执行职务中，给公民、法人的合法权益造成损害的，国家机关应当承担民事责任。"

（二）法人承担侵权民事责任的要件

根据《民法通则》的规定，法人承担侵权民事责任必须具备以下三项要件：

1. 必须是法人代表机关或者其他有权代表法人的人所为的行为

法人的对外行为由其代表机关实施，因此法人代表机关的行为就是法人本身的行为，应当由法人承担相应的民事责任。在我国，法人的对外行为是由法人的的法定代表人实现，因此法定代表人在代表权范围内进行的行为，法人应当对之承担民事责任。此外，法人的对外行为还可以由其他有代表权的人（诸如公司的董事、监事、经理、清算人、重整人等）实现，因此法人对他们的行为也应当承担民事责任。

2. 必须是执行职务的行为

法人的代表机关或者其他有权代表法人的人，只有在其职务范围内所为的行为，才能成为法人自身的行为，由法人承担民事责任。而法人的代表机关或者其他有权代表法人的人在其职务范围之外所为的行为，属于该行为人基于其自身的资格所为的行为，与法人无关，应当由行为人自己承担民事责任，而不应该由法人承担民事责任。至于何谓"执行职务的行为"，《民法通则》未作规定。通说认为有如下两个判断标准：一是外观标准，即某行为在外观上可足以被认为属于执行职务的行为，如运输公司的机关签发不正当的提单；二是关联标准，即根据社会上的一般认识，某行为与执行职务有相当的关联关系，如公司的董事长代表公司交易时实施的欺诈行为或贿赂行为。有的学者还进一步认为，所为执行职务，应当限于积极手段，而不包括消极行为，原因在于消极行为仅发生应办事务不完成的后果，不可能加害于他人。

3. 必须符合侵权行为的构成要件

侵权行为可分为一般侵权行为和特殊侵权行为。一般侵权行为的构成要件为：① 须有侵权损害的事实；② 行为本身的违法性；③ 违法行为与损害结果之间有因果关系；④ 行为人有民事责任能力；⑤ 行为人主观上有过错。特殊的侵权行为则是指虽然不同时具备上述的构成要件，但法律规定必须由行为人承担民事责任的侵权行为。《民法通则》第 106 条第 2 款规定，公民、法人由于过错侵害国家的、集体的财产，侵害他人财产、人身的应当承担民事责任。《侵权责任法》第 2 条规定："侵害民事权益，应当依照本法承担侵权责任。本法所称民事权益，包括生命权、健康权、姓名权、名誉权、荣誉权、肖像权、隐私权、婚姻自主权、监护权、所有权、用益物权、担保物权、著作权、专利权、商标专用权、发现权、股权、继承权等人身、财产权益。"

第三节 法人的成立

一、法人成立的概念

法人的成立是指社会上存在的人合组织或财合组织开始具有人格，成为民事权利主体。[1] 法人的成立是法人取得民事权利能力和民事行为能力的法律事实，相当于自然人的出生。法人的成立需经法定程序，即须经设立和法人资格的取得两个阶段。在我国，民法学界普遍认为，法人的设立与法人的成立不同。法人的设立，是指依照法律规定的条件和程序使社会组织获得法律上人格的整个过程，即它是创设法人的一系列行为的总称。不同的民事主体取得法律上的人格的方式并不相同，自然人是通过出生这一事实而取得法律上的人格，而法人只能通过设立而取得法律上的人格。为了更好地理解法人的成立，需要进一步区分法人成立与法人设立的差异：

（1）性质不同。法人的设立是法人产生的"准备阶段"，其行为包含法律行为性质的，又有非法律行为性质的，而法人的成立是"形成阶段"，是法律行为。

（2）要件不同。法人的设立要有合法的设立人、设立基础和设立行为本身合法等要件，而法人的成立一般需要是一系列实质及形式要件。

（3）阶段不同。法人的设立，为筹建、组织和创办一个具有法律人格的社会

[1] 梁慧星．民法总则［M］．北京：法律出版社，2001：165.

组织的一系列行为，法人的成立是法人组织组建行为的完成和结果。法人的设立并不必然导致法人成立，当法人的设立形成无效或者被依法撤销的，法人即使经过了设立过程也不能成立。

二、法人成立的条件

法人设立的结果是法人成立，但并不是任何设立行为都会导致这一结果的产生，只有按照法律规定的要求而进行的设立行为才会成立法人，法人成立的条件就是指法人得以成立的要件，它包括程序要件和实质要件两个方面。《民法通则》第 37 条规定："法人应当具备下列条件：（一）依法成立；（二）有必要的财产或者经费；（三）有自己的名称、组织机构和经营场所；（四）能够独立承担民事责任。"根据《民法通则》第 37 条的规定，法人成立的条件具体而言：

（一）依法成立

依法成立是指作为设立中的法人的社会组织，其成立必须合法，其设立目的和宗旨要符合国家利益和社会公共利益的要求，它的组织机构、设立方式等要符合法律的要求。依法成立又可以具体分为两个方面，一是成立须有法律依据；二是指法人成立的程序合法。

1. 法人成立须有法律依据

法人是法律赋予一定的社会组织以法律人格，因此，无论何种类型的法人，均须有相应调整该法人组织的法律规定，如此相对应，法人的成立也都必须有法律依据。在我国，各种类型的法人的成立均需遵守《民法通则》的规定，除此之外，机关法人还必须根据国家宪法、国家机关组织法的规定成立；事业单位法人、社会团体法人以及企业法人还必须根据有关民事特别法成立。

2. 法人成立的程序合法

法人均须依照一定的程序成立，但是不同类型法人的成立程序不同。我国《民法通则》第 41 条以及第 50 条规定法人成立的法定程序。《民法通则》第 41 条规定："全民所有制企业、集体所有制企业有符合国家规定的资金数额，有组织章程、组织机构和场所，能够独立承担民事责任，经主管机关核准登记，取得法人资格。在中华人民共和国领域内设立的中外合资经营企业，中外合作经营企业和外资企业，具备法人条件的，依法经工商行政管理机关核准登记，取得中国法人资格。"第 50 条规定："有独立经费的机关从成立之日起，具有法人资格。具备法人条件的事业单位、社会团体，依法不需要办理法人登记的，从成立之日起，具有法人资格；依法需要办理法人登记的，经核准登记，取得法人资格。"

（二）有必要的财产和经费

拥有独立财产，是法人参加民事活动、承担民事责任的物质基础，故法人成立必须有财产或经费。这里的财产，是对企业法人的要求，经费是对非企业法人的要求，经费一般以货币形态表现，在本质上仍属于财产。必要的财产和经费，包括两方面的含义：一是要求法人应当有独立的财产，即独立于其设立人、其成员和他人的财产，拥有属于自己的财产是法人人格独立的物质基础；二是要求法人应当具备与其业务活动规模相适应的财产。[1] 至于法人成立时，以多少数额的财产或经费算是“必要”，通常由制定法规定。如《公司法》第 26 条第 2 款规定：“有限责任公司注册资本的最低限额为人民币三万元。法律、行政法规对有限责任公司注册资本的最低限额有较高规定的，从其规定。”《公司法》第 81 条第 3 款规定：“股份有限公司注册资本的最低限额为人民币五百万元。法律、行政法规对股份有限公司注册资本的最低限额有较高规定的，从其规定。”《证券法》第 127 条规定：“证券公司经营本法第一百二十五条第（一）项至第（三）项业务的，注册资本最低限额为人民币五千万元；经营第（四）项至第（七）项业务之一的，注册资本最低限额为人民币一亿元；经营第（四）项至第（七）项业务中两项以上的，注册资本最低限额为人民币五亿元。证券公司的注册资本应当是实缴资本。国务院证券监督管理机构根据审慎监管原则和各项业务的风险程度，可以调整注册资本最低限额，但不得少于前款规定的限额。”

（三）有自己的名称、组织机构和场所

法人的成立必须具备自己的名称、组织机构和场所。法人的名称是法人不可缺少的人身要素之一，它在形式上可以将特定的法人与其他法人区别开来，也可以将法人与其他成员区别开来，从而表现法人的独立人格。法人可以自己选择自己的名称，但必须遵守相关的名称管理规定，不得违反法律的禁止性规定。法人必须具备一定的组织机构，法人的组织机构设置法人的机关，是法人对内管理内部事务、对外代表法人从事民事活动的机构。法人通常会依照法律规定或者法人组织章程的规定设立机关，主要包括有权力机关、执行机关和监督机关等，这是实现法人团体意志，独立享有民事权利和承担民事义务的组织保证。法人的场所，是指法人从事其业务活动的场所，包括主要办事机构场所及其他业务活动场所。法人要从事经营活动，就必须有自己固定的场所。法人可以同时设立多个活动场所，有些法人还可以设立分支机构或者在几个场所设立机构。在法律上明确

[1] 柳经纬．民法总论［M］．厦门：厦门大学出版社，2000：132.

法人的场所，对于法人业务活动的展开和国家有关部门对法人的监督和管理，具有非常重要的意义。法人以其主要办事机构所在地为住所。

（四）能够独立承担民事责任

能够独立承担民事责任是法人成立的必备条件。法人独立承担民事责任，意味着法人以其自己的财产而废弃创设人、其成员或者其他法人或者自然人的财产来承担从事民事活动的法律后果，这是法人作为独立民事主体的需要和必然后果。法人与非法人组织的重要区别，即在于法人能够独立承担民事责任。

三、法人设立的原则

（一）法人设立原则概述

综观世界各国立法，虽然对法人设立制度的选择多种多样，但其背后所体现的立法理念却具有普遍的规律性。根据不同的法人类型以及时代变迁，概括而言，各国对于法人设立所秉持的态度主要体现为以下几种：

1. 自由设立主义

自由设立主义，又称为放任主义，即国家对于法人的设立，不加以任何干预和限制，法人的设立完全由当事人自由处断。法人的设立不需要任何的形式要件，只要具备法人的实质要件即可取得法人资格。在欧洲中世纪，由于商事公司勃兴，各国曾多采用放任主义，此种主义下的制度体系容易产生法人设立滥设的弊端，不利于对法人的管理，有碍交易安全，近代以来，除瑞士民法对于非营利法人仍采此主义外，已不多见。

2. 特许设立主义

特许设立主义，也称立法特许主义，即法人的设立需有专门的法令或国家特别许可。早期，法人的设立须经封建领主或君主的特许，现代则一般由议会制定专门的法律或由行政机关特准设立法人，前者称之为立法特许主义，后者称之为行政特许主义。[1] 由于特许设立主义对法人设立的限制、干预过于严格，因此当前除对公法人或者某些特别法人的设立采用特许主义外，也少有采用。

3. 许可设立主义

许可设立主义，又称核准设立主义，指法人设立时除了应符合法律规定的条件外，还要经过主管行政官署的批准，主管机关依照规定进行审查，作出批准或不批准的决定。如果法人的设立未经行政主管机关的批准，其设立行为不受法律

---

[1] 施启扬．民法总则［M］．台北：三民书局，1996：121.

承认和保护。许可主义虽然较特许主义前进一步，但仍然存在较为严格的审批程序。目前，各国对于财团法人的设立多采取此种主义，以便于对此类法人的管理。

4. 准则主义

准则主义，也称登记主义，指法律预先规定法人成立的条件，设立人可依照该条件设立，一旦符合法人的成立条件，无须经过主管部门批准，应可以直接到登记机关办理登记，法人即可成立。与上述几种法人设立主义相比，登记主义便于法人的设立，尤其是公司法人的设立，符合现代市场经济发展的要求。但是单纯的准则主义与自由设立主义同样会导致滥设法人的弊端，因此现代各国民法广泛采用准则主义的同时，对法人的设立条件规定的较为严格，除了具备法律规定的要件外，还在法律中规定严格的限制性条款，并强化设立人的责任和法院及行政机关对法人的监督。这种原则被称为严格准则主义。

5. 强制设立主义

即国家以法令规定某种行业或某种情况下必须设立一定法人组织的设立原则。通常此类法人为一些职业团体，从事此类职业的人员必须加入。

（二）我国法人的设立原则

1. 企业法人的设立原则

在我国，企业法人可分为公司企业法人与非公司企业法人。

依据《公司法》的规定，公司又可分为有限责任公司和股份有限公司。有限责任公司的设立，一般采取准则设立主义；股份有限公司的设立，采许可设立主义。非公司企业法人，首先须经主管机关或有关审批机关批准，然后才向登记机关申请登记，属许可设立主义。

2. 机关法人的设立原则

机关法人的设立，取决于宪法和国家机构组织法的特别规定，在设立原则上采特许设立主义。

3. 事业单位法人的设立原则

事业单位的设立，需依照国家法律和行政命令的规定，在设立原则上遵循特许设立主义。

4. 社会团体法人的设立原则

社会团体的设立，有采取特许设立主义的，如工会、社团组织等；也有采行政许可主义的，如各种协会、学会等。

第四节 法人的机关和住所

一、法人的机关

（一）法人机关的概念

法人机关是指根据法律或者法人章程的规定，形成法人的意思，管理法人内部事务，对外代表法人从事民事活动，实现其民事权利能力和民事行为能力的一定机构或者个人的总称。法人的机关是法人组织体的核心组成部分，负有形成法人意思和代表法人活动的职能。法人机关对法人意义重大，是法人得以完成其目的事务和实际承受法律关系的执行力量。没有法人机关，法人就无法实现其民事权利能力和民事行为能力，无法成为独立的民事主体。法人的机关具有如下特征：第一，法人的机关是有权代表法人行为的个人或集体；第二，机关由单个的个人或集体组成；第三，法人的机关与法人所从事的民事活动是有关联的。[1]

（二）有关法人机关地位属性的学说

法人机关的法律意义旨在确定法律责任和法律效果的归属。从各国立法和实践来看，法人对于其机关成员的责任主要有两类：（1）代理责任说，又称间接责任说。认为法人没有行为能力，凡是代法人活动的自然人所为的行为，乃是自然人自身的行为，只是其法律后果直接及于法人。他们把法人机关看作法人的代理机关，把法人代表人看作法人的代理人。（2）代表责任说，又称直接责任说。就代表责任而言，学理上亦有多种解释，主要有风险说、同一人格说和担保说等。代表说认为法人不仅有权利能力，而且还有行为能力，凡法人机关在法人权利能力范围内所为的行为，就是法人本身的行为，其法律后果要由法人承担。他们把法人机关和法人视为一体，二者只有一层人格。这两种学说，分别源于法人的拟制说和实在说。中国法学界一般认为，在理论上，法人不是主观的虚构拟制物，而是客观存在的社会实体。法人作为权利主体，也有自己独立的、自主的意志，这种意志又是由法人机关来实现的。法人机关不是独立的权利主体，而是法人的有机组成部分。当法人机关代表法人进行民事活动时，其法律后果应由法人承担。也有学者研究认为，法人机关在性质上与法人视为一体但还是具有分离地位，学理上存在着代理说和机关说的根本对立。两种学说对法人的法律结构看法

---

[1] 王利明．民法总则研究［M］．北京：中国人民大学出版社，2003：419－422．

不同，尤其对机关及其行为归属于法人的方式有根本分歧。代理说把法人机关看成在实体上外在于法人，是法人的代理人；而机关说则把法人机关看成是法人实体的不可分割的部分。[1]

（三）法人机关的种类

根据法人机关在法人活动中所发挥作用的不同，可以将法人机关分为意思机关、执行机关、代表机关和监督机关。

1. 意思机关

意思机关是法人形成其意思的机关，又称权力机关、决策机关，如股份有限责任公司的股东代表大会和有限责任公司的股东会，其作用主要是在法人内部形成法人的意思，如果章程未作别的规定，这个意思就是对法人事务的最后决定。[2] 意思机关的担当人是法人的全体成员（股东），法人的意思通过成员（股东）大会的决议来形成。在成员（股东）人数很多时，章程往往规定由成员（股东）代表大会作为意思机关，如股份有限公司的股东代表大会。意思机关有权决定法人生产经营活动中的重大问题，但通常不能代表法人对外进行民事活动。

2. 执行机关

执行机关是执行法人机关所形成的意思、法人章程或设立命令所规定的事项的机关。执行机关的主要负责人是法人的法定代表人。例如，公司法人的执行机关是董事会，董事长是公司法人的法定代表人；非公司营利法人设立董事会的，准用公司法人之规定，未设立董事会的，其章程所规定的主要负责人为该法人的执行机关和法定代表人。非营利法人中的社会团体法人、捐助法人的执行机关是其理事会，理事长是其法定代表人；机关法人、事业单位法人的负责人既是其执行机关，也是其法定代表人。

3. 监督机关

监督机关是监督法人行为的机关，如公司法人的监事会。并非所有的法人都有监督机关。

（四）法定代表人

1. 法定代表人的概念

所谓法定代表人，是指依照法律或法人的组织章程的规定，代表法人行使职权的负责人。法定代表人可以依照其组成人数分为单一代表人和复数代表人。根

[1] 龙卫球．民法总论［M］．北京：中国法制出版社，2002：355．

[2] 卡尔·拉伦茨．德国民法通论（上册）［M］．王晓晔等，译．北京：法律出版社，2003：209．

据《民法通则》第 38 条规定，我国奉行单一代表人制。法定代表人的特征有：第一，法人的法定代表人是由法律或法人的组织章程规定的自然人；第二，法人的法定代表人有权代表法人从事民事活动；第三，法人的法定代表人是法人的主要负责人。[1]

2. 法定代表人的地位

出于对法人性质的不同理解，法定代表人在法律上的地位有所不同，形成所谓“代理说”与“代表说”之分。凡采“法人拟制说”的立法，由于不承认法人为客观存在之实体，故法人不存在行为能力，法人的行为，如同无行为能力人之行为，只能由代理人代理为之。为此，法定代表人即为法人的代理人。凡采“法人实在说”的立法，则因肯定法人为实际存在的实体，有其行为能力，故法定代表人以法人名义所为之行为即法人自身的行为。[2]

3. 法定代表人代表权的限制

就学理而言，法定代表人的代表权限原则上及于法人的一切事务。但若使法定代表人任意行事，即有可能损害法人之根本利益，因此有对代表人权限予以限制的必要，以使其权限在符合法人利益的范围内行使，并且不影响社会整体利益。

关于法定代表人的代表权是否可以限制以及此种限制的效力，有不同立法例。瑞士民法虽无明文规定，但根据解释及司法判例，法定代表人具有管理上无限制的代表权；德国民法规定可以对代表人的限制如未经登记，不得对抗善意第三人；日本民法与我国台湾地区“民法典”均规定能够对代表权的限制，不得对抗善意第三人。

《民法通则》就是否应对法定代表人的代表权予以限制未有明文规定，《合同法》对此作了补充。该法第 50 条规定：“法人或其他组织的法定代表人、负责人超越权限订立合同，除相对人知道或应当知道其超越权限的以外，该代表行为有效。”此处的“权限”是指法人通过章程或决议对法定代表人的代理权范围所作的限制，而不是指经营范围的限制。不过，法人章程或决议对法定代表人代表权的限制属于法人内部限制，不发生对抗善意第三人的效力。这是因为，善意第三人处于法人之外，对法定代表人是否有代表权难以知晓，如若其对该第三人有对抗效力，则显然对交易安全不利。因此，根据《合同法》第 50 条规定，当相对

---

[1] 王利明．民法总则研究［M］．北京：中国人民大学出版社，2003：415－416.

[2] 尹田．民事主体理论与立法研究［M］．北京：法律出版社，2003：224.

人为善意第三人时，则法定代表人的越权行为有效；当相对人为恶意第三人时，则法定代表人的越权行为属于效力待定的民事法律行为。从法理上讲，当法定代表人超越代表权的行为致法人发生损失时，法人可以对该法定代表人行使追偿权，但我国民法目前尚未就此作出规定。[1]

二、法人的住所

法人的住所是指法人的主要办事机构所在地。当法人只设一个办事机构时，该办事机构所在地即为住所；当法人设立有多个办事机构时，则以其主要办事机构所在地为住所。

第五节 法人的变更和终止

一、法人的变更

（一）法人变更的概念

法人的变更，是指法人成立后，其组织、名称、住所、经营范围等重要事项发生的变化，这些事项的变更，可依法人意思自主决定，法人只要作相应的变更登记，即可发生变更效力。法人的变更往往对法人的人格产生重要影响，特别是法人的合并和分立，可能会使参与合并的法人或分立前的法人的人格消灭。法人变更体现了私法自治的法律精神，但企业法人的分立或合并，因涉及法人与相对交易人的债权债务关系，为了维护交易秩序和相对人的信赖利益，法律对分立或合并后法人的债权债务移转，做了强制性规定。如《民法通则》第 44 条第 1 款规定，企业法人分立、合并或者有其他重要事项变更，应当向登记机关办理登记并公告。公司法等法律也有相应的规定。

（二）法人变更的类型

1. 法人人格的变更

法人人格的变更又称为法人的改组，它具体又包括法人的合并和分立。

(1) 法人的合并。

法人的合并是指两个以上的法人集合为一个法人的民事法律行为。法人的合并是法人集中资金，扩大实力，增加竞争优势的重要手段。由于合并不需经过法

---

[1] 苏号朋．民法总论［M］．北京：法律出版社，2006：157.

定清算程序，比之解散原法人，成立新法人，手续更为简便，操作成本也更低廉。

具体而言，法人合并又可以具体分为两种形式，一是新设式合并，二是吸收式合并。新设式合并也称创设式合并，是两个以上的法人归并为一个新法人，原法人均告消灭的合并方式。吸收式合并也称吞并式合并，是一个法人吸收被合并的其他法人，合并后只有一个法人存续，被吸收法人均告消灭的合并方式。法人合并时，应有法人意思机关提出合并决定和合并各方缔结的合并合同。为保障各合并法人的债权人的利益，法人应在合并前将合并决定通知债权人，债权人如要求清偿债务或提供担保的，作为债务人的法人应照办。否则，法人不得合并。

(2) 法人分立。

法人的分立是指一个法人分为两个以上法人的民事法律行为。法人分立是调整经营规模，分散风险的重要手段。法人分立也不需经过法定清算程序，所以有与法人合并同样的优点。

具体而言，法人分立又可以分为两种形式，一是新设式分立，二是存续式分立。新设式分立也称创设式分立，指解散原法人，分立为两个以上新法人的分立方式。存续式分立也称派生式分立，指原法人存续，分出部分财产设立一个以上新法人的分立方式。法人分立的程序与法人合并程序基本相同，需要有分立的决定、债务分配合同，对债权人发出分立通知并根据债权人请求清偿债务或提供担保。

(3) 法人合并与分立的效果。

法人的合并与分立的效果可以总结为：第一，法人的消灭。在新设式合并，原法人均告消灭；在吸收式合并，被吞并的法人归于消灭。在新设式分立，原法人消灭；在存续式分立，只是原法人的财产或组织机构发生变更。第二，债权债务承受。因合并而消灭的法人，其债权债务由合并后的法人概括承受。在法人分立，原法人的债权债务，应依分立前缔结的合同确定的分担份额，由分立后的法人承受。

2. 法人组织形态的变更

法人组织形态的变更是在不消灭法人人格的前提下，法人从一种组织形态转变为另一种组织形态的现象。法人组织形态的变更往往导致法人的责任形式、权利义务等发生变化，因此各国对法人组织形态的变更给予较多的限制。

3. 法人其他重要事项的变更

法人其他重要事项的变更，也是在不消灭法人人格前提下所发生的变更，这些变更包括有法人的名称、住所、法定代表人等一个方面或者数个方面，属于法人的某些登记事项发生的变化。虽然法人其他重要事项的变更不会导致法人人格消灭，但企业法人的名称、住所、法定代表人、经营场所、经营范围、经营期限、注册资本、分支机构等发生变化，会影响到出资人、债权人或者交易对象的利益，所以，各国法律对于法人发生的这些事项的变更规定了具体的条件和程序。

二、法人的终止

法人的终止，也称法人的消灭，是指法人资格的消灭，即法人丧失民事主体资格和法律上的人格，不再具有民事权利能力和民事行为能力的状态。

（一）法人终止的原因

法人如有下列原因之一，就会发生终止的法律后果：

1. 依法被撤销

法人依法被撤销是指法人因违反法律、行政法规而被依法责令关闭。如《公司法》第 199 条规定，公司登记时虚报注册资本、提交虚假证明文件或者采取其他欺诈手段隐瞒重要事实取得公司登记，情节严重的，撤销公司登记。

2. 自行解散

法人自行解散是指因法律规定或者其他章程规定的事由出现，或者根据法人意思机关的决定，停止其活动并终止其法律资格的程序。自行解散一般发生于公民自愿组成的法人。

3. 依法宣告破产

依法宣告破产是指公司因不能清偿到期债务，经公司或者债权人申请，被法院宣告破产。各国民法都规定了法人宣告破产的程序、效力等内容，在我国法人破产由人民法院宣告。

（二）法人的清算

在上述原因发生后，法人其主体资格并不立即消灭，只有经过清算，法人主体资格才归于消灭。《民法通则》第 40 条规定："法人终止，应当依法进行清算，停止清算范围外的活动。"清算是清理法人的财产，了结其作为当事人的法律关系，从而使法人最终消灭的程序。《民法通则》第 47 条规定："企业法人解散，应当成立清算组织，进行清算。企业法人被撤销、被宣告破产的，应当由主管部门或者人民法院组织有关机关和有关人员成立清算组织，进行清算。”

1. 法人清算的概念

法人清算是指由清算组织在法人终止时，依据职权清理并消灭法人的全部财产关系。

有学者认为，法人的清算是清理已解散法人的财产，了结其作为当事人的法律关系，从而使该法人归于消灭的程序。[1] 还有学者认为，所谓清算，是指法人在终止前对其财产进行清理，对债权债务关系进行了结的行为。包括依破产程序进行的清算和非依破产程序进行的清算两种形式。[2]

2. 清算法人的人格性质

法人进入清算后，其地位性质如何，不同国家态度不同。学理上形成诸多学说，立法上也存有众多体例。就理论学说而言，主要有以下几种不同看法[3]：

（1）清算法人说。此说认为法人因解散而消灭其主体资格，但是由此又会导致财产成为无主财产，因此，法律专为法人的清算目的而设立了一种清算法人，这种法人的能力是特殊的，它不享有原法人的能力。原法人本身的能力因解散而消灭，不再移转给清算法人。

（2）拟制存续说。此说认为法人因解散而丧失权利能力，法人不得从事其经营范围所决定的活动，但是法律的拟制使法人在清算的目的范围内享有权利能力，从法人解散至清算完结，在此阶段视为法人仍然存续。

（3）同一人格说。此说认为清算法人与解散前的法人，在本质上是相同的，不过是权利能力的范围缩小而已。清算法人不得再享有从事生产活动的能力，但是在清算的目的范围内，与解散前的法人一样享有权利能力，而解散前法人的一切权利能力都要移转给清算法人。

（4）同一人格兼拟制说。此说认为法人在解散后，其人格仍然存在，但是法人解散后，由于内部成员的缺乏致使法人丧失了其存在的基础，因此，清算法人只是由法律所拟制的法人，不是实在的法人。

上述各学说中，“同一人格说”为通说，也为我国民法学者所支持，并认为我国《民法通则》第40条之规定即采此说。

---

[1] 张俊浩．民法学原理（修订版）［M］．北京：中国政法大学出版社，1997：200.

[2] 王利明．民法总则研究［M］．北京：中国人民大学出版社，2003：425.

[3] 王利明．民法总则研究［M］．北京：中国人民大学出版社，2003：426；尹田．民事主体理论与立法研究［M］．北京：法律出版社，2003：229－230.

3. 法人清算程序

法人清算通常按照下列程序进行：

（1）依法任命清算人。法律对清算人的资格、任命方式、程序及期限都有相应的规定。

（2）公告和通知债权人，催报债权，以维护债权人的利益。法人对公告和通知的方式、期限及效力作出了规定。

（3）清理法人财产，编制资产负债表和财产清单，并以之为基础制定清算方案。

（4）收取债权，清偿债务。通常清偿债务按照以下顺序进行：支付清算费用、支付职工工资和劳动保险费用、缴纳所欠税款、清偿法人的其他债务。

（5）分配剩余财产。法人的财产在清偿所有债务后如有剩余，则应当返还给法人的设立人或者其成员。

（6）办理注销登记公告。清算人完成清算事务后，应向登记机关办理注销登记并公告，终结清算过程。法人于注销登记公告完成时，人格消灭。

思考题

1. 简述法人的本质。
2. 简述我国《民法通则》对于法人的分类。
3. 简述法人民事行为能力的特征。
4. 简述法人的设立原则及我国立法的选择。

第七章 民事权利、民事义务和民事责任

导读

民事权利是为实现或维持民事主体特定利益，由法律保证实现的自由。民事义务是为保障权利地有效运行或实现，由法律规定或当事人约定，并通过预设一定的法律责任保障履行的义务人必须为或不得为一定行为的约束。民事责任是当事人不履行民事义务时所应承担的民法上的不利后果。民事权利、民事义务和民事责任是民事法律关系中三个彼此紧密关联的重要概念。本章的重点是民事权利、民事义务和民事责任的概念，民事权利的体系，民事责任的分类，民事责任的竞合与聚合。本章的难点是民事权利的本质，民事权利的体系，补充责任、按份责任、连带责任和不真正连带责任。

第一节　民事权利

一、权利的概述

（一）权利语源

权利的概念是私法的基本概念之一，没有这个概念，将会引起很多困难。权利概念，起源于古罗马法。[1] 我国法律上"权利"一语，来自日本。拉丁文的jus，法语的droit，英语的right，德语的recht，均含有公平正义之义。日本学者最初译为"权理"，取"道理"含义一面；后改译为"权利"，取"利益"含义一面。[2] 在西方民法，各国关于权利的上述术语，都具有法和权利双重含义，在主观上使用的是"权利"，在客观上使用的是"法"或"法律"，并且与正义观念相融。例如在罗马法上Jus一词既指法律，又指权利，可以说，从客观上看是法即一种规定，从主观上看则为权利，两者合二为一。Jus同时也含正义直道之意。两个术语的重合，一方面说明法律是规范；另一方面说明法律以权利为基础，没有权利就没有法律。法律的目的就是为了规定和保护某种利益。这种重合，对于权利概念，也有双重含义，一方面突出权利的自有内容特性，即主观意义是从人着眼，或者说从法的精神着眼，赋予主体利益；另一方面又揭示权利的客观意义，从规范本身着眼，说明权利是受法律保障的，是法权形式。所以，对于权利的理解，既要从客观法目的去把握，又要从主观方面去把握，体现为确定个人在外部世界生存和发展的活动条件和限度。[3] 关于权利与法之间的关系，有三种学

---

[1] 权利何时产生，有自古就有说和近代创立说。近代创立说认为，权利是近代产生的。不同学者对第一次定义权利的人及年代的认识有所差别：夏勇教授认为William of Ockham（1290－1349）是在现代意义上使用Ius一词的第一人；龚向和则认为格老修斯（1583－1645）在其《战争与和平法》中第一次提出了权利的定义；不过通说认为雨果·多诺是现代的权利理论创始人，一方面他将权利与法律紧密联系在一起，把权利称为主观权利，法律称为客观法，宣示了权利与法一体两面的关系；另一方面，他将权利分为对自己的权利、对外部的自然界的权利和对他人的权利，由此为现代民法理论找到了新的枢纽性概念和架构。自古就有说认为，任何文明社会都有政府的存在，政府通过法律分配各种社会资源从而维持社会的良好运作，权利和义务就是这样的分配结果。如果说古人没有权利观念，在雨果·多诺之前的人类社会都处于自然状态，这显然不符合事实。在公元前18世纪的《汉谟拉比法典》第38条等规定中就使用了义务、债务等与权利有关的概念。罗马法上的Iniuria一词本身就可以反驳权利近代创立说。徐国栋．民法总论[M]．北京：高等教育出版社，2007：163－164.

[2] 郑玉波．民法总则［M］．台北：台湾三民书局，1979：44.

[3] 龙卫球．民法总论［M］．北京：中国法制出版社，2001：132.

说：（1）同存说。该说认为法律与权利同时产生，同时存在，有法必存在权利，有权利的地方就有法。（2）权利先存说。该说理论基础是“天赋人权”，属于自然法学派的理想，认为法律并不是赋权而是确权，权利并不是因为有法律才存在，而是因为人而存在，法律只是权利的保障形式而已。（3）法律先存说。该说认为法律一开始并非为权利而设计的，权利观念只不过是在后来漫漫的法律发展长途中逐渐产生和发展的。现在已经无法考证权利与法谁先存在，就好比无法论证“先有鸡还是先有蛋”一样。这样论证或许对实证法并没有什么裨益。

（二）权利本质

界定概念就是提示被定义对象的本质的过程。所以在界定权利概念之前，先考察权利的本质。权利的本质不仅是民法学研究的课题，也是法理学、法哲学研究的重要课题。关于权利的本质的学说有很多，下面就几种主要的学说进行比较、分析：

1. 客观说

客观说，又称为利益说，由德国利益法学派代表人物耶林所创。他认为，权利的本质是法律所保护的利益，不受法律承认和保障的利益就不是权利。权利主体与受益主体同一，“主观权利的真正实质是存在主体的利益，利益的实际效用和享受上”❶。凡是依照法律的规定归属于个人的利益，无论是精神的还是物质的，即为权利。保证实现这一利益的手段是法律保护，即诉讼。利益和法律保护手段两方面的因素的结合构成了权利。意志如果介入的话，只起到次要作用：当法律没有明确规定一项权利以何种方式令主体受益时，就由主体意志来决定其使用。但这样的决定权能并不是根本性的。只有受法律保护的利益享有或对利益享有的期待，才是权利的灵魂。❷

法国学者 Dabin 认为，在所有关于权利的定义中，耶林的表述是最著名的。他成功地切中要害，至少在很大程度上是这样。怎能否认权利被其享有者视作是其可获得的利益？主体的利益正是行为的动力，这种动力构成从社会角度论证权利的理由之一。❸ 利益说准确地概括了权利的本质。事实上权利人对权利的主张和追求都是为了获得某种利益。权利最本质的属性是个人利益，权利只是利益的

❶ ［德］耶林．拿破仑法典以来私法的普遍变迁［M］．徐砥平，译．上海：会文堂新记书局，1915：18．转引自：王利明．民法总则研究［M］．北京：中国人民大学出版社，2003：200．

❷ ［法］雅克·盖斯旦，吉勒·古博．法国民法总论［M］．陈鹏等，译．北京：法律出版社，2004：134．

❸ Dabin．主观权利与法律主观主义［M］//雅克·盖斯旦，吉勒·古博．法国民法总论．陈鹏等，译．北京：法律出版社，2004：135．

外在表现形式。利益既是权利主体的初始动机，也是权利的最终归属。[1] 但是，这一著名的论点也没能躲得过批评意见。利益自身只是一项简单的事实。要想变成权利，它还需要法律的保护。正是在这点上，该理论架构不能令人满意。Dabin 在表扬利益说之后，话锋一转："怎样从逻辑上解释仅作为手段的保护可以导致实质的转变：将只是简单事实的利益转化为主观权利?"按理说，"利益不是权利，不能像权利那样得到保护。那么，权利到底是什么，这一问题丝毫没有得到解决。"[2] 雅克·盖斯旦等人认为，耶林的分析围绕权利概念展开但却没能把握其实质。该理论明晰了权利的目的或目的之一，即满足一项利益要求。它指出了怎样借助国家的保护可以实现这一目的，但概念本身却仍然是相当深奥莫测的。[3]另外，法律对利益的保护不一定通过赋予权利的方式来实现。某些单纯的利益同样可以透过法律受到保护，或者通过法律保护某种权利而反射性地保护另外一种尚未上升为权利的利益（这种方式被称为法律的反射效力）。法律甚至还可能通过限制个人能力的方式来保护个人利益，如为了保护未成年人的利益而设立的行为能力制度。[4] 此外，某些权利也并不完全体现为利益，如父母对子女的监护权就并不是以利益为前提的权利。所以，"利益"与"权利"是两个具有密切关系而又互不隶属的概念。

2. 主观说

主观说，又称为意思说、意志说，是一个已为萨维尼提及但却特别经温德沙伊德（Windscheid）阐释的理论。[5] 萨维尼认为，权利是意志的自由。该意志自由即为人，并只有人是意志天赋的。在他看来，每单个法律关系作为人格人与人格人之间的关系，通过一个法律规则加以确定。法律规则对单个意志规定一个领域，在该领域中，单个意志独立于他人意志而具有统治地位。[6] 萨翁将权利定义为法律认可的意志自由。温德沙伊德自豪地称，他已经一劳永逸地确定了私法的任务：不应涉及经由成文法平衡市场参加者的利益和分配风险，这些可以从行为和状态中产生，相反，私法的任务应涉及划

---

[1] 程燎原，王人博．权利及其救济［M］．济南：山东人民出版社，1993：29.

[2][3] Dabin．主观权利与法律主观主义［M］//雅克·盖斯旦，吉勒·古博．法国民法总论．陈鹏等，译．北京：法律出版社，2004：135.

[4] ［葡］平托．民法总论［M］．澳门翻译公司，译．澳门：澳门基金会，1999：89.

[5] ［法］雅克·盖斯旦，吉勒·古博．法国民法总论［M］．陈鹏等，译．北京：法律出版社，2004：133.

[6] ［德］罗尔夫·克尼佩尔．法律与历史——论德国民法典的形成与变迁［M］．朱岩，译．北京：法律出版社，2003：64.

定共同生活的个人的意志统治的界限。意志自由的重点限制在私人，国家保护该意志自由，而国家不能被个人意志的自由所受制。意志表现在行为中。当行为表达了一个由法律制度所授予的意志力量或意志统治时，行为具有法律效力。法律行为是旨在引起法律效果的私人意志表示。在物权那里，意志对于涉及物的行为具有决定作用；在所有权那里，意志包含处在物的关系整体中的物；在人身权那里，意志是对于单个人格人的某种行为的权利；在合同那里，他人的意志表示被理解并获得遵守。❶ 能够决定为自己利益向他人实施法律规范允许的强制，即拥有一项权利。所谓意志就是自由决定是否行使法律规定的特权，法律允许权利的享有者在这方面拥有唯一的裁量权。这种权利是可以由享有者决定转让、变更或取消的。无论是在何种情况下，赋予意志的自主空间都是构成主观权利的要素。❷

主观说的优点是突出强调权利的意志自由特征。在权利的各种行使机制中，确实存在着这种决定的自由，且对主体是极其重要的。享有一项权利实际上意味着拥有一种选择的可能。权利为主体留下了一定自主权，体现了主体自由。但将意志自由定义为权利的做法遭到了猛烈的批评。❸第一，按照这种唯意志主义观点推理，从根本上剥夺了幼童、智障者等无法表达自己意愿的人的所有权利；第二，在继承人全然不知的情况下获得继承权，如何表现意志自由呢？实际上，主观说将权利与权利的行使混为一谈；第三，权利的存在，它属于主体，并先于任何违法或侵权行为而存在着，由此，权利即是意志自由的观点无法被人所理解。有学者认为，这是主观说最致命的反对意见。❹第四，许多权利，其产生、变更、终止并不完全取决于个人意志，它源于法律的规定，如优先权。因此，主观说最大的苦恼是不能解释意志自由产生的根源。

3. 法力说

法力说，以德国学者梅克尔为代表，现在逐渐成为欧洲许多国家的通说。该说对权利的定义是：“权利是法律为了满足某人的需要而赋予他的一种‘意思的力’或‘法律的力’，是一个确定的，对这个人来说合适的权利关系。”该说论述，“法律的力”不是指与许多权利相结合的经济权力，而是指一种规定的

❶ ［德］罗尔夫·克尼佩尔．法律与历史——论德国民法典的形成与变迁［M］．朱岩，译．北京：法律出版社，2003：64－65.

❷❸❹ ［法］雅克·盖斯旦，吉勒·古博．法国民法总论［M］．陈鹏等，译．北京：法律出版社，2004：133－134.

情况，即法律制度对权利人的授权，一种“可以作为”，或者是一种“法律上的可能”。这个定义可以适用于人格权和对消费品的所有权。事实上，必须允许所有权人根据自己的意思行使对自己所有的物的“法律的力”。[1] 该说继续论述，法律规定，所有权人单独对他的所有物行使权利，其他人则被排除在外。如果人们把对物的支配理解为权利人可以单独具有某种许可的话，那么这种支配首先涉及的就是“法律的力”。在形成权的情况下，“法律的力”是指权利人这种单方面的行为成为可能，行为人就需要一个法律上的授权，这个授权包括在形成权的规定之中。在债权的情况下，“法律的力”是指债权人有权、可以提出请求，有权、可以对债务人提起诉讼，用法律来强制要求债务人履行债务。因此，“法律的力”根据与它们所涉及的权利不同而具有不同的含义。权利本身不是某种利益，只是一种法律的形式；权利与诉权也不能相提并论。因此，“权利是一种法律制度授予的、为了满足某个具体的利益的意思力”。[2] 该说的核心是，权利的本质为“法律的力”；权利由“特定利益”和“法律的力”两个因素构成。

法力说概括了权利所具有的拘束力，但容易滑落到权利与“权利实现”并同的迴境。“法律的力”不适用各种人格权。因为人格权保护权利人的不可侵犯的个人生活领域，在这个范围内没有权利人同意，不许他人进行干涉。法律没有规定对人身的“权力”，至少没有规定人本来就没有的权力；从而保护权利人作为人所应有的权利：一切他人对人的尊严的尊重，不对人身和人的精神、道德方面进行损害。[3]

4.“归属-控制”说

该说是法国学者 Jean Banin 在其 1952 年出版的《主观权利》一书中提出的一种新的定义。他认为，“从根本上讲，主观权利是归属-控制，归属引起并决定着控制”。归属是权利所特有的。权利在客体与主体之间建立起了一种“归属”关系，权利就是归属于权利主体的东西。这表明，一方面，权利的观念只随这种归属关系产生；另一方面，这种归属关系基本上是构成和定性权利的所有内容。耶林尽管也注意到权利所针对的“物与主体”之间的关系，但他仅仅只局限于利润、实益和享用收益的经济层面。权利，即使是受到法律的保护，也不是一种利

---

[1][2] ［德］卡尔·拉伦茨．德国民法通论（上册）［M］．王晓晔等，译．北京：法律出版社，2003：276－277.

[3] ［德］卡尔·拉伦茨．德国民法通论（上册）［M］．王晓晔等，译．北京：法律出版社，2003：278.

益；它是一项利益的归属，或者更精确地说，是涉及主体且与其有利害关系的物的归属，此种归属不是由于主体享用或能够享用物，而是由于此物本身归属于主体。对作为归属客体的物，不能作狭义理解：物不仅包括有形财产，还包括自然人或法人主体本身固有的财产或价值（生命、身体的完整、自由等等），外化于主体但仍以主体为创始人的有形或无形物，他人所承担的各种给付，甚至某些职务和职权。❶

控制是归属的后果。它是主体针对其财产的权力，是自由处分作为权利客体的物的权力。所以控制不能与权利行使混淆。权利行使意味着通过意志和作用所体现出的一种积极权力；而处分的权力是权利客体物以主人的身份行事的能力，不仅仅是行动的自由，而且是选择的自由。主体可以在作为与纯粹的缄默之间选择，也可选择各种不同的作为方式，直至对物甚至连同权利的处分。这种自由要受到法律规定的制约，而法律的限制主要与客体物的性质有关：对有形实物可以进行完全处分，而对那些由人身积极或消极地介入的财产，处分只能是相对的。控制并不意味着处分的行为的完成。即使出于某种原因，“没有处分的物质可能性，控制仍然因精神上的处分能力而存在”。❷

为了使概念更加完善，Jean Banin 不仅从主体角度考察“归属-控制”论，而且从他人角度来考察：这就是“相异性条件”：权利只有相对于其他个体而言才存在。在客体归属于主体的关系之外，还有另一种关系，即主体与他人之间的关系。“归属-控制”意味着这是一个“专属于权利人的领域，即权利人对第三人的对抗力”。这种对抗力表现为不可侵犯性和可请求性两点。这增加了“归属-控制”权利论的法律保护因素，“归属-控制”及其后果——对抗力，足以构成权利。诉讼是权利概念的后果：任何一项真正的权利都配有诉权。❸

法国学者雅克·盖斯旦、吉勒·古博对该理论的评价是，这一理论是很诱人的！因为它符合日常用语所反映的一种现实：“我对……有权利”。这等于宣称“根据现行法律规范，我有……”，权利就表现得很像归属关系；“我有权利去……”等于宣称“根据法律，我能够……”，权利也就成了控制。“有”和“能够”对主体来说体现着其权利的实质。当然，相异性条件也是极其重要的：权利

❶❷ ［法］雅克·盖斯旦，吉勒·古博．法国民法总论［M］．陈鹏等，译．北京：法律出版社，2004：135－136.

❸ ［法］雅克·盖斯旦，吉勒·古博．法国民法总论［M］．陈鹏等，译．北京：法律出版社，2004：136－137.

只有相对于他人来说才存在，它是对他人的排斥。[1] 该理论因适用太泛而丧失了严密性。因为，将权利定义为"归属-控制"，对所有权来说是很适合，而要适用于其他的某些权利，就有些勉强。尤其是涉及法律明确禁止处分行为的情形，例如，那些以与主体人身不可脱离的价值或财物为客体的权利（如生命或自由），能够说明其归属关系，却不能说明其控制关系。[2]

关于权利的本质学说，除以上四说外，还存在"资格说""主张说""可能说""规范说""优越地位说""优势说""权力说""混合说"[3] 以及鲁彼埃的"适当特权说"[4] 等。

（三）权利的定义

从上述关于权利的本质学说中，我们可以归纳出权利所涉及的因素：自由或可能性、利益或归属、权力或特权、法律的力等因素。我国民法学者在对权利定义时，一般采用混合说：如徐国栋教授认为："民事权利应至少包含自由、利益、法律保障三个要素。"[5] 龙卫球认为，权利是民法确认社会每个成员均以拥有一定范围自身利益为法律生活的出发点，并将这种利益量化为一个个"个人享有特定利益的法律之力"。[6] 梁慧星认为："可享受特定利益的法律上之力，即为权利。"[7] 王利明对权利提出了一个框架性概念："权利的内容，为法律上的自由；权利的外形，为法律上之力；权利的目标，是服务于权利特定利益的实现或维持。因而，权利就是服务于民事主体特定利益的实现或维持，由法律上之力保证实现的自由。"[8] 以上我国民法学者的关于权利的四个定义，不存在本质上的差别，他们均以"权利的本质是法律的力"为轴心，对民事权利概念进行界定。王利明教授声称的尽管是一个"框架性概念"，但该概念内容相对充实且容易理解，为本书所采用。

（四）权利与相关概念的区别

1. 权利与权力

权利与权力有时是两个纠缠不清的概念。我国有学者认为权力是实现权利之

---

[1][2] ［法］雅克·盖斯旦，吉勒·古博．法国民法总论［M］．陈鹏等，译．北京：法律出版社，2004：137.

[3] 张文显．法哲学范畴研究［M］．北京：中国政法大学出版社，2001：300－305.

[4] ［法］雅克·盖斯旦，吉勒·古博．法国民法总论［M］．陈鹏等，译．北京：法律出版社，2004：138－141.

[5] 徐国栋．民法总论［M］．北京：高等教育出版社，2007：166.

[6] 龙卫球．民法总论［M］．北京：中国法制出版社，2001：131.

[7] 梁慧星．民法总论［M］．北京：法律出版社，1996：63.

[8] 王利明．民法［M］．北京：中国人民大学出版社，2008：101.

力，这种权力可以由任何权利人享有。也有学者认为权力本身也是一种权利，即权力权，是指“主他”的行为权，如债权。我国通说认为，权利与权力是两个存在显然区别的概念：① 权利是私法领域的概念；而权力是公法领域的概念。② 权利主体地位是平等的；而权力主体是不平等的，存在支配与被支配关系。③ 权利的内容主要是利益；权力的内容主要是支配。④ 权利主体是为私人（即权利主体）带来利益；而权力主要为国家或社会带来利益，权力人不能利用权力为自己谋取利益。⑤ 权利是一种自由，可以被放弃；权力是一种职责，不得为权力者放弃。

2. 权利与权能

权能是指权利的具体作用或实现方式，也是权利的具体内容。例如所有权以占有、使用、收益、处分四项积极内容为具体内容，其权能也包括上述四项积极权能，当然还有一项消极权能，即他人不得非法干预的权能。债权具有给付请求、给付受领、保护请求、保全、处分等具体内容，其权能也主要有给付请求权能、给付受领权能、保护请求权能、保全权能和处分权能等。

3. 权利与权限

权限是指法律所确认的为他人利益而具有的行动自由的空间，如代理权限、代表权限等。两者的区别在于：① 权利行使目的是为了权利主体自身的利益；权限行使目的是为了授权人的利益。② 权利不是必须行使；权限则必须根据法律或合同执行。③ 权利可以由权利人决定是否放弃；权限不能由权限人自主放弃。④ 权利不能被他人非法干涉；而权限可以被授权人撤销。

4. 权利与权益

权益是指权利和利益。权利是权利主体所享有的、由“法律之力”所保障的特定利益。利益是权利的主要内容，但这并不等于所有的为法律所保护的利益都能表现或转化为法律上的权利，比如死者的人格利益受法律保护，但我们不能称之为死者的人格权。权利是指那些被法律所确认且类型化了的利益。

5. 权利与法益

权利是法律授予行动的合理根据。法律在保护利益时，未赋予个人行为以合理的根据，则不一定产生了权利。如仅依反射作用使人享有利益，则视为其他法益。法益是指法律所保护的利益，包括权利和其他法益。权利是法益的核心部分。

法益与权益均是法律所保护的利益，前者以法律为视角；后者以主体为视角。

二、民事权利的分类

民事权利根据不同的标准进行分类，可得到不同权利类型。常见的分类主要有以下几种：

（一）以权利的内容和性质为标准，权利可分为人身权、财产权和综合性权利

1. 人身权

人身权是以实现人身利益为内容，与权利人的人身不可分离的权利。人身权有人格权与身份权两大类。人格权是权利人对自己的人格利益为内容并排斥他人侵害的权利。它主要包括生命权、健康权、身体权、姓名权、名誉权、肖像权、荣誉权、隐私权、贞操权、自由权、人格尊严权等。身份权是指自然人由法律确认的对其亲属人身进行一定控制的权利。[1] 身份权只存在于婚姻家庭法领域，具体表现为亲权和配偶权。其特点：① 人身权的内容不体现或不直接体现经济利益；② 人身权具有专属性，人身权作为整体不能转让，也不能抛弃和继承。当然人身权体现出来的经济利益，是可以转让的，例如肖像权、姓名权中的肖像利益、姓名利益可以转让，使得受让人取得肖像、姓名的使用权，但作为权利整体，仍然由本人行使肖像权和姓名权。

2. 财产权

财产权是以实现财产利益为直接内容，直接体现某种物质利益的权利。财产权主要有两大类：物权和债权。物权是指直接对物加以支配并对抗第三人的权利。它包括所有权和他物权。他物权包括用益物权和担保物权。因物权法实行物权法定原则，根据物权法，我国的用益物权主要有建设用地使用权、宅基地使用权、土地承包经营权和地役权四大类；我国的担保物权主要有抵押权、质权和留置权三大类。债权是指特定的权利人请求特定的相对人为一定行为或不为一定行为的权利。债权在内容上是一种请求关系，只能发生在特定的主体之间。根据债的发生原因，债权可以区分为合同债权、侵权损害赔偿请求权、不当得利返还请求权、无因管理之债权。财产权的特点：① 财产权以财产利益为直接内容；② 财产权不具有专属性。

3. 综合性权利

综合性权利是指人身权与财产权紧密结合在一起，水乳交融所产生的一类权利。这类权利主要有知识产权、继承权和社员权等。知识产权是指对于人的智力成果或工商业标志的独占排他的利用为内容的权利。知识产权包括财产权和人身

---

[1] 徐国栋．民法总论［M］．北京：高等教育出版社，2007：168.

权两方面的内容，主要有著作权、专利权、商标权和商号权等类型。继承权是指继承人依法继承被继承人遗产的权利。继承人之所以有权利继承被继承人的财产，原因就在于继承人与被继承人之间存在一定的身份关系。继承权是以身份关系为基础，以财产为内容的权利。所以，继承权不得转让。社员权是指社员基于其归属于某一社团的身份而享有的各种权利的总称。它包括专有权、共有权和成员权。最典型的社员权是股东权、建筑物区分所有权等。专有权是指社员权人自身专门享有的权利，如对于团体的收入分配请求权；共有权是指各社员权人共有享有的权利，如共同管理权、共同监督权等；成员权是指作为社团的成员所享有的出席社团会议的权利，如参会权、投票权、选择权和被选举权等。当人们将知识产权作为一项财产权利进行讨论时，往往把它所包含的精神权利忽略不计。综合性权利特点有：① 在内容上既有人身利益，又有财产利益；② 有一定的专属性，但不如人身权强烈；③ 在救济方式上比较复杂，权利人既可以请求损害赔偿等经济方式，又可以要求赔礼道歉、消除影响等非经济性救济方式；④ 社员权并不是完全平等的，社员有时必须接受团体意思（会议决议）的拘束。因此，在此范围内，意思自治原则受到限制，社员权的行使与效力要受到限制。

此分类的意义在于：第一，财产权可以转让；人身权一般不得转让；但综合性权利根据具体情况确定是否可以转让：作为以身份为基础的继承权不得转让；而以财产为基础的知识产权可以转让；社员权可以转让，但其转让必须依据法律规定或章程约定，并且随社员身份的变动而产生变化。第二，财产权并非都具有价值，而人身权并未都不具有价值，因为价值是通过交换而体现。如国家所有的江、河、湖、海等，因不能为交易对象，无从确定其财产价值。再如私人信函、亲人遗物、骨灰，尽管没有价值，也不妨为权利标的。法人名称权有价值；自然人的肖像权、姓名权等部分人格权也有价值，因可成为交换对象，具有财产价值。综合性权利因包含财产内容，通常均具有价值。第三，保护的方法不完全相同：财产权的保护方法主要是通过财产救济方法，如返还原物、赔偿损失等；而人身权的保护方法主要是通过恢复被侵害的权利来保护，如恢复名誉、消除影响、赔礼道歉等；而综合性权利的保护方法，应当综合性地运用上述两种方法进行保护，如知识产权受侵害案件中，权利人可以请求加害人赔偿损失，同时要求他赔礼道歉、消除影响。

（二）以权利的作用为标准，权利可为支配权、请求权、抗辩权和形成权

1. 支配权

支配权是权利人对其标的物直接支配，并排除他人干涉的权利，如物权、知

识产权、人格权等。此类权利的作用有积极方面与消极方面，前者在于对标的物的支配，后者在于排除他人妨碍其支配，具有排他性。

支配权的特点表现为：① 其客体通常是特定的；② 其权利主体是特定的，而义务主体是不特定的；③ 支配权无需积极行为即可实现；④ 支配权具有排他效力，通常需要公示；⑤ 支配通常没有时效性；⑥ 支配权常常是确认之诉的对象。

2. 请求权

请求权指可以请求他人为特定行为（为一定行为或不为一定行为）的权利。请求权在权利体系中居于枢纽地位。因为任何权利，无论其为相对权还是绝对权，为发挥其功能，或回复不受侵害的圆满状态，均须借助于请求权的行使。请求权与支配权不同，权利人不能对标的物为直接支配，只能对义务人为请求。如债权人不能支配债务人行为和人身，只能请求债务人为特定行为。债权不等同请求权，债权的基础是债的特定利益，保护债的特定利益的法律上之力，即为请求权。请求权均因一定的基础权利而发生，如债上请求权的基础权利是债权，物权请求权的基础权利是物权。债权请求权自债权发生时当然发生，是债权最主要的作用（债权也有支配权能，如债权让与即表现支配权能）。物上请求权，须基础权利受到侵害时，才得以发生。请求权的基础，是指足以支持某项特定请求权的法律规范而言。

请求权具有以下特点：① 请求权通常以行为为客体；② 具有相对性，通常没有排他效力，无须公示；③ 请求权通常具有时效性；④ 请求权常常是给付之诉的对象。

请求权概念在德国学者温德沙伊德（Windscheid）于 1856 年发表的《从现代法的立场看罗马私法上的诉权》一书中提出，他认为请求权是指要求他人作为或不作为的权利。在此之前，只知有诉权，不知有请求权。经他研究，诉权之外，还有请求权。请求权存在于平等的当事人之间，属于私权；而诉权是发生在权利人请求国家特定机关保护其实体权利的诉讼上的权利，存在于个人与国家之间，属于公权。请求权伴有诉权，即一方当事人可以向对方当事人行使请求权，也可以向国家行使诉权。

请求权竞合，是指因同一原因事实而发生两个以上请求权时，若其内容同一，则发生请求权竞合，由权利人选择行使请求权的现象；若其内容不同时，可以并存，称为请求权聚集或聚合。各种请求权的构成要件、举证责任、内容均各不相同，法官在处理具体案件时，所有可能成立的请求权，均须加以考虑，才足以维护当事人的利益。

3. 抗辩权

抗辩权指对抗他人请求权或否认对方权利的权利，如同时履行抗辩权、先履行抗辩权、不安抗辩权和先诉抗辩权等。抗辩权的作用不在于攻击，而在于防御。因此，抗辩权的行使必须以他人请求为前提。权利障碍的抗辩权，又称为一进抗辩权，是指可以暂时阻止请求权实现的抗辩权。关于权利障碍的抗辩事由，主要有：合同不成立，民事法律行为当事人为无民事行为能力人，限制行为能力人未经法定代理人同意而订立的合同，违反强制性或禁止性规定的民事法律行为，法律行为有悖于公序良俗原则，法律行为不符合法律规定的形式要求，自始客观给付不能，无权代理没有征得本人的承认等。权利消灭的抗辩权，又称为永久性抗辩权，是指该项抗辩权的行使导致对方请求权永久性消灭。如清偿、提存、抵销、免除、混同，不可归责于债务人或双方当事人事由的给付不能，撤销权的行使，权利不当行使致使权利失效等抗辩事由。

抗辩权具有以下特点：① 抗辩权具有法定性，其均由法律明确规定；② 其作用是对抗对方的请求权；③ 抗辩权的行使以对方行使请求权为前提；④ 在诉讼中，抗辩权的成功行使导致驳回原告诉讼请求的诉讼法效果。

4. 形成权

形成权是当事人一方可以自己的意思表示使民事法律关系变动的权利，如追认权、撤销权、抵消权、解除权、选择权等。请求权是请求为特定行为的权利，须有相对人协力或法院的强制执行才能实现。而形成权是法律赋予权利人依其意思而形成一定法律效果的法律之力，相对人并不负有相对应的义务，只是受到拘束，须容忍此项法律效果。以是否必须通过诉讼或准诉讼的方式行使为准，形成权可以分为直接形成权和间接形成权。直接形成权，又称为简单形成权，是指权利人仅以自己的意思表示即可导致权利发生变动的权利，如合同解除权、合同变更权等；间接形成权，又称为形成诉权，是指权利人必须通过诉讼或准诉讼的方式表达自己的意思，才能产生权利变动效果的权利，如合同撤销权、债权人撤销权等。

形成权不属于独立的财产权，应受到权利人或法律关系的拘束，原则上不得单独让与，仅能附随法律关系而转移。如买卖合同的出卖人如果将价金给付请求权让与第三人，但合同的解除权并不转移于第三人，因为解除权的行使，关系买卖合同的存亡，只能由合同当事人行使，债权的受让人并不是合同的当事人。形成权可以由当事人自由约定，如合同解除权、变更权或选择权，但婚姻、亲子关系中不得有形成权的约定，因为此类法律关系不可以由当事人处分。形成权可分为使法律关系发生的形成权（追认权，优先购买权）、使法律关系变更的形成权（选择之债的选择权，多种救济方法的选择权）和使法律关系消灭的形成权（解除权、终止权、撤销权等）。

德国学者赛克尔（Seckel）经过研究发现，在民法典中规定的诸如“追认”“选择”“解除”“终止”“变更”等权利，这些权利有一个共同特点，就是仅依权利人一方的意思表示，足以使法律关系产生、变更或消灭，他把这些权利称为形成权。形成权概念的产生，被誉为法学上的发现。[1] 形成权的行使，原则上不得附条件与期限，以避免置相对人于不确定的法律状态；形成权只可以由权利人行使，因此第三人无从加以侵害。因形成权对相对人的利益影响巨大，所以形成权行使应当有一定的期间限制。形成权的行使期间，民法有的加以规定，有的没有规定。前者如撤销权的行使，法律规定为1年；追认权的行使，经相对人催告后1个月行使；后者如合同变更权，法律没有规定行使期间。形成权的行使期间是除斥期间，较诉讼时效或消灭时效通常要短。

因此，形成权具有以下特点：① 仅依权利人的意思表示，即可使法律关系发生变动；② 法律关系变动效果的发生不需要相对人的辅助行为或共同行为；③ 形成权不存在被直接侵害的可能性；④ 形成权不能与其依附的法律关系相分离；⑤ 形成权的行使受除斥期间的限制；⑥ 形成权为形成之诉的对象。

（三）以权利的效力范围为标准，权利可分为绝对权与相对权

绝对权也称为对世权，是指权利主体特定，而义务主体的范围不特定，权利人无须通过义务人实施一定的积极协助行为即可实现的权利，如物权、人身权、知识产权等。绝对权具有排他效力，通常需要通过一定的公示方法，让不特定的义务人知晓，以便义务人尊重权利人的权利。

相对权也称为对人权，指权利主体与义务主体均特定，须义务人实施一定协助行为才可实现的权利，如债权。债权不具有对世效力，只是发生在权利人和义务之间的“事情”，因此无需公示。随着债权物权化或物权债权化的趋势扩张，绝对权与相对权的界限越来越模糊。

绝对权与相对权区分意义在于：① 因我国尚未建立“债权不可侵犯”的制度，因此，绝对权一般成为侵权的对象，而相对权不成为法律上的侵权对象；② 责任形式不同，侵害绝对权，其责任形式主要是侵权责任；而侵害相对权，其责任形式主要是违约责任；③ 在救济方式上，侵害绝对权的救济方式根据不

[1] 王泽鉴．民法总则［M］．北京：中国政法大学出版社，2001：97.

同的绝对权而有所不同：侵害物权，以返还原物、恢复原状、赔偿损失为主，其他还有停止侵害、消除危险和排除妨碍等方式；侵害人身权，以停止侵害、消除影响、赔礼道歉为主，造成财产损失的，还应赔偿损失；侵害知识产权，既要赔偿损失，又要赔礼道歉。而侵害相对的救济方式主要是赔偿损失、支付违约金或定金等救济方式。

（四）以权利之间的关系为标准，权利可分为主权利与从权利

主权利指在相互关联的两个民事权利中，可以独立存在的权利；从权利则以主权利的存在为其存在前提的权利。如债权与担保债权的抵押权之间，前者为主权利，后者为从权利。

两者区分的意义在于：当主权利消灭或转移时，从权利也随之消灭或转移。

（五）以权利根据的成立要件是否全部实现为标准，权利可分为既得权与期待权

既得权是指已经具备全部成立要件，且由权利人实际享有的权利。

期待权指成立要件尚有部分未实现，将来有可能实现的权利。它是处于向既得权过渡阶段的权利。如附生效条件的民事法律行为，在生效条件成就前，债权人享有的债权，即属于期待权。再如继承开始前法定继承人的继承权；保险合同受益人的权利等，也属于期待权。期待权不同于单纯的期待：前者会对特定的民事主体产生法律认可的拘束；单纯的期待则不具备法律上的拘束效力。如在被继承人死亡之前，继承权并没有对继承人产生任何法律上的认可，还不是一种真正的权利，是一种单纯的期待。被继承人死亡之后至继承开始之前，因继承权尚未完全实现，权利人产生了合理的期待利益，并且这种期待利益受法律所保护，因而此时的继承权是一种期待权。

区分两者的意义在于：① 既得权人实际上已经取得了某种权利；而期待权人由于尚未实际取得某种权利，尚需待其他成立要件成就才取得该权利。② 既得权不以一定的法律事实发生为条件；而期待权则必须以其他有效要件事实发生为条件。③ 既得权具有可侵害性；而期待权是否具有可侵害性尚存争议。④ 既得权的救济方法主要是赔偿损失等方式；而期待权的救济方式主要是恢复原状，以便其他有效要件继续成就。

（六）以权利是否具有人身依附性或是否具有流通性为标准，权利可分为专属权与非专属权

专属权是指因具有人身依附性而不能脱离权利人的权利，人身权是典型的专属权。非专属权是指不具有人身依附性而能够进入流通领域的权利，物权、债权通常均是非专属权。

区分的意义在于：(1) 确定权利是否具有财产性，如果具有财产性，则可以流通，属非专属性权；否则不可以流通，具有专属性。(2) 在通常情况下，专属性权利比非专属性权利受到法律更有力的保护。

根据民事权利的上述分类，我们可以构建我国民法的权利体系，如下表1：

表1　我国民法的权利体系图

<table>
<tr><td rowspan="14">民事权利</td><td rowspan="10">特定利益内容</td><td rowspan="9">绝对权</td><td rowspan="3">人身权</td><td>人格权</td><td>生命健康权、肖像权、姓名权等</td></tr>
<tr><td rowspan="2">身份权</td><td>配偶权</td></tr>
<tr><td>亲权等</td></tr>
<tr><td rowspan="3">财产权</td><td rowspan="3">物权</td><td>所有权</td></tr>
<tr><td>用益物权</td></tr>
<tr><td>担保物权</td></tr>
<tr><td rowspan="3">综合性权利</td><td colspan="2">知识产权</td></tr>
<tr><td colspan="2">继承权</td></tr>
<tr><td colspan="2">社员权</td></tr>
<tr><td>相对权</td><td colspan="3">债权</td></tr>
<tr><td rowspan="4">法律之力（作用）</td><td colspan="4">支配权</td></tr>
<tr><td colspan="4">请求权</td></tr>
<tr><td colspan="4">抗辩权</td></tr>
<tr><td colspan="4">形成权</td></tr>
</table>

上述权利体系，我们必须应注意：

第一，上述分类体系，存在争议。如有学者对相对权与绝对权分类的合理性提出质疑。

第二，上述分类是采用不同的分类标准而得出的类型，某一权利可以归属于几种类型，如所有权属于绝对权、财产权、支配权、既得权，遭受不法侵害时，还会发生物上请求权或债权。

第三，有的权利类型是法律发展过程中逐渐形成而被发现的，如形成权。有的是因新的交易形态而受到特别重视，如因附条件或期限的买卖交易形态出现，而产生期待权。权利是一个发展性的概念，某种利益具有加以保护的必要时，可以由立法或判例学说赋予法律之力，使其成为权利。

第四，若干权利因社会变迁及法律发展而调整其内容，如父母对未成年子女的保护教养及一定的惩戒权，传统上认为是对子女的支配权，而现在认为是亲权，因为子女也可以为权利主体，不是他人可任意支配的客体，所以子女也有要求父母尊重其人格，发展其人格的权利。亲权的行使，非为权利人的利益，乃以促进未成年人利益为目的，故又称为义务权。夫妻之间的关系是由过去的“夫权”发展成为一种“互相协助保持其共同生活的圆满及幸福”的权利。人格权也因保护的必要而逐渐具体形成各种特别人格利益。

三、民事权利的保护

民事权利的保护有自我保护和国家保护两种。自我保护即自力救济；而国家保护主要是公力救济。

（一）自力救济

自力救济是指权利主体自己采取各种合法方法或手段来保护自己权利的救济方式。在现代社会，因自力救济方式多数依靠武力解决，带有野蛮的痕迹，原则上不允许采用之。但在民事权利受到侵害或有被侵害的现实危险，而又来不及采取公力救济措施的情况下，则不得不求助于自力救济，否则将对权利主体带来不可挽回的损失。因此，各国法律均规定一定的自力救济方式。这些自力救济方式也属于民事权利的保护方式。自力救济方式主要有自卫行为和自助行为。其中，自卫行为包括正当防卫和紧急避险两项。正当防卫是指为了使本人或者他人的人身或财产免受正在进行的不法行为的侵害，而对侵权人直接采取的必要的自卫行为。紧急避险是指为了使本人或他人的财产、人身免受正在发生的危险，而不得已采取的致使他人财产损害较小的自卫行为。自助行为是指权利人为了保护自己的权利，在情况紧迫而又来不及求助国家机关予以救助的情况下，以自己的力量对加害人的自由或财产进行拘束或扣押的自我保护行为。如债务人即将出国，在债务人拒不履行债务且来不及借助国家机关阻止的情况下，债权人可以实施临时拘束债务人的行为。

（二）公力救济

公力救济是指在权利人的权利受到侵害或者有被侵害之虞时，权利人可以行使诉权或以其他方式请求国家机关给予保护的救济方式。由于民事权利受宪法、行政法、民法等多部门法保护，因此，在权利人的权利受到侵犯时，权利人可以依法请求有关国家行政机关给予保护，也可以请求法院予以审理，并实行裁判。这是权利保护的最正常方式，是现代法律生活的重要特征之一。[1] 当事人通过法院保护自己民事权利的诉讼方式有三种：确认之诉、给付之诉和形成之诉。确认

[1] 徐国栋. 民法总论 [M]. 北京：高等教育出版社，2007：170－171.

之诉是指原告请求法院确认某种民事权利存在与否的诉讼；给付之诉是指原告请求法院判决对方给付一定财产或行为的请求；形成之诉是指原告请求法院变动现有民事权利或民事法律关系的请求。

第二节 民事义务

一、民事义务的概述

（一）义务与权利的关系

通说认为义务与权利是相对应的概念，义务不过是反转过来的权利，对一个人来说是义务，对相对人来说就是权利。在以权利为本位的民法理念中，义务成为权利附属品。是否存在无权利相对应的义务和无义务相对应的权利呢？约翰·奥斯丁认为，所有的权利都是相对义务而言的，但并非所有义务都相对权利而言，例如不酗酒、不自杀等自我关怀的义务，服兵役、关闭通向铁路的牛棚大门以防火车与牛相撞等旨在增进共同体或人类利益的义务，以及信奉神的禁欲戒命等不针对任何人的义务，都不是相对于权利而言的。如我国计划生育法规定的公民计划生育义务，即无相对应的权利；宪法规定的公民受教育义务，汽车驾驶员系安全带义务，摩托车驾驶员戴头盔的义务等也无相对应的权利。当然，在实证法上，也存在没有义务的权利，如形成权，权利主体只享有权利，无需承担相应的义务。这些论据论证了义务具有一定的独立性。

（二）民事义务概念

民事义务是为了保障权利的有效运行或实现，由法律规定或当事人约定，并通过预设一定的法律责任保障履行的义务人必须为或不得为一定行为的约束。这一概念包含了以下要素：第一，义务是权利的保障。权利和义务通常是相对应的，义务通常是为了保障权利的有效运行或实现。第二，义务产生的方式有两种：一是法律的规定，二是当事人的约定。第三，义务的客体是行为。义务客体的单纯性与权利客体的多样性形成对照。对行为的控制主要由义务来进行，脱离开行为，就不可能研究法律义务。但这种行为并非现实的行为，而是期待的行为或尚未发生的行为。第四，民事义务的履行，是由民事责任来保障的。无论是法定义务还是约定义务，如果义务人拒不履行之，将导致国家课以民事责任，予以制裁不履行义务的行为。

（三）民事义务的特点

民事义务主要表现以下特点：

（1）从来源上看，民事义务产生于法律规定或当事人约定。法定义务是不以当事人意志为转移的，而约定义务是通过自己的行为来确定其行为规则。值得讨论的是，依据《合同法》第 42 条、第 60 条第 2 款、第 92 条，基于诚信原则而产生的先合同义务、附随义务、后合同义务，它们究竟是法定义务还是基于其他原则产生的义务？一般认为是法定义务。

（2）从内容上看，民事义务是以法律规定或当事人约定的一定行为（包括作为或不作为）为内容。义务的形态具体表现为：一是按照权利人的要求为一定的行为，如依据债权人请求而交付货物的义务；二是按照权利人的要求不从事一定行为，如物权义务人所负担的不得侵害物权的消极义务。民事义务无论是以积极行为为内容，还是以消极行为为内容，均是对义务人的一种约束，其本质均是一种负担或约束。

（3）从目的上看，义务的履行是为了满足权利的利益的需要，而不是为了实现义务人自身的权利。义务是权利实现和运行的保障手段，法律设定义务的主要目的在于保障权利的实现，如债务人履行债务是为了保障债权的实现。权利是第一性的因素，义务是第二性的因素，权利是义务存在的依据和意义。同时，义务也是对权利内容和行使的限制。

（4）从效力上看，义务具有法律拘束力。无论是法定义务还是约定义务，都具有强制性。民事义务不得被义务人所抛弃或转让。它是一种受国家强制力约束的法律义务。如果义务人拒不履行义务，将依法承担相应的民事责任。民事义务的约束性或强制性是与道德义务、伦理义务、宗教义务的本质区别。

（四）民事义务与职责、负担的关系

1. 民事义务与职责的关系

职责是为了行为人自己和他人的利益而行为的必要性。民事义务与职责，均具有一定的约束性或强制性。但两者的区别是明显的：第一，客体不同，义务的客体为行为，包括作为与不作为；而职责的客体是积极的行为，即作为。第二，目的不同，职责设定的目的既为了职责人自己的利益，也为了相对人的利益；而义务设定的目的通常是为了他人的利益。第三，职责通常与一定的身份有关，而义务与身份无关。

2. 民事义务与负担的关系

负担是指主体所承担的一种不利益。如果甲对乙说，赠你此车，但必须戒烟戒酒。乙即有履行戒烟戒酒的义务，如不履行，甲可以撤销此赠车行为。如果甲对乙说，烟酒伤人，如能禁之，当赠此车。是否戒烟戒酒，为乙之负担。由此可知，义务是义务人必须实施的行为；而负担是主体应当实施但也可不实施的某一行为。不履行义务的法律后果是义务人承担相应的法律责任；而不履行负担的法律后果是承担相应的不利益。

二、民事义务的分类

义务与权利相对应，权利的分类标准大都适用义务的分类。民事义务根据不同的标准进行分类，可得到不同义务类型。常见的分类主要有以下几种：

（一）以义务的内容不同为标准，义务可分为作为义务与不作为义务

作为义务是指行为人按照法律的规定或权利人的要求，通过作出某种积极的行为以满足权利人的利益要求。不作为义务是指行为人按照法律的规定或权利人的要求，不得从事某种行为，以保障权利人的权利实现。不作为义务主要表现为绝对权的义务人所承担的不得妨碍其权利行使的义务。

（二）以义务实现的目的不同为标准，义务可分为财产义务与人身义务

财产义务是以实现财产权人的物质利益为目的的义务。人身义务是以实现人身权人的人身利益为目的的义务。

（三）以义务产生原因不同为标准，义务可分为约定义务和法定义务

约定义务是指基于当事人之间的约定而产生的义务。法定义务是指基于法律的规定而产生的义务。两者区分的意义在于前者体现了私法自治原则和私人利益；后者体现了国家的适当干预和国家利益、社会公共利益。

（四）以义务的相对应的权利不同为标准，义务可分为绝对义务与相对义务

绝对义务是指绝对权关系中义务人所承担的不作为义务。相对义务是指相对权关系中义务人所承担的作为或不作为义务。区分的法律意义在于义务客体不同，绝对义务的客体是不作为；而相对义务的客体可以是不作为，也可以是作为。

（五）根据义务是否具有独立性为标准，义务可分为主给付义务与从给付义务

主给付义务是指不依附他种义务而独立存在，并决定合同类型的给付义务。从给付义务是指依附于他种义务而不能独立存在，并不能决定合同类型的给付义务。区分两者的意义在于，是否决定合同类型。

（六）根据民事义务法源的法律性质不同为标准，义务可分为私法上的义务与公法上的义务

民事义务一般是私法上的义务，但也存在公法上的义务。私法上的义务是指

义务的法源为私法。公法上的义务是指义务的法源为公法。区分的意义在于私法上的义务通常仅对私人承担；而公法上的义务不仅对私人，而且对国家承担。

（七）根据义务是否专属于特定人为标准，义务可分为专属义务和非专属义务

专属义务是指专属于特定的人，不得转移也不得由他人代为履行的义务，如某著名教授授课的义务，某著名歌星的表演义务。非专属义务是指非专属于特定的人，可以转移给他人，也可以由他人代为履行的义务。区分的意义在于前者不得转让，后者得以转让。

三、民事义务的发展

现代民法中，民事义务的发展主要表现为合同义务来源的多元化、安全保障义务适用领域的扩大化和物权法中公法义务的扩张化。❶

（一）合同法中合同义务来源多元化

合同义务在传统上以约定为主要来源。现代合同法，合同义务虽然仍以约定为主要来源，但是，其他来源日益增多，呈现来源多元化趋势。如现代合同法上基于法律的规定或诚信原则而产生的先合同义务、附随义务和后合同义务。附随义务的产生实际上是在合同法领域中进一步强化了商业道德，并使这种道德以法定的合同义务的形式表现出来。

（二）安全保障义务适用领域的扩大化

现代侵权法，行为人除了不得违反一般的不得侵害他人财产和人身的义务之外，还存在着一种作为义务，即行为人应当对特定的人承担安全保障义务。在1902 年的一个判决中，德国最高法院通过类推适用民法典第 836 条的规定，确立了一般安全保障义务，这种义务在以后不仅扩大适用于物造成的各种损害，也扩大适用于由人造成的损害的责任。❷我国侵权法的发展也反映了这种现象：2003 年《最高人民法院关于审理人身损害赔偿案件适用法律若干问题的解释》第 6 条第 1 款规定："从事住宿、餐饮、娱乐等经营活动或者其他社会活动的自然人、法人、其他组织，未尽合理限度范围内的安全保障义务致使他人遭受人身损害，赔偿权利人请求其承担相应赔偿责任的，人民法院应予支持。"而 2010 年实施的《侵权责任法》第 37 条第 1 款规定："宾馆、商场、银行、车站、娱乐场所等公共场所的管理人或者群众性活动的组织者，未尽到安全保障义务，造成他人损害的，应当承担侵权责任。"该规定显然扩张了安全保障义务的适用领域。

---

❶❷ 王利明．民法总则研究［M］．北京：中国人民大学出版社，2003：257—261.

（三）物权法中公法义务的扩张化

在物权法领域，19世纪的民法受个人主义思想的影响，过度强调对于私人财产权的保护，私人财产权绝对成为私法的三大原则之一。但20世纪以来，公法对以所有权为核心的财产权采取了公法上的限制：环境法、公害防治法、规划法等公法的制定，对私人财产权产生了极大限制。公法义务进入到私人义务之中，从而产生了财产法上的公法义务。对所有权的公法限制常被西方学者称为“所有权的社会化”。所有权理论不再以个人主义为本位，而是以团体主义为本位。

第三节 民事责任

一、民事责任的概述

（一）民事责任的概念和特点

1. 民事责任的概念

民事责任“乃是现代民法之生命力所在”，民事立法的进步与完善，其着重点不在于规定人们可以享受民事权利之多寡，而在于制定尽量完善的民事责任制度。关于民事责任的概念，主要有民事制裁说、法律后果说和民事义务说。

民事裁制说将民事责任定义为义务人违反其民事义务时，所应受到的民事法律的制裁。制裁说的缺点就在于民事责任仍然是强制义务人继续履行原有义务，或主要是给予填补性的赔偿，除了增加了法律强制性外，并未增加责任人任何负担。履行一项本来就该履行的义务或进行填补性赔偿，不能说是制裁。

民事义务说认为，民事责任是指法律对给他人造成损害的人强加的使受害人回复到在没有受到损害时的状态的义务；❶《布莱克法律词典》解释为：“责任是指因某种行为而产生的受惩罚的义务及对引起的损害予以赔偿或用别的方法予以补偿的义务。”民事责任是第二性义务，即违反第一性义务后引起的义务。民事责任是由于侵犯法定权利或违反法定义务引起的、由专门国家机关认定并由义务人承担的带有强制性的义务。❷ 义务说将民事责任看成是违反义务作用的第二次义务。民事责任与民事义务的关系类似于支配权与物权、请求权与债权的关系，

---

❶ 平托．民法总论［M］．澳门翻译公司，译．澳门：澳门基金会，1999：56.

❷ 徐国栋．民法总论［M］．北京：高等教育出版社，2007：176.

前者是第二阶位的，后者是第一阶位的或基础性的。

法律后果说是我国的通说。民事责任是指当事人不履行民事义务时所应承担的民法上的不利后果。之所以是不利后果，是因为它是行为人所不情愿的，也是与行为人的目的相悖的。❶ 也有学者根据《民法通则》第 106 条的规定，认为民事责任是指民事法律关系中的义务主体违反法律规定的或者合同约定的民事义务，侵害民事权利主体的民事权利，依民法之规定而产生的一种法律后果。❷

我国民法严格区分民事责任与民事义务，将侵权责任与违约责任从债法中划分出来，以专章进行规定，首创统一的民事责任法。有学者评价："这对于完善民法体系，加强对民事权利的保护，在民事生活中划清合法与违法的界限，发挥民法的教育功能，都具有进步意义"❸。

2. 民事责任的特点

民事责任具有以下特点：① 民事责任是民事主体承担的不利法律后果。② 民事责任是民事主体因违反义务所承担的不利法律后果。因为义务在性质上是属于法的"当为"，具有法律拘束力。如果主体不为，将会承担由此产生的不利法律后果。③ 民事责任由国家强制履行。民事责任表现了国家运用强制力对违法行为进行追究。④ 民事责任主要功能在于填补受害人的损害，主要是补偿性的。我国侵权责任法和消费者权益保护法在产品瑕疵侵权责任和欺诈消费者的民事责任方面具有惩罚性。⑤ 民事责任具有强制性和一定程度的任意性。民事责任与其他法律责任一样，不是行为人愿意承担的，责任人承担责任必然有强制性。但民事责任具有一定程度的任意性，如侵权责任可以在侵权事实发生后，双方协商确定侵权责任的承担；违约责任也可以由合同双方当事人在签订合同伊始，在合同中约定。民事责任可以在法律规定的范围内由双方当事人通过协商的方式安排。⑥ 民事责任主要是财产责任。民事责任经历了一个从人身责任向财产责任发展的过程。现代民法普遍承认民事责任的财产性，并禁止对责任人实行人身强制（自助行为除外）。

（二）民事责任与民事义务

民事责任是与民事义务相对应的概念，有义务必有责任，两者之间存在密切的联系：罗马法将责任与债相混同。民事责任是一个相对晚近的法律概念，直到 18 世纪才有法国学者提出。约翰·奥斯丁通过将法律分解为"命令-义务-制裁"

---

❶ 王利明．民法总则研究［M］．北京：中国人民大学出版社，2003：263．

❷❸ 江平．民法学［M］．北京：中国政法大学出版社，2000：93．

三个要素，义务与制裁是两个不同的要素。由于他眼中制裁与责任同义，即责任概念采制裁说，从而将义务与责任分离。其联系具体表现为：① 责任是履行义务的法律保障，责任是一种不利的法律后果，承担这种不利法律后果的前提条件是义务人没有履行义务。因此，责任对于义务人具有较大的威慑力，能够保障义务得到遵守并履行。② 民事责任与民事义务中的给付义务形式相同，如返还原物、恢复原状、赔偿损失、支付违约金等。也正因为如此，传统民法将民事责任作为一种债务，规定在债法中。

民事责任与民事义务的区别主要表现为：① 法律性质不同，前者作为民事违法行为的法律后果，某人承担责任意味着他处于违法者地位；而后者是基于法律规定或当事人约定而发生，负担义务者并不违法。② 发生条件不同，前者的发生条件是行为人行为违法，即违反了依法应由其承担的义务；后者的发生条件是依法律规定自始存在或约定生效之后才发生。③ 法律拘束力不同，前者作为违法行为的法律后果，已经现实地拘束着责任承担者；后者是“当为”，只有在违反义务的情况下才受法律的强制和制裁，这只是一种潜在的危险。④ 责任者和义务人所受的“不利益”有所不同，责任者承受的强制和不利法律后果就是一种“不利益”；而义务人承担的给付义务是一种“不利益”，承担的绝对义务（尊重义务）很难体现为一种“不利益”，因为这是划分人与人之间自由的界限。⑤ 责任与义务的承担者的范围不同，民事主体认真履行了义务，不侵害他人的权利，无须承担民事责任；而任何民事主体均需承担民事义务。换句话说，所有民事主体均为义务人；只有违反民事义务的人才是责任人。⑥ 两者存续的时间不同，义务随着义务人的死亡而消灭；责任则追随义务人的财产，即使义务人死亡，责任也可追及义务人财产而实现。

（三）民事责任与行政责任、刑事责任的区别

民事责任与刑事责任、行政责任构成我国法律责任的体系。每种法律责任各具作用和功能，它们之间只有相互协调、互相配合，才能有效地发挥各自的作用，实现各自的功能。所以，这三种不同性质的责任可以同时并用。对一项违法犯罪行为，同时适用这三种责任并不违反“一事不二罚”的法律基本原则。民事责任与其他两种法律责任具有比较明显的区别：

（1）责任产生的根据或违反的法律不同。民事责任产生根据是违反了民事义务；刑事责任产生根据是行为人的行为触犯了刑律；行政责任产生根据是违反了行政法的规定。

（2）适用的对象不同。民事责任的适用对象是违反民事义务者；刑事责任的

适用对象是罪犯；而行政责任的适用对象是实施违反行政行为者。

(3) 适用的目的不同。民事责任的适用目的主要是为了填补受害人的损害，也有一定的教育和预防功能；刑事责任的适用目的主要是惩罚犯罪行为人，并教育和警戒其他可能犯罪的人，达到预防犯罪的目的；行政责任的主要目的是制裁各种行政违法行为，保障行政机关依法行政，保障公民、法人合法权益。

(4) 责任性质不同。民事责任具有强制性并具有一定程度的任意性，具有有限的制裁性和惩罚性；刑事责任和行政责任具有明显的强制性、制裁性和惩罚性。

二、民事责任的分类

民事责任根据不同的标准进行分类，可得到不同民事责任类型，常见的分类主要有以下几种：

(一) 根据违反的义务是相对义务还是绝对义务为标准，民事责任可分为违约责任和侵权责任

违约责任是指合同当事人违反合同义务（相对义务）而承担的责任。侵权责任是指行为人因侵害他人财产、人身（即行为人违反了绝对义务）而依法应当承担的责任。

区分违约责任和侵权责任的意义在于：二者在归责原则、举证责任、义务内容、诉讼时效、责任构成要件、免责事由、责任形式、责任范围、对第三人责任以及诉讼管辖等方面均存在重大区别，对解决双方当事人纠纷，解决违约责任与侵权责任的竞合等问题具有重要意义。

(二) 根据责任承担条件和归责原则不同为标准，民事责任可区分为过错责任和严格责任

过错责任是指一方违反民事义务并致他人损害时，以过错作为确定责任要件和确定责任范围的依据的责任。严格责任是一种不以存在过错为责任要件的责任形态，主要适用于违约责任和特殊侵权责任。

在我国，还有一种与归责原则有关的民事责任形态，即公平责任。公平责任是指在当事人双方对造成损害均无过错的情况下，由法院根据公平原则，在考虑当事人的财产状况及其他情况的基础上，责令加害人对受害人的财产损失给予适当补偿的一种责任形式。日本学者小口彦太教授对我国《民法通则》第 132 规定的公平责任提出了批评。他认为，《民法通则》规定的公平责任不仅妨碍了过失

理论的发展，而且有导致中国侵权行为法体系解体的危险。其主要理由有：（1）第132条规定不是体现着市民法原理而是体现着社会法原理。市民法只是以抽象的人来构成法律，没有把当事人的具体情况划为其范围之内。社会法从具体的人的情况把握问题，把救济贫者作为目的。（2）第132条规定不是个人主义而是体现着集体主义，其主要目的不是为了维护当事人的权利义务，而是起到稳定社会的作用。[1] 他的批评很有力，值得我们深思！

（三）根据责任主体的人数为标准，民事责任可分为个人责任和多数人责任

个人责任是指由一人承担的民事责任。多数人责任是指由两人以上承担的民事责任。由两人以上承担民事责任的，在法律上必须厘清各责任人之间的关系。因此，多数人责任根据各责任人之间的关系，又可分为补充责任、按份责任、连带责任和不真正连带责任。补充责任是指因同一民事权利义务关系，在应承担清偿责任的主责任人财产不足以承担给付义务时，由补充责任人基于与主责任人的某种特定法律关系或因为存在某种与债务相关的过错而承担补充清偿的民事责任。按份责任是指两个以上的责任人按照各自份额向权利人承担的清偿责任，是按份债务人不履行债务而招致的法律后果。连带责任是指数人负同一责任，根据约定或法律规定，对于债权人各负担全部给付义务的责任，即权利人可以对责任人中的一人或数人或全体，同时或先后请求全部或一部分之给付的责任。不真正连带责任是指责任人基于各自的原因发生，对债权人各负全部给付义务的责任，即权利人可以对责任人中的一人或数人或全体，同时或先后请求全部或一部分之给付，其他责任人就自己承担的责任只能向最终责任人追偿的责任。

（四）根据责任内容不同为标准，民事责任可分为财产责任与非财产责任

财产责任是指以一定的财产为内容的责任，其典型形式就是损害赔偿、支付违约金或定金、返还财产。财产责任主要是在财产上给予受害人救济。非财产责任是指不以财产为内容的责任，其典型形式就是消除影响、恢复名誉和赔礼道歉。非财产责任主要是在精神上给予受害人救济。我国以财产责任为主要民事责任形式。

三、民事责任竞合与聚合

（一）民事责任的竞合

民事责任竞合，是指由于某一法律事实的出现，导致产生两种或两种以上的

---

[1] ［日］小口彦太．日中侵权行为法的比较［J］．法制与社会发展，1999（3）：68.

民事责任，这些民事责任被数个法律规范调整，彼此之间相互冲突的现象。在民法中，责任竞合主要表现为违约责任和侵权责任的竞合。例如，乘客陈某乘坐客运汽车，途中客运汽车与另一货车相撞，造成陈某受伤，经法医鉴定，陈某的伤残等级为八级。交警部门认定，货车司机应对这次交通事故负全部责任。本案中，交通事故这一法律事实的出现，产生违约责任和侵权责任两种责任。因为，陈某购买车票乘坐客车，陈某与客运公司就形成客运合同关系。根据《合同法》第 290 条和第 302 条的分别规定："承运人应当在约定期间或者合理期间内将旅客、货物安全运输到约定地点。""承运人应当对运输过程中旅客的伤亡承担损害赔偿责任，但伤亡是旅客自身健康原因造成的或者承运人证明伤亡是旅客故意、重大过失造成的除外。"客运公司未能依约将陈某安全送达目的地，应承担客运合同违约责任。违约责任适用严格责任原则。货运公司的货车司机是这次交通事故的肇事者，造成陈某受伤致残，侵犯了陈某的人身权，应负担侵权责任，但因是职务行为，其侵权责任由客运公司替代承担。所以在本次交通事故中，产生了客运公司的违约责任和侵权责任。这就是民事责任竞合。在发生侵权责任与违约责任竞合的情况下，责任人是承担侵权责任还是违约责任？根据《合同法》第 122 条规定："因当事人一方的违约行为，侵害对方人身、财产权益的，受损害方有权选择依照本法要求其承担责任或者依照其他法律要求其承担侵权责任"。据此，陈某有权要求客运公司承担违约责任，或者要求货运公司承担侵权责任，但两者只可任选一种。陈某可依照有利于保护自己利益的原则进行选择，选择时要充分考虑赔偿数额的大小和对方赔偿能力的大小，以及提起诉讼的费用是否经济，诉讼时效，执行是否方便等因素，然后择优定夺。

（二）民事责任的聚合

责任聚合，是指同一法律事实基于法律的规定以及损害后果的多重性，而应当使责任人向权利人承担多种内容不同的法律责任的形态。从权利人的角度来看，责任聚合表现为请求权的聚合，即当事人对数种以不同的给付为内容的请求权，可以同时主张。责任聚合有两种情况：一是不同法律部门之间的责任聚合；二是民事责任内部的责任聚合。

1. 不同法律部门之间的责任聚合

不同法律部门之间的责任聚合，是指同一法律事实分别违反了不同法律部门的规定，将导致多种性质的法律责任并存的现象。如甲企业违反法律规定排放污水，造成严重环境污染，损害了乙、丙等人的生命健康。甲企业的排污行为导致其：向乙、丙等人承担赔偿的民事责任，环境保护机关实施罚款的行政责任，情况严重的还可能导致其企业负责人和直接责任人员的刑事责任。甲企业所承担民事责任、行政责任、刑事责任的现象，即为不同法律部门之间的责任聚合。不同法律部门之间的责任聚合表现为三种形态：(1) 民事责任与刑事责任聚合；(2) 民事责任与行政责任聚合；(3) 民事责任与行政责任、刑事责任聚合。

2. 民事责任内部的责任聚合

民事责任内部的责任聚合，是指同一法律事实产生了多种民事责任形式，各种责任同时并存的现象。从请求权角度，是指同一法律事实产生多项请求权并存的现象。这种聚合只是民事责任内部的聚合，不涉及与其他法律部门的关系问题。如甲向乙商店购买一台电视机，因电视机质量问题发生爆炸，导致电视机毁，甲受伤。电视机爆炸这一事实产生了甲对乙商店或电视机生产商两项并存的请求权，一是电视机的损害赔偿请求权；二是人身损害赔偿请求权。甲可以同时行使这两项请求权。民事责任内部聚合的原因有二：(1) 同一非法行为产生后，法律规定了多种法律责任形式，这些责任形式并存产生责任聚合，如赔礼道歉与赔偿损失的责任聚合；(2) 同一违法行为造成了多个损害后果而产生了多项并存的责任，如上述电视机爆炸案例。

四、民事责任形态

根据《民法通则》第 134 条的规定，我国的民事责任形态主要有：(1) 停止侵害；(2) 排除妨碍；(3) 消除危险；(4) 返还财产；(5) 恢复原状；(6) 修理、重作、更换；(7) 赔偿损失；(8) 支付违约金；(9) 消除影响、恢复名誉；(10) 赔礼道歉。以上各种民事责任的形态，对于责任人，可以单独适用，也可以合并适用。

思考题

1. 权利的本质是什么？
2. 试论民事权利体系。
3. 试述民事义务与民事责任之间的关系。
4. 试论民事责任竟合。

第八章 物

导读

民法上的物与日常生活中所称的物不完全相同，后者的范围更大。民法上的物，必须是能够成为权利客体的东西，是指不属于人体之一部，能够为人力所支配并且能满足人类某种需要，具有稀缺性的物质对象。物是民事权利义务关系中重要的客体之一。根据不同的标准，对物可以作出多种分类。本章的重点是物的概念、物的特征，物的每一种分类的法律意义。本章的难点是物的特征。

第一节 物的概述

一、物的概念

日常生活用语上的物是指人以外存在于自然界的东西。民法上的物与日常生活中的物不尽相同。由于法律上的物能够成为权利客体，所以还必须满足一些民法上的条件，我国才能称自然界的物为民法上的物。通说认为，民法上的物，是指不属于人体之一部，能够为人力所支配并且能满足人类某种需要，具有稀缺性的物质对象。物在民事法律关系客体中占有重要地位。潘得克吞体系的民法典在总则编中对物加以规定，而不是规定在物权编中。

二、物的法律特征

民法上的物具有以下特征：

（一）物不属于人体之一部

人体是指人的思维和肉体的统一体，是人格所依附的自然生命有机体。以个人尊严为基本原则的近代法思想，不允许对生存的人及其身体任何一部分具有排他性或全面性的支配权。[1] 现代民法的共识是人体不是物。但已经和人体分离的器官，如血液、乳汁、头发、牙齿等，也可以作为民法上的物。尸体没有生命，不能思维，不是人体，是物，是特殊之物。因此，尸体不能随意处分，必须在符合法律规定和不违反公序良俗的情况下处分尸体，通常处分尸体的方式是埋藏或火化。随着现代医学技术的发展，某些器官移植已经不存在技术上的障碍，剩下的是法律和伦理上的问题，现代民法为了适应这种技术发展，也允许人体器官捐献。这表明，物的这一特征已经发生了动摇。

很多教科书将此一特征表述为“存在于人体之外”，笔者认为这样的表述是有漏洞的：物是存在于人体之外的东西，存在于人体之内的东西就不是物吗？现在很多毒贩采用吞食毒品的方式贩毒，存在于毒贩肚子里的毒品难道不是物吗？

（二）物必须具有效用性

物能满足人的需要，增进人的福利，因此具有效用。这种效用可以是物质上的，也可以是精神上的。物可以由人类劳动创造，如汽车、飞机等；也可以由大

---

[1] 王利明．民法［M］．北京：中国人民大学出版社，2008：113.

自然创造，如矿物、水、石油等。现代文明社会中的物大部分由人所创造。无论是人创造的还是自然生成的，只要能够满足人的需要，成为交易的对象，就可以是民法上的物。

（三）物必须具有稀缺性

民法上的物能够满足人的需要，但并非一切能满足人的需要的物都能成为法律上的物。作为民法上的物，还必须能够成为交易对象。交易对象应当具有价值。价值包含两个基本要素，即效用和稀缺性。只有具有稀缺性的物质才具有价值，才能成为交易对象，才是民法上的物。阳光、空气、云层等不具有稀缺性，人们通常不会以之为交易对象，因而不属于民法上的物。

（四）物必须具有可支配性

不能为人力所支配或控制的东西，例如日月星辰，尽管可能具有巨大价值，但人类对之可望而不可即，不能成为民法中的物。如果随着太空技术的发展，人类可以在太空中自由行走，可以在一定的程度上开发、利用月球等其他星球球表，那么日月星辰也可以成为民法上的物。民法上的物强调其可支配性。

（五）物须独立成为一体

物能够独立成为一体是指按照交易的惯例或人们交换的观念，能够独立地满足人的需要，而无需与其他物品结合在一起才能满足人的需要。物能否独立成为一体，应根据交易的具体情形确定，如一只鞋、锁或钥匙等因不能单独满足人的需要，不能成为交易对象，因此不属民法上的物。

第二节 物的分类

一、动产与不动产

根据移动该物是否影响其经济价值为标准，可将物分为动产与不动产。将物区分为动产与不动产，是物最重要的一种分类。不动产是指在空间上占有固定位置，移动后会影响其经济价值的物。动产是指在空间上移动不会影响其经济价值的物。我国法律规定不动产的范围包括土地、房屋、林木、尚未与土地分离的农作物等地上定着物。土地包括耕地、建设用地、林地、草原、水面、荒山、荒地、滩涂等。土地中的土沙、岩石、地下水为土地的组成部分。但是，土地中的矿物质，因具有独立性，能够独立满足人类生产生活需要，是独立于土地的物，根据我国民法，专属于国家所有，并非土地的构成部分。土地使用权等不动产权利也被视同不动产。

区分动产与不动产的意义在于：第一，两者物权发生变动的条件不同。在以法律行为发生物权变动的大前提下，动产物权变动一般依交付即可发生物权变动的法律效果；而不动产非经登记，不生物权变动的法律效果。第二，可以设定的他物权类型不同。动产不能设定用益物权，可以设定担保物权；而不动产，特别是土地，可以设定用益物权，也可以设定担保物权，但根据我国物权法的规定，不动产不得设定质权和留置权。第三，法律适用及诉讼管辖不同。法律适用仅指涉外民事法律关系时，就不动产纠纷，依物之所在地法解决。不动产纠纷案件的诉讼管辖，各国均规定由不动产所在地法院管辖。

二、流通物、限制流通物、禁止流通物

根据物的流通是否受限制及限制程度为区分标准，可将物分为流通物、限制流通物、禁止流通物。流通物是指法律允许在民事主体之间自由流通的物。大部分物是流通物。限制流通物是指流通范围、方式等在一定程序上受到法律法规限制的物，如武器、弹药、毒品等。禁止流通物是法律法规禁止在民事主体之间自由流通的物，如文凭、身份证、结婚证、判决书等物。

区分流通物、限制流通物、禁止流通物的法律意义在于：物的流通超出法律法规对物的限制范围的实施处分行为，不产生相应的法律效力。标的物为限制流通物的，除具有合同生效的一般要件外，还应办理批准或登记手续，合同方可生效；标的物为禁止流通物的，合同无效。

三、特定物与种类物

以物是否具有替代性为标准，将物分为特定物与种类物。从物理属性上说，自然界存在的物都是独一无二、不可替代的，但民法上作为权利客体的物，通常忽略一些对其法律属性影响微乎其微的自然属性，而是根据特定的交易类型，依交易观念来确定在法律上是否可以替代。特定物指具有固定的独特的属性，不能以其他物代替的物，如祖传的物品、某人的信笺等。种类物是具有共同属性，可以用品种、规格和度量加以计算，且具有可替代性的物，如商店销售的自行车、香烟、各种日用品等。当然，法律上的种类物与特定物不是绝对的，双方当事人可基于约定，忽略物之间的差异，将特定物视为种类物；也可以通过当事人指定、约定的方式使种类物特定。

区分特定物与种类物的法律意义在于：以特定物或种类物为交易对象，出现履行不能、瑕疵履行、危险负担等情况时，两者的法律救济方式不同。若以特定物为标的物，如其消灭，债务人无需以其他物替代履行，继续履行的义务终止，而承担损害赔偿责任；若以种类物为标的，如其消灭，债务人可以替代履行的方式继续履行债务。

四、主物与从物

以物相互配合使用的多个物之间是否具有从属关系为标准，将物区分为主物与从物。凡两种以上的物互相配合、按一定经济目的组合在一起时，起主要作用的为主物，起次要或辅助作用的为从物。从物尽管是独立的物，但它在客观上、经济效用上仍然从属于其他物，起补充主物的效用。主物与从物都是独立的物，从物不是主物的组成部分。

区分主物与从物的法律意义在于：当事人没有特别约定时，对主物的处分及于从物，以贯彻物尽其用的原则。

五、可分物与不可分物

以物的分割是否影响其经济价值为标准，将物分为可分物与不可分物。经分割影响其经济用途并降低其价值的物为不可分物；经分割不影响其经济用途且不降低其价值的物为可分物。

区分可分物与不可分物的法律意义在于：共有关系终止时，对可分物与不可分物处理的方式不同。可分物的分割方式是实物分割；不可分物的分割方式是价值分割，有的共有人得到该不可分物，其他共有人得到相应的金钱补偿。

六、原物与孳息

以物之间的来源关系为区分标准，可将物区分为原物与孳息。两个相互存在来源关系的物中，一物出自于另一物，则一物为孳息，另一物为原物。孳息是原物产生的收益。孳息分为天然孳息与法定孳息。天然孳息指依自然生产规律产生的物，通常是果树、动物的出产物，如苹果树上采摘下的苹果，母牛生产的牛仔。法定孳息指依法律关系所产生的物，通常是基于合同关系或法律规定产生的法律关系而获得的收益，如利息、租金。孳息是独立于原物的独立物，孳息在与原物分离前，属原物的组成部分。

区分原物与孳息的法律意义在于：决定原物所生利益的归属。通常，孳息归原物所有人所有。原物所有权转移，孳息的所有权同时转移，但在保留所有权的买卖合同中例外。根据合同法的规定，发生原物意外灭失的风险时，由于风险自交付时起转移于买受人，根据风险与收益并存原则，孳息自原物交付时起由买受人收取。

七、可消耗物与不可消耗物

根据物是否可重复使用为标准，可将物分为可消耗物与不可消耗物。可消耗物是指不能重复使用，一经使用就丧失或改变其原有状态的物。不可消耗物是指经反复使用也不改变其形态和性质的物。

区分可消耗物与不可消耗物的法律意义在于：区别借贷合同与借用合同、租赁合同及寄托合同。可消耗物仅得作为消费借贷合同以及消费寄托合同的标的物；不可消耗物通常用于租赁合同、使用借贷合同、通常寄托合同的标的物。

八、单一物、结合物和集合物

单一物是指在形态上能独立成为一体而存在的物，如书、衣服、鞋子等；结合物，又称为合成物，是指由数个物结合而成的物，其构成部分虽未失去其个性，但形体上已经成为单一体的物，在法律上与单一物同样对待，如电脑、汽车、机器设备等；集合物指多数单一物或结合物集合而成，各物仍保持其独立性而存在的物，如工厂、图书馆、羊群等。

区分单一物、结合物和集合物的法律意义在于：对于单一物与结合物，原则上权利应存在于物的整体，在物的组成部分上，不应存在独立的权利，建筑物区分所有权例外。对于集合物，权利存在于各个独立的单一物或结合物上。集合物本身原则上不能成为权利客体，但财团抵押或浮动抵押例外。

第三节　特　种　物

一、货币

货币是物的一种，是可以用票面金额来表现其价值的一种特殊的物。其具有以下特征：（1）货币为动产；（2）货币是种类物；（3）货币是具有高度替代性的种类物，充当一般等价物。在我国，人民币是货币，是法定的支付手段、流通手段和结算手段；（4）货币是可消耗物。货币的所有权与货币的占有是不可分割的，货币占有人可推定为货币所有人。丧失货币占有，即丧失货币所有权，仅产生不当得利返还请求权，而无原物返还请求权。所有人将货币出借给使用人时，借用人即时取得货币所有权，借用人只需要在借用期满后返还同样数额的货币即可。

二、有价证券

有价证券是设立并证明某种财产权的书面凭证，是物的一种。有价证券持有人享有两种不同的权利：一是对有价证券本身的所有权；二是有价证券上所记载的权利。

有价证券分为记名的、指定人的和不记名的三种：（1）凡是在有价证券券面上记载证券权利人的，为记名的有价证券。记名的有价证券依民法上转让普通债权的手续转让给他人。券面记载的证券权利人或合法受让的第三人，有权要求债务人履行债务，实现权利。（2）指定人的有价证券是用指明一定的第一个取得人名字的方法，或指明根据其“指示”进行交付的方法而制定的有价证券。指定人有价证券的转移不是依普通债权的手续转让给他人，而是用在该证券背面签注的方法办理。该背面签注的方法，称为“背书”。债务人对持有指定人有价证券的人不得提出他对第一取得人或其他原持有人的异议。（3）凡是在有价证券中没有指明该证券的权利享有人的，即为不记名的有价证券。对不记名的有价证券，占有不记名有价证券的人，即为享有该证券中包含的权利的人。不记名的有价证券可以用民法上的交付的方法转让给他人。可以兑换一定金额的不记名有价证券，不能以遗失、被盗、非法出让为理由，要求善意持有人返还，这是与普通动产不同的地方。不记名有价证券人的权利同该证券原占有人的权利不发生关系。证券义务人不能因为自己同证券原占有人的纠纷，而拒绝对证券现持有人履行义务。

有价证券主要包括：票据、股票、公司债券、国库券、提单和仓单等。

思考题

1. 试述物的概念和特征。
2. 试论区分动产与不动产的法律意义。
3. 试逐一分析区分特定物与种类物、主物与从物、原物与孳息的法律意义。

案例分析

甲男和乙女系恋人关系。某日两人同出游玩，因天气炎热，两人所带的水很快就用完了。甲男见乙女非常口渴，就说："在这等着，我给你买水喝。"甲男买回某品牌饮料几瓶，递给乙女两瓶。几天后，甲男从朋友处得知其中一瓶饮料中了一等奖 4 999 元，十分生气，遂对乙女说："饮料是我掏钱买的让你喝的，但是中奖的权利并没有给你，你得把奖金给我。"两人遂发生争执，诉至法院。

请问：本案奖金应当归谁所有？为什么？

提示：本案关键问题是分析奖金的属性，即奖金是否饮料的孳息。这里涉及买卖合同，赠与合同，涉案两瓶饮料的所有权变动，甲男是否了解活动规则等因素。

第九章 民事行为

导读

民事行为，是以意思表示为核心要素的表示行为。在所有类型的民事法律事实中，民事行为是最重要的一种。民事行为是实现私法自治的工具，是民事主体实现个人自由的重要手段。民事行为是高度概括、抽象的法律概念，对应着无限丰富的社会生活类型。正是因为如此，民法在规范设计上，以任意性规范为主。民事行为制度的相关理论在现代民法学说中占据重要地位。澳门的民事行为法律制度规定在《澳门民法典》第二编中，体系完整，逻辑严密，具有典型的大陆法系的特色。本章通过向澳门学生介绍中国内地的民事行为制度，使学生掌握内地相关制度的主要内容，并比较内地与澳门相关制度的异同。

第一节　民事行为及其分类

一、民事行为的内涵

法律行为，作为实现私法自治的手段，是以意思表示为核心的。无意思，即无法律行为。所谓私法自治，是指私人相互间的法律关系应取决于个人之自由意思。也即，在私法领域内，法律允许个人自由创设法律关系，只要不违反法律之根本精神，个人均可依其自己的意思，自由创设法律关系。意思表示相当于法律授权当事人为自己制定的法律。

我国《民法通则》在法律行为前面加了“民事”一词，成为“民事法律行为”，是指“公民或者法人设立、变更、终止民事权利和民事义务的合法行为”，除此之外，还有其他效力类型的民事行为，如可撤销民事行为、效力待定民事行为，共同作为法律行为的下位概念。此民事法律行为，也即德国、日本民法以及我国台湾地区“民法”上的“法律行为”，两者并无任何差别。为了保持叙述的一致性，本教材采用“民事行为”的概念，作为民事法律行为和其他效力类型法律行为的共同上位概念。

民事行为是当事人基于自己的意思表示而设立、变更、终止民事权利和民事义务关系的行为。

二、民事行为的主要分类

民事行为按照不同的分类标准就有不同的分类方法。常见的几种民事行为分类方法主要有：

（一）单方民事行为与多方民事行为

以民事行为的成立所需意思表示的数量为标准，可以把民事行为区分为单方民事行为和多方民事行为。其中，单方民事行为，是指根据一项意思表示就可以成立的民事行为。如行使法定解除权解除合同的行为，效力待定的合同中当事人行使追认权的行为等都是单方民事行为。此类单方民事行为所包含的意思表示一经作出，即可依据先前订立的合同或法律的规定产生相应的效力。

多方民事行为，是指通常需要两项以上意思表示才能成立的民事行为。多方民事行为包括双方民事行为、共同行为和决议。

（二）要式行为与不要式行为

以民事行为是否应当或者必须依据法律或行政法规采用特定形式，可以把民事行为区分为要式行为和不要式行为。其中，要式行为，是指依照法律或行政法规，应当或者必须采用特定形式的民事行为。不要式行为，是指法律或行政法规对其形式并无特别要求的民事行为。

法律或行政法规要求必须采用特定形式的要式行为，未采用特定形式的，民事行为不成立。法律或者行政法规要求可以采用特定形式，未采用特定形式的，不影响民事行为的成立。

（三）主民事行为与从民事行为

以民事行为之间的相互依从关系为标准，可以把民事行为区分为主民事行为和从民事行为。其中，主民事行为是指不需要有其他民事行为的存在就可单独成立的民事行为。从民事行为是指从属于其他民事行为而存在的民事行为。

从民事行为的成立和效力取决于主民事行为。主民事行为未成立，从民事行为无从成立。主民事行为无效，将导致从民事行为不能生效。

（四）生前行为与死因行为

根据民事行为效力的发生是在行为人生前还是死后，可以把民事行为区分为生前行为和死因行为。生前行为，是指在行为人生前发生效力的民事行为。死因行为，是以行为人的死亡作为生效要件的民事行为，如遗嘱。

（五）负担行为与处分行为

在德国以及我国台湾地区，以法律行为的内容为标准，将法律行为区分为负担行为与处分行为。负担行为，是指一个人相对于另一个人承担为或不为一定行为义务的法律行为，如产生债务关系的债权行为。处分行为包括物权行为和准物权行为。物权行为是指以直接引起物权变动为目的的处分行为。准物权行为是指以直接引起债权等权利转移、消灭为目的的处分行为，如债的免除、债权让与等行为。

中国内地的现行民事立法不认可负担行为与处分行为的区分。

（六）有因行为与无因行为

以法律行为与其原因的关系为标准，可以把法律行为区分为有因行为和无因行为。有因行为，是指进行财产给予的原因属于该法律行为组成部分，即法律行为与进行财产给予的原因在法律上相互结合、不可分离。无因行为，是指法律行为不存在进行财产给予的原因或者法律行为与进行财产给予的原因可以分离。

区别之意义在于，无因行为，原因虽不存在，其行为仍有效；有因行为，如原因不存在，其行为应归于无效。例如，票据行为属于无因行为，见票承兑，不问原因。

（七）独立的民事行为与辅助的民事行为

以民事行为是否有独立的实质内容为标准，可以把民事行为区分为独立的民事行为和辅助的民事行为。独立的民事行为，是指借助于行为人自己的意思表示即可发生效力的民事行为。如完全民事行为能力人所为的民事行为即为独立的民事行为。辅助的民事行为，是指辅助他人的民事行为使之确定发生效力的民事行为。如被代理人对代理人超越代理权进行的民事行为的追认，即属于辅助的民事行为。

第二节 民事行为的成立

一、民事行为成立概述

民事行为的成立，要解决的主要是成立民事行为应具备哪些不可缺少的事实要素，即阐明民事行为的成立要件问题。民事行为的成立要件和生效要件是两个不同的问题。民事行为的成立，主要是解决民事行为是否存在这一事实认定，属于事实判断问题。具备民事行为的成立要件，民事行为即成立，可以进一步判断其是否具备生效要件。民事行为的生效，是一个民事行为能否依照当事人的预期产生相应的法律效力，能否在法律上给予肯定的评价，属于价值判断问题。

如果说民事行为的成立要件主要归属于当事人得有所作为的范畴，民事行为的生效要件就已经超出了当事人所能控制的范围，体现了国家对民事行为的肯定或否定评价。

二、民事行为的成立要件

（一）民事行为的一般成立要件

民事行为的一般成立要件，是确认在法律或行政法规未设特别规定，当事人也未作特别约定的情况下，民事行为成立的标准。主要有以下两点：

（1）当事人。即进行特定民事行为的民事主体。

（2）意思表示。即表意人将其期望发生某种法律效果的内心意思以一定方式表现于外部的行为。

（二）民事行为的特别成立要件

民事行为的特别成立要件，是指依据法律或行政法规的规定或者依据当事人的约定，某些民事行为的成立，除当事人和意思表示外，还应具备特别的事实要素，如实施事实行为或采用特定的形式等。如依据《合同法》第 367 条的规定，除当事人另有约定外，保管合同自保管物交付时成立。这里的“交付”就是保管这一民事行为成立的特别要件。

第三节　意 思 表 示

一、意思表示的内涵

意思表示属于民事行为的核心要素，是指表意人将其期望发生某种法律效果的内心意思以一定方式表现于外部的行为。

意思表示的构成要素，在理论界存在不同认识。有“五要素说”“二要素说”“三要素说”等多种观点。

二、意思表示的形式

（一）口头形式

指以口头对话的形式所进行的意思表示。属于以明示的、直接的方式进行的意思表示。具有简便迅速的优点，但同时存在缺乏客观记载，日后取证困难的缺点。

（二）书面形式

指以书面文字形式所进行的意思表示。也属于以明示的、直接的方式进行的意思表示，如合同书的形式。书面形式可使权利义务关系明确化，并可保存证据，有助于预防和处理争议。

（三）推定形式

指当事人通过有目的、有意义的积极行为将其内在的意思表现于外部，使他人可以根据常识、交易习惯或者相互间的默契，推知当事人已作某种意思表示，从而使民事行为成立。推定形式又称为默示的或间接的意思表示。如租期届满后，承租人继续交纳房租，出租人接受之，由此可推知当事人双方作出了延长租期的法律行为。

（四）沉默方式

指既无语言表示又无行为表示的消极行为，在法律有特别规定的情况下，以拟制的方式，视为当事人的沉默已构成意思表示，由此使民事行为成立。通常情况下，沉默不是意思表示，不能成立民事行为，只有在法律有特别规定时，当事人的消极行为才被赋予一定的表示意义，并产生成立民事行为的效果。在例外的情况下，意思表示可以基于当事人的约定采用沉默的方式。

中国澳门的法制具有典型大陆法系的特色，以成文法为主，其核心内容均载于法典中。关于意思表示的形式，规定在《澳门民法典》中，该法典第209条第1项规定："法律行为之意思表示可为明示或默示；以口头、书面或其他直接表意方法表示者为明示；从完全有可能显露意思之事实推断出之表示为默示。"关于以沉默方式为意思表示，《澳门民法典》第210条规定："法律、习惯或协议规定沉默具有法律行为意思表示之意义时，沉默方等同法律行为意思表示。"

三、意思表示的生效

意思表示的生效是指意思表示符合特定的行使要件，产生形式上的拘束力。

当事人作出的意思表示无须受领的，意思表示一经作出即可发生效力；如果当事人作出的意思表示需受领的，则意思表示的生效通常采取到达主义或了解主义。如《合同法》第16条第1款规定，要约到达受要约人时生效。第26条第1款规定，承诺通知到达要约人时生效。

即：采非对话方式的，意思表示到达相对人的时间就是意思表示发生效力的时间。所谓到达相对人，是指到达相对人可以控制的领域，如住宅、信箱、经营场所等。因此，可以期待并能够推断相对人可以或有可能去了解意思表示的内容。

采对话方式的，意思表示为相对人了解的时间，就是意思表示发生效力的时间。

《澳门民法典》对于意思表示之效力的规定更加明确，主要规定在该法典第216条："有相对人之法律行为意思表示，于到达相对人或为其知悉时，即产生效力；无相对人之法律行为意思表示，于表意人以适当方式表示出其意思时，即产生效力"；"仅因相对人之过错而导致其未能在适当时候接收之意思表示，亦视为产生效力之意思表示；相对人所接收之意思表示，在其无过错之情况下，不能为人所知悉者，该意思表示不产生效力。"第217条第1项规定："表意人对不认识或下落不明之相对人作出之意思表示，得透过在表意人居住地之一份报章上刊登告示而为之。"

第四节　民事行为的生效条件

一、民事行为的生效内涵

民事行为生效，是指已经成立的民事行为产生当事人所预期的法律效力。民事行为之所以能够具有法律拘束力，并非当事人自由意志之功，而是民事行为符合法律价值取向的结果。即被法律评价为合法的民事行为才能够产生当事人预期的法律效果。可见，民事行为的效力本身介入了国家意志。如果民事行为不符合国家意志，该民事行为即不得生效。

二、民事行为的一般生效要件

民事行为的生效，须符合以下一般生效要件。

（一）行为人具有相应的行为能力

对于自然人而言，完全民事行为能力人可以独立为民事行为；10周岁以上的未成年人作为限制民事行为能力人，可以进行与其年龄、智力相适应的民事行为；不能完全辨认自己行为的精神病人作为限制民事行为能力人，可以进行与其精神健康状况相适应的民事行为。无民事行为能力人不能独立实施民事行为，由其法定代理人代为民事行为。

判断限制行为能力人进行的民事行为是否与其年龄、智力、精神健康状况相适应，可以从行为与本人生活相关联的程度、本人的智力或精神状态能否理解其行为，并预见相应的行为后果，以及行为标的数额等方面认定。

（二）当事人的意思表示真实

为了贯彻私法自治原则，保证行为人事实上决定自由的实现，意思表示真实是民事行为有效的要件之一。意思表示真实，是指在当事人意志自由的前提下，其内心意思与外部的表示行为相一致的状态。而意思表示不真实，也称意思表示有瑕疵，既包括当事人意志不自由的状态，也包括其内心意思与外部的表示行为不相一致的状态。具体而言，意思表示不真实的情形有：

1. 意思与表示不一致

意思与表示不一致，主要有真意保留、戏谑表示、虚伪表示、错误、误传等几种。

我国现行民事立法尚未就真意保留、戏谑表示、虚伪表示等对民事行为效力的影响设置一般性规定。

我国现行民事立法中关于重大误解的规定，发挥了相当于传统民法中错误的作用。

误传指因传达人或传达机关的错误导致行为人意思与表示不一致。依据《民通意见》第77条的规定："意思表示由第三人义务转达，而第三人由于过失转达错误或者没有转达，使他人造成损失的，一般可由意思表示人负赔偿责任。但法律另有规定或者双方另有约定的除外。"可见，在行为人撤销民事行为的同时，应承担赔偿意思表示相对人信赖利益损失的责任。赔偿数额不得超过相对人于民事行为有效时所受利益的数额。

关于意思与表示不一致，《澳门民法典》详尽规定了"虚伪表示"，并规定虚伪行为无效。该法典第232条第1项规定："如因表意人与受意人意图欺骗第三人之协议而使法律行为之意思表示与表意人之真正意思不一致，则该法律行为系虚伪行为。虚伪行为无效。"

《澳门民法典》还规定了"真意保留"，在该法典第237条规定："意图欺骗受意人而作出违背真意之意思表示，即为真意保留；真意保留不影响意思表示之有效，但为受意人知悉者除外；在此情况下，真意保留具有虚伪行为所产生之效果。"

《澳门民法典》就意思与表示不一致还规定有"非认真之表示""无行为意思、无意识之意思表示及人身胁迫"等情形。

2. 意思表示不自由

意思表示不自由，主要包括欺诈、胁迫和乘人之危三种情形。

所谓欺诈，是指故意告知对方虚假情况，或者故意隐瞒真实情况，诱使对方基于错误判断作出意思表示。欺诈的后果是导致被欺诈方基于错误的判断作出意思表示，即欺诈方的欺诈行为影响到了行为人的决策。

关于欺诈，《澳门民法典》规定与内地有相近似之处，其法律后果都是"表意人之意思表示系受欺诈而产生者，表意人得撤销其意思表示"。在欺诈的界定上，《澳门民法典》第246条规定："意图或明知会使表意人陷于错误或继续陷于错误，而作出任何提议或使用任何手段者，视为欺诈；受意人或第三人隐瞒表意人之错误，亦视为欺诈。"

所谓胁迫，是指以给自然人及其亲友的生命、健康、荣誉、名誉、财产等造成损害或者以给法人、其他组织的名誉、荣誉、财产等造成损害为要挟，迫使对方作出违背真意的意思表示。关于胁迫的认定，须注意以下几点：

(1) 胁迫行为必须是非法的；

(2) 胁迫人声称要造成的损害必须是被胁迫人可以相信将要发生的情况，并足以使被胁迫人感到恐惧、害怕；

(3) 胁迫行为可以由民事行为的当事人作出，也可以由第三人作出；

(4) 被胁迫人作出的违背真意的意思表示须符合胁迫人的意愿。

当事人被胁迫作出的意思表示，属于意思表示不自由。民事行为的效力会受到影响。这是保护当事人事实上决定自由的需要。

这里的胁迫与《澳门民法典》第248条中的“精神胁迫”相类似，该条规定：“如表意人受到旨在获得其意思表示之不法威胁，因恐惧受到该威胁所指之恶害而作出法律行为意思表示，则该意思视为在精神胁迫下作出”；“因精神胁迫之下而作出之法律行为意思表示得予以撤销，即使胁迫系来自第三人亦然，但在此情况下，威胁所指之恶害须为严重，且恐惧恶害之发生须为合理；”“出于正常行使权利之威胁及纯粹敬畏，均不构成胁迫。”

所谓乘人之危，是指行为人利用对方的急迫需要或危难处境，迫使其作出违背真意的意思表示。我国《民通意见》第70条规定：“一方当事人乘对方处于危难之机，为牟取不正当利益，迫使对方作出不真实的意思表示，严重损害对方利益的，可以认定为乘人之危。”在认定乘人之危时要注意，如果对方当事人为摆脱急迫需要或危难处境，自愿为特定意思表示的，即使该意思表示的内容违背其通常的意愿，也不得主张乘人之危。

被别人利用危难情事作出的意思表示，属于意思表示不自由，民事行为的效力会受到影响。

(三) 不违反法律和行政法规

所谓不违反法律或行政法规，并非指民事行为必须符合法律或行政法规的所有规定，而是指民事行为不存在违反与其效力相关的法律或行政法规的规定。与民事行为效力相关的规定主要是指禁止性规定。禁止性规定与强制性规定都属强行性规定的组成部分，其中强制性规定是指法律或行政性法规要求民事主体必须为一定行为的规定，民事行为违反强制性规定，并不导致民事行为绝对无效。禁止性规定是指法律或行政法规要求民事主体不得为一定行为的规定，禁止性规定又可区分为效力性的禁止性规定和管理性的禁止性规定。效力性的禁止性规定是指绝对不允许特定类型民事行为发生效力的禁止性规定，违反效力性的禁止性规定，民事行为绝对无效。管理性的禁止性规定，又称取缔性的禁止性规定，是以维护特定管理秩序为目的的禁止性规定。违反管理性的禁止性规定，并不当然影响民事行为的效力。

法律和行政法规设置强行性规定，意在维护国家利益和社会公共利益。要求民事行为不得违反法律和行政法规的禁止性规定，意在避免民事行为成为损害国家利益和社会公共利益的工具。

三、民事行为的特别生效要件

一般而言，民事行为具备一般生效条件，即产生法律效力。但在特殊情况下，基于法律、行政法规的规定或者基于当事人的约定，民事行为除具备一般生效条件外，还须具备特别生效条件，才能产生完全的法律效力。如我国《合同法》第 44 条第 2 款规定，法律、行政法规规定，合同应当办理批准、登记等手续才生效的，应依照其规定。这里的批准、登记手续即是民事行为的特别生效要件。

第五节 效力存在欠缺的民事行为

一、绝对无效的民事行为

（一）绝对无效民事行为内涵

绝对无效民事行为，是指已经成立的民事行为，由于严重欠缺民事行为的生效条件，因而自始、绝对、确定、当然、永久不按照行为人设立、变更和终止民事法律关系的意思表示发生法律效力的民事行为。

由于绝对无效的民事行为自成立之时起当然无效，且通常事关国家利益以及社会公共利益的保护，因此法院或者仲裁机构可以在处理民事纠纷的过程中，依职权主动认定民事行为绝对无效。而且任何一个民事主体都得诉请法院认定民事行为绝对无效。一旦民事行为被认定为绝对无效，该民事行为对于任何人都属无效。

绝对无效的民事行为与相对特定第三人无效的民事行为不同。表现在：首先，相对特定第三人无效的民事行为，仅在特定第三人主张合同无效时，法院或者仲裁机构才可依职权去审查合同的效力，而不得依职权直接确认合同无效。其次，相对特定第三人无效的民事行为，只有该第三人可以主张合同无效，其他民事主体不得主张。再次，相对特定第三人无效的民事行为，仅在其与特定第三人的关系上，归于无效。

关于民事行为无效的规定，《澳门民法典》第 279 条作出了类似的规定："无效得随时由任何利害关系人主张，亦得由法院依职权宣告。"

（二）无效民事行为的分类：

1. 无民事行为能力人进行的民事行为以及限制民事行为能力人进行的依法不能独立实施的单方民事行为

《民法通则》第 58 条规定："下列民事行为无效：（一）无民事行为能力人实施的；（二）限制民事行为能力人依法不能独立实施的；……"结合《合同法》第 47 条第 1 款的规定："限制民事行为能力人订立的合同，经法定代理人追认后，该合同有效。"

2. 违反法律、行政法规禁止性规范的民事行为

这里的禁止性规范应理解为是效力性的禁止性规范，违反效力性的禁止性规范，民事行为绝对无效。至于违反管理性的禁止性规范，则应区分类型予以处理。对于涉及民事主体从事特定类型民事行为资格的管理性规范，如果当事人依据民事行为所负担的义务已履行完毕或已为部分履行，则整个民事行为的效力或与已履行部分对应的民事行为的效力不受影响；如果尚未履行或尚未履行完毕，则裁判者可以裁断整个民事行为或民事行为相应部分绝对无效。对于涉及民事主体履行行为的管理性的禁止性规范，民事行为的效力不受影响。

《澳门民法典》第 287 条作出了类似的规定："违反强行性法律规定而订立之法律行为无效，但法律另有规定者除外。"

3. 损害国家利益的民事行为

损害国家利益的民事行为是指损害国家在整体上具有的政治、经济、安全利益的民事行为，具体包括：

（1）一方以欺诈、胁迫的手段使对方在违背真实意思的情况下为民事行为，损害了国家利益。如我国《合同法》第 52 条第（1）项规定："一方以欺诈、胁迫的手段订立合同，损害国家利益"，合同绝对无效。与此规定不同，《民法通则》第 58 条第 3 款规定，一方以欺诈、胁迫的手段使对方在违背真实意思的情况下所为的民事行为绝对无效。该项规定不适当地扩大了民事行为绝对无效的范围，应通过目的性限缩的方法进行法律漏洞的填补，确认只有存在损害国家利益的情形时，此类民事行为方属绝对无效。

（2）恶意串通损害国家利益的民事行为。在我国《合同法》与《民法通则》中都有恶意串通损害国家利益的民事行为绝对无效的规定。在这两部法律中，还有恶意串通损害集体利益的民事行为无效的内容。学界通说认为，“集体利益”非法律术语，无法在民法中作出妥当界定，建议未来民事立法予以删除。

（3）民事行为违反国家指令性计划。自国家提出建立社会主义市场经济体制以来，国家指令性计划的适用范围已大大缩减，但并非绝对没有。仅存的国家指令性计划实现与否常与国家利益息息相关，因此，民事行为违反国家指令性计划的，应属绝对无效。

（4）损害社会公共利益的民事行为。《民法通则》第58条第（4）项规定，恶意串通损害第三人利益的民事行为绝对无效。《合同法》第52条第（2）项规定，恶意串通损害第三人利益的合同绝对无效。这两项规定中所谓的“第三人利益”应限定为不特定第三人的利益。如果当事人恶意损害特定第三人利益，民事行为应为相对于该特定第三人无效的民事行为，而非绝对无效的民事行为。不特定第三人的利益是社会公共利益最典型的表现。

二、可撤销的民事行为

（一）可撤销的民事行为内涵

可撤销的民事行为，是指民事行为虽已成立并生效，但因意思表示不真实，可以因行为人撤销权的行使，使其自始不发生效力的民事行为。可撤销的民事行为在被撤销前，已发生效力，明显不同于绝对无效的民事行为。

可撤销的民事行为，区别于完全有效的民事行为，在于法律赋予当事人一方以撤销权，该当事人据此可以请求法院撤销该民事行为，或者不请求撤销而请求变更其内容。可撤销的民事行为，经变更后，即成为完全有效的民事行为；经撤销后，则归于完全无效。可见，可撤销民事行为，既区别于有效的民事行为，也区别于无效的民事行为，既存在变成有效民事行为的可能性，也存在变成无效民事行为的可能性。

（二）可撤销的民事行为的种类

1. 存在重大误解的民事行为

所谓重大误解，是指行为人对民事行为的重要事项，如标的物的品种、质量、规格、数量等存在错误认识或未认识到自己的错误，从而作出严重背离了自己的真实意愿的行为。

并非所有存在重大误解的情况都会影响民事行为的效力。如果表示人作出了错误的意思表示，受领人却是在表示人真实意愿的基础上作出了回应，从而使双方在表示人真实意愿的基础上形成了一致的意思表示，则民事行为不因重大误解成为可撤销的民事行为。

2. 显失公平的民事行为

《民法通则》第59条第1款第（2）项规定，显失公平的民事行为，一方有权请求人民法院或者仲裁机关予以撤销。《合同法》第54条第1款第（2）项规定，在订立合同时显示公平的，当事人一方有权请求人民法院或仲裁机关撤销。

民事行为成立时显失公平，是指出于非自愿的原因，实施民事行为的结果对一方当事人过分有利，对他方当事人过分不利。显失公平一方面着眼于实施民事行为的结果，要求当事人之间的利益关系在民事行为成立时明显失衡。另一方面，显失公平要求当事人之间的利益关系严重失衡并非当事人自愿的结果，而是由于一方当事人利用优势或者利用对方没有经验所致。

3. 一方以欺诈、胁迫手段或者乘人之危，使对方当事人在违背真实意思的情况下所为的民事行为

《合同法》第54条第2款规定，一方以欺诈、胁迫的手段或者乘人之危，使对方在违背真实意思的情况下订立的合同，对方有权请求人民法院或者仲裁机构撤销合同。这与《民法通则》第58条第（3）项将此类民事行为确认为绝对无效不同。民法通则将此类民事行为确认为绝对无效，一方面不适当地强化了国家干预、限制了当事人的自由意志；另一方面常会给欺诈、胁迫以及处于危难处境的当事人带来更为不利的法律后果，因此，应将其适用范围通过目的性限缩，限定为存在有损害国家利益的情形。

（三）撤销权

撤销权是享有撤销权的当事人，能通过自己的单方面意思表示使民事行为的效力归于消灭的权利。撤销权为形成权。可撤销的民事行为不存在对国家利益或者社会公共利益的危害，公权力无须直接干预其效力，因而赋予当事人撤销权，意在贯彻私法自治原则，因此可撤销民事行为效力的消灭，必须有行使撤销权的行为，仅有可撤销事由而无行使撤销权的行为，民事行为的效力不受影响。

享有撤销权的人包括：

（1）因产生重大误解，致自身利益遭受较大损失的行为人；

（2）因非自愿的原因导致行为人之间的利益关系严重失衡，处于过分不利地位的行为人；

(3) 被欺诈、胁迫或被别人利用了自身危难处境的行为人。

撤销权人行使权利的意思表示，须向法院或仲裁机构作出，而非向相对人提出。因此，撤销权的现实实现，必须借助于法院或仲裁机关的裁断。若法院或仲裁机关承认撤销权人的撤销权，则依《民法通则》第 59 条第 2 款“被撤销的民事行为从行为开始起无效”的规定，以及《合同法》第 56 条关于被撤销的合同自始没有法律效力的规定，民事行为的效力溯及于其成立之时消灭。

《合同法》第 55 条第（1）项规定，具有撤销权的当事人自知道或者应当知道撤销事由之日起 1 年内没有行使撤销权，撤销权消灭。该 1 年期限，为除斥期间，相比较《民通意见》第 73 条第 2 款“可变更或者可撤销的民事行为，自行为成立时起超过 1 年当事人才请求变更或撤销的，人民法院不予保护”的规定，《合同法》的该项规定无疑有利于撤销权人利益的保护，因而更为合理。

（四）撤销权与变更权

依《民法通则》第 59 条以及《合同法》第 54 条的规定，可撤销的民事行为同时也是可变更的民事行为。这就是说，对此类民事行为，撤销权人有权请求予以撤销，也可以不要求撤销而仅要求变更民事行为的内容。所谓变更，是指要求改变民事行为的某些内容，如适当调整民事行为的价格条件，适当减轻一方承担的义务等。通过变更可以使当事人之间的权利义务趋于公平合理，并使其符合当事人的意愿。这种请求变更民事行为的权利即变更权，也属于形成权，应向人民法院或者仲裁机构主张。当事人行使变更权的，其撤销权消灭，民事行为确定生效。变更权的规定，使权利人取得了调整当事人间利益关系的可能，符合鼓励交易的原则，并缓和了撤销权的僵硬，无疑为妥当的制度设计。《合同法》第 54 条第 3 款规定，当事人请求变更的，人民法院或者仲裁机构不得撤销。这一规定尊重当事人的意愿，妥当贯彻了私法自治的原则。

三、效力待定的民事行为

（一）效力待定的民事行为内涵

效力待定的民事行为，又称效力未定的民事行为，是指民事行为虽已成立，但是否生效尚不确定，只有经由特定当事人的行为，才能确定生效或不生效的民事行为。

效力待定的民事行为，既存在转变为确定不生效民事行为的可能，也存在转变为确定有效民事行为的可能，因此类似于可撤销民事行为。但两者也有差异。

可撤销的民事行为，从成立时起已经发生一定效力，只不过该效力仅能约束无撤销权的一方当事人，不能约束有撤销权一方当事人，因此属于效力不完全。而效力待定的民事行为，其效力发生与否，尚处于悬而未决之状态。

效力待定民事行为并不存在对国家利益或社会公共利益的危害，因此，没有必要发动公权力对民事行为的效力进行干预的必要。允许经由特定当事人的行为最终确定民事行为的效力，是贯彻私法自治原则的需要。

（二）效力待定民事行为的类型

1. 限制民事行为能力人所实施的依法不能独立实施的多方民事行为

限制民事行为能力人可以进行与其年龄、智力、精神健康状况相适应的民事行为；可以进行纯获利益的民事行为；可以征得其法定代理人的同意进行其他类型的民事行为。但限制民事行为能力人实施的依法不能独立实施的单方民事行为绝对无效；限制民事行为能力人实施的依法不能独立实施的多方民事行为，尤其是合同行为，属于效力待定的民事行为。

此类效力待定的民事行为，其效力得经由下列途径最终确定：

（1）法定代理人及时追认的，民事行为确定有效。法定代理人未及时追认的，民事行为确定不发生效力；

（2）善意相对人在法定代理人追认前行使撤销权，撤销其生效意思表示的，民事行为确定不发生效力。

2. 无权处分行为

无权处分行为，是指当事人在对财产没有处分权能的情况下，实施了以引起财产权利变动为目的的民事行为。

依据《合同法》第 51 条的规定，无权处分行为属于效力待定的民事行为。经权利人追认或无处分权的人订立合同后取得处分权的，该合同有效。所谓经权利人追认，是指有处分权人追认无处分权人进行的处分行为。所谓无处分权人订立合同后取得处分权，是指无处分权人处分权的欠缺在订立合同后由于其他途径得到弥补，如有处分权人将财产转让给无处分权人等。如果权利人未进行追认且无处分权人在订立合同后也未能取得处分权的，民事行为确定不发生效力。

3. 无权代理行为

无权代理行为包括广义的无权代理行为和狭义的无权代理行为。广义的无权代理行为包括表见代理和狭义的无权代理。狭义的无权代理行为是指行为人没有代理权、超越代理权或者在代理权终止后，以代理人的身份所进行的民事行为。

依据《民法通则》第 66 条第 1 款以及《合同法》第 48 条第 1 款的规定，狭义的无权代理行为属于效力待定的民事行为，其效力得经由如下途径最终确定：

（1）被代理人及时追认，民事行为确定有效。被代理人未及时追认的，民事行为确定不发生效力。

《合同法》第48条第2款规定，相对人可以催告被代理人在1个月内予以追认。在此期间内被代理人未作表示的，视为拒绝追认，民事行为确定不发生效力。

（2）善意相对人在被代理人追认前行使撤销权，撤销其生效意思表示的，民事行为确定不发生效力。

《合同法》第48条第2款确认，无权代理合同在被代理人追认前，善意相对人有撤销其生效意思表示的权利。这里的善意相对人，是指不知道也不应该知道对方为无权代理人，又能举证证明其有理由相信对方为有代理权的相对人。善意相对人行使撤销权应在法定代理人追认之前，并应以通知的方式作出。善意相对人行使撤销权的行为属于单方民事行为，其撤销权的行使导致民事行为确定不发生效力。

表见代理是《合同法》第49条所涉及的内容。该条规定，相对人有理由相信无权代理人有代理权的，该代理行为有效，而非效力待定民事行为。

4. 无权代表行为

无权代表行为是指法人的法定代表人或者其他组织的负责人超越代表权限进行的民事行为。所谓超越代表权限进行的民事行为，包括法人的法定代表人或其他组织的负责人未经法人或其他组织授权，超越法人或其他组织章程中规定的经营范围进行的民事行为；也包括他们超越法人或其他组织通过章程或决议对其代表权设定的其他限制进行的民事行为。

法人或其他组织事后通过决议对无权代表行为进行追认的，民事行为确定有效。为保护善意相对人的利益，依据《合同法》第50条的规定，相对人不知道也不应该知道法定代表人、负责人是超越代表权限进行民事行为的，即相对人为善意的，该无权代表行为有效。

四、民事行为被确认绝对无效、被撤销或确定不发生效力的法律后果

有效的民事行为能实现行为人所期望的法律效果，被确认无效、被撤销或确定不发生效力的民事行为，尽管不能实现行为人预期的法律效果，但并非不发生任何法律效果。被确认绝对无效、被撤销或确定不发生效力的民事行为发生如下法律后果。

（一）返还财产

民事行为自成立至被确认绝对无效、被撤销或确定不发生效力期间，当事人可能已根据该民事行为取得了对方的财产。民事行为被确认绝对无效、被撤销或确定不发生效力后，当事人取得财产的法律根据已丧失，原物仍存在的，交付财产的一方可行使所有物返还请求权，请求受领财产的一方返还财产。原物不存在的，交付财产的一方可主张不当得利返还请求权，要求对方返还不当得利。只有一方交付财产的，作单方返还；双方皆交付财产的，作双方返还。

（二）赔偿损失

依据《民法通则》第 61 条第 1 款以及《合同法》第 58 条的规定，民事行为被确认绝对无效、被撤销或确定不发生效力，如系由一方或双方的过错造成的，则发生赔偿损失的问题，要由有过错的一方向无过错的一方赔偿因民事行为被确认无效、被撤销或确定不发生效力所发生的损失。在双方均有过错的情况下，各自承担相应的责任。

关于赔偿损失的范围问题，应区分不同情形：民事行为被撤销是由于当事人一方存在重大误解的，该方当事人承担损害赔偿责任的数额不应超过民事行为有效时对方当事人可以获得的利益数额。民事行为被撤销是由于当事人一方采用欺诈、胁迫手段或者乘人之危的，该方当事人承担损害赔偿责任的数额不受民事行为有效时对方当事人可以获得利益数额的限制。

（三）其他法律后果

依据《民法通则》第 61 条第 2 款以及《合同法》第 59 条的规定，在当事人双方恶意串通，实施民事行为损害国家、集体、第三人利益时，追缴双方所取得的财产，收归国家、集体所有或返还给第三人。依据《民法通则》司法解释第 74 条的规定，所谓“双方取得的财产”，应当包括双方已经取得和约定取得的财产。

关于民事行为被确认无效或被撤销后的法律后果，《澳门民法典》第 282 条规定：“宣告法律行为无效及撤销法律行为均具有追溯效力，应将已受领之一切给付返还，不能将之返还时，则作等价返还。一方当事人已将应返还之物无偿转让，而不能要求或实际上不能使取得人将之返还，亦不能使出让人返还该物之价值时，则取得人替代该出让人承担有关义务，但仅以其所取得之利益为限。”

第六节　附条件与附期限的民事行为

一、附条件的民事行为

（一）附条件的民事行为的概念

附条件的民事行为，是指民事行为效力的开始或终止取决于将来不确定事实的发生或者不发生的民事行为。《民法通则》第 62 条规定，民事法律行为可以附条件，附条件的民事法律行为在符合所附条件时生效。《合同法》第 45 条第 1 款规定，当事人对合同的效力可以约定附条件。附生效条件的合同，自条件成就时生效。附解除条件的合同，自条件成就时失效。

民事行为所附条件，应满足如下要求：

（1）条件必须是将来的事实。已经发生的事实，无论当事人是否知晓，都不能作为条件。

（2）条件必须是不确定的事实，即该事实是否发生，是当事人无法精确预料的。必定要发生的事实不能作为条件。

（3）条件必须合法，不能以违反法律的事实作为条件。

（4）条件必须是当事人设定的条件，不能是法律规定的与民事行为效力有关的条件。

（二）条件的类型

1. 延缓条件与解除条件

在民事立法中，根据条件是限制民事行为效力的发生还是决定民事行为效力的丧失，常将条件区分为延缓条件与解除条件。

民事行为效力的发生以特定条件的成就为原则，该特定条件即为延缓条件（也称生效条件或停止条件）。附延缓条件的民事行为，在条件成就之前，民事行为已经成立，但民事行为的效力处于停止的状态。

已经成立的民事行为，于特定条件成就时其法律效力丧失，该特定条件即为解除条件。附解除条件的民事行为，在条件成就与否确定前，民事行为已经生效。一旦解除条件成就，民事行为的效力即终止。

2. 积极条件与消极条件

以作为条件的事实的性质系属积极的抑或消极的为标准，将条件区分为积极条件与消极条件。积极条件（又称肯定条件），是以某事实的发生为成就的条件。消极条件（又称否定条件），是以某事实的不发生，为成就的条件。延缓条件与解除条件既可以是积极条件，也可以是消极条件。

3. 随意条件、偶成条件、混合条件

根据条件的成就是否受当事人意思左右，将条件区分为随意条件、偶成条件和混合条件。依当事人一方的意思，可决定其成就与否的条件，为随意条件。条件成就与否与当事人的意思无关，而是取决于其他事实的，为偶成条件。条件成就与否取决于当事人以及第三人意思的，为混合条件。

（三）对附条件民事行为的保护

附条件的民事行为，是当事人基于意思自治原则，使行为人的动机获得法律表现的形式，因而受到法律的保护。根据《合同法》第 45 条第 2 款的规定，当事人为自己的利益不正当地阻止条件成就的，视为条件已成就。不正当地促成条件成就的，视为条件不成就。这里所谓的“不正当”，主要是指当事人的行为违背了诚实信用原则的要求。

二、附期限的民事行为

（一）附期限的民事行为的概念

附期限的民事行为，是以一定期限的到来作为效力开始或终止原因的民事行为。《合同法》第 46 条规定：“当事人对合同的效力可以约定附期限。附生效期限的合同，自期限届至时生效。附终止期限的合同，自期限届满时失效。”

附期限与附条件不同。任何期限都是确定地要到来的；而条件的成就与否具有不确定性，期限可以与条件一起，共同组成对一个民事行为效力的限制因素。

附期限的民事行为与民事行为中约定履行期限是不同的。所谓履行期限，是指双方当事人约定的履行合同义务的时间，如合同约定 7 月 10 日为交货日，在履行期限到来之前，当事人双方需要实际履行合同义务，债权人也不能请求债务人实际履行债务，否则债务人有权拒绝。因此，履行期限是对实际履行合同义务的规定。而附期限的民事行为是对合同效力的规定。如附生效期限的合同，在生效期限尚未到来时，合同根本没有生效，当事人也不能享有权利并承担义务。

（二）期限的类型

1. 延缓期限与解除期限

根据期限是限制民事行为效力的发生还是决定民事行为效力的丧失，民事立法将期限区分为延缓期限与解除期限。

延缓期限（又称始期），是指民事行为效力的发生以特定期限的到来为条件，该特定期限即为延缓期限。已经生效的民事行为于特定期限到来时，效力终止，该特定期限即为解除期限，又称终期。

2. 确定期限与不确定期限

以作为期限内容的事实发生的时期是否确定为标准，将期限区分为确定期限与不确定期限。作为期限内容的事实发生的时期确定的，为确定期限。作为期限内容的事实发生的时期不确定的，为不确定期限。

（三）法律对期限的限制

法律不允许对民事行为附加不能期限。所谓不能期限是指约定的期限过于久远，违背常情。

思考题

1. 民事法律行为的概念和特征是什么？
2. 民事行为的成立应具备什么条件？
3. 什么是意思表示？
4. 民事行为的生效条件包括哪些？
5. 无效民事行为的法律效果是什么？
6. 民事行为的成立和生效有何区别和联系？

案例分析

吴某到日本考察期间，经朋友介绍购买了日本生产的索尼牌照相机一部。吴某不懂摄影，就该部相机的操作问题请教国内摄影爱好者艾某帮助。艾某见到相机爱不释手，并直夸这是部非常好的相机，接着开玩笑对吴某说："给我吧。"吴某说："你是行家，你先拿去用吧。"艾某拿走相机后使用了约三个月，后因急需用钱，将该部相机以3 000元的价格卖给了不知情的另一摄影爱好者小罗。吴某在街上遇见艾某说："相机你已经用了好几个月了，该还给我了吧？"艾某说："你不是送给我了吗？反正你这大款，不在乎这点东西的。我手头有点紧，刚把它卖了。"吴某当时感觉十分生气。后双方为此发生争执，诉至法院。

请问：

1. 该案涉及哪些基本理论？

2. 该案应如何处理?

3. 就该案涉及的主要理论问题谈谈你的看法。

【简要提示】

1. 本案涉及意思表示的解释以及无权处分和善意取得制度等相关问题。

2. 吴某与艾某之间的戏言“给我吧”“你先拿去用吧”标明两者之间属于借用关系。艾某在借用期间占有吴某的相机，又将相机卖给不知情的小罗，属于无权处分的行为。但是小罗根据善意取得制度可以取得相机的所有权。吴某不能向小罗主张返还相机，只能向艾某行使不当得利返还请求权或者侵权损害赔偿请求权。

3. 关于该案涉及的主要理论问题。关于吴某的意思表示的含义问题。根据文义解释，吴某实际上是借用的意思表示，而非赠与的意思表示。如果对此仍有疑问，结合目的解释规则，吴某所欲达到的目的实际上也是借用，而非赠与。

关于处分和善意取得问题。无权处分的民事行为为效力待定的民事行为，经权利人追认或者处分人事后取得处分权时，该民事行为有效，第三人可以取得被处分的标的物的所有权。如果没有追认和事后取得处分权的情形，第三人符合善意取得构成条件时，该第三人也可以取得标的物的所有权。本案中的小罗就符合善意取得的条件。

第十章 代理

导读

代理是一人以另一人的名义或以自己的名义独立地实施法律行为，该法律行为所产生的法律效果直接归于或间接属于被代理人的法律制度。代理制度是民事法律制度的重要组成部分。代理关系是一项包括代理人与被代理人之间的授权关系，代理人与相对人之间的代理行为表示关系和被代理人与第三人之间的本法律关系的综合法律关系。它的主体有代理人、被代理人和第三人。本章着重介绍代理制度的基本问题。本章的重点是代理的概念，代理的类型，代理关系，代理人的义务，代理权及其行使，无权代理和表见代理。本章难点是代理权的性质，代理行为性质，无权代理的法律效果和表见代理。

第一节　代理的概述

一、代理的概念及特征

（一）代理的概念

代理是指在代理权限内，一人以另一人的名义或以自己的名义与第三人独立地实施法律行为，该法律行为所产生的法律效果直接或间接归属于被代理人的法律制度。在代理法律关系中，以另一人的名义或以自己的名义实施民事法律行为的人，称为代理人。由他人代为实施民事法律行为，承担法律效果的人，称为被代理人、本人，有时也称为授权人、委托人。与代理人实施民事法律行为的人，称为第三人或相对人。

《民法通则》第63条第2款规定："代理人在代理权限内，以被代理人的名义实施民事法律行为。被代理人对代理人的代理行为，承担民事责任。"该条款仅规定了直接代理制度。随着我国经济的发展，特别是对外经济贸易的发展，在外贸领域采用间接代理的方式越来越多，1991年8月，当时的外经贸部颁布了《关于对外贸易代理制的暂行规定》，就外贸代理制作出了较为详尽的规定，确立了外贸直接代理和外贸间接代理两种类型的外贸代理制度。《合同法》借鉴英美法的规定，接受《国际货物销售代理公约》间接代理制度，于第二十一章"委托合同"设有两个条文，即第402条和第403条，规定间接代理关系及其消灭的特殊原因；该法第二十二章"行纪合同"专门对贸易活动中的间接代理关系设有特别规定。

（二）代理的特征

1. 代理涉及三方法律关系

代理法律关系中，涉及三方主体，即代理人、被代理人、第三人；也涉及三种法律关系，即代理人与被代理人之间的授权关系，代理人与相对人之间的代理行为表示关系和被代理人与第三人之间的效果承担关系。授权关系是代理的基础关系。授权的原因，有的是基于法律规定，有的是基于法院等有权机关的指定，在经济贸易领域最常见的是基于委托合同、雇佣合同、劳动合同等合意。代理行为表示关系是指代理人依据代理权实施代理行为，代表本人向第三人为意思表示或接受意思表示而形成的特殊法律关系。效果承担关系是指代理人在代理权限内实施代理行为的法律后果全部由本人承担的本法律关系。在委托代理中，涉及两个合同，分别是委托人与受托人之间的委托合同、代理人与第三人签订的由本人承受的合同（在此本书称为本合同或本法律关系，代理行为包括委托行为与本法律行为）。

2. 代理人必须为被代理人的利益进行代理

代理人代理被代理人从事法律行为，只能为被代理人的利益，而不能为自己的利益。当然，代理人在代理服务完成后有获得佣金或报酬的权利。代理人的利益仅限于此。代理人必须为被代理人的利益在此是指，代理人必须为被代理人的利益进行活动，代理人在与第三人所实施的法律行为中只能贯彻被代理人的利益。这是代理制度最重要的特征，也是被代理人委托代理人从事民事活动的目的所在。代理人如果在为被代理人实施法律行为的过程中追求佣金以外的利益，违反了代理人的忠实义务，应当承担相应的民事责任。

3. 代理人在从事本法律行为时，根据自己的知识、技能，独立为意思表示

代理制度设置的法律目的是让被代理人利用代理人的知识或技能为自己服务。因此，代理人应以自己的知识和技能为被代理人的利益，在从事本法律行为时，独立为意思表示。这是代理人与使者最根本的区别，使者只传达本人意思而不得为独立意思表示。由于意思表示是法律行为的基本要素，代理人的使命就是代被代理人为该意思表示，如在委托人的指示或要求范围内，自己决定何时与第三人签订合同，签订何种具体内容的合同等。受托人是否为意思表示是区分诸如代人保管物品、代人照顾小孩或宠物，代人接机等其他委托行为的标志。这些委托行为，尽管也是出于他人委托，但受托人不必对第三人为意思表示，因而不是代理行为。

4. 本法律行为的法律效果归属于被代理人

代理行为包括委托行为与本法律行为，委托合同的法律效果由委托人和受托人各自承担。本法律行为尽管是由代理人实施，但其法律效果将由被代理人承担，即由本法律行为引起的民事法律关系，该民事法律关系的主体是被代理人与第三人。本法律行为的法律效果归属于被代理人，符合被代理人充分利用他人知识和技能增进自己财富的制度目的。在直接代理中，本法律行为的法律效果直接归属于被代理人；在间接代理中，本法律行为的法律效果间接地归属于被代理人。间接归属是指本法律行为的法律效果先由代理人自己承担，然后移转给被代理人。

二、代理制度的作用

（一）扩张了当事人意思自治的能力

个人依自己的自由意思而处理各种社会生活关系，是近代法的理想，也是私

法的基本理念。只是由于个人的精力、时间甚至能力等均有限，不妨以自己所信任的人为代理人，利用他的能力和专门知识进行民事活动，而自己坐享其法律效果，从而扩张了民事主体从事民事活动的范围。私人的各种事务，未必事事躬亲，况且，躬亲的效果未必强于代理的效果。特别是对于经济组织来说，借助于代理制度可以克服地域的限制，而在全国市场，甚至国际市场进行购销、投资、合作、贸易等经济活动。试看当今的大企业家，其事业广布全球，而自己却悠然自得，这都是代理制度所赐。

（二）补充意思自治能力的不足

在近代法，一切自然人皆有人格，皆有民事权利能力。但并非每一个自然人均有民事行为能力。无意思能力者无民事行为能力；限制意思能力者限制民事行为能力。无民事行为能力人不得自为民事法律行为；限制行为能力人只能从事与自己的意思能力相适应的民事法律行为。因此，无民事行为能力人或限制民事行为能力人必须借助代理制度参加各种社会活动，以弥补此类民事主体行为能力的不足。未成年人和精神病人之所以能够实际参加社会活动，获得权利能力的实效，这都是依赖于代理制度。

因此，代理是以扩张或补充私法自由为目的，依他人行为而取得权利、负担义务的制度。代理不得视为意思自治的例外，然而代理制度并不是直接依自己的意思而实施民事法律行为，其毕竟是对于个人意思自由的一种限制，因此各国民法为防止代理权的滥用而设有强行性规定。❶

三、与代理（人）相类似的概念

1. 使者与代理人

法律上的使者，指帮助民事主体实施民事行为的辅助人，其任务在于传达主体的意思或意思表示，或代主体接受意思表示。使者与代理人的主要区别在于：使者无权决定意思表示的内容，因而不能决定民事法律行为是否成立。使者实质上是民事主体之喉舌。

2. 法人代表与代理人

法人除通过代表人进行民事活动外，还通过代理人进行民事活动。谁是代理人，谁是代表人，容易混淆。无论是通过代表人还是代理人，所实施的民事法律行为的效果，均直接归属于法人承受，在法律效果上两者并没有区别。

---

❶ 梁慧星．民法总论［M］．北京：法律出版社，1996：206—207．

法人代表与代理人的区别是：第一，法人代表为法人本身的机关，而非独立的主体，代理人为独立的主体，非法人的机关；第二，法人与法人代表之间的关系是内部组织关系，而法人（被代理人）与代理人之间的关系是两个平等主体之间的关系；第三，代表人的行为，即为法人本身的行为，而代理人的行为非法人的本身的行为，是基于法律规定的代理制度，而由法人作为被代理人承受其法律效果。

3. 居间与代理

居间为一种合同关系。依此合同关系，居间人为委托人报告签订合同的机会或充当签订合同的媒介，而由委托人自己订立合同并给付报酬。居间与代理有一定的相似性，两者均需要取得委托人的授权；居间人与委托人均不能成为委托人与相对人之间的合同的当事人。

但是，两者的区别也是比较明显的：第一，代理人有代理权；而居间人没有代理权。第二，代理人必须向相对人独立作出或接受意思表示；而居间人无需向相对人、委托人独立作出或接受意思表示，其活动仅限于提供订约机会或媒介服务。第三，居间行为是一种事实行为，不会产生一定的法律效果；而代理行为是一种法律行为，直接产生相应的法律效果。

4. 行纪与代理

行纪为一种合同关系。依此关系，行纪人受他人委托，以自己的名义为委托人实施民事行为，并收取报酬。行纪系间接代理。根据我国相关法律法规规定，行纪人须有特殊的身份，是依法登记专门从事行纪营业的主体，其行纪行为的范围由法律规定。代理人无身份上的要求，代理行为的范围比较广泛。行纪人是典型的商主体，而代理人既可能是商主体，也可能是民事主体。

5. 委托与代理

委托是一种合同关系。依此关系，受托人根据委托授权，有偿或无偿地处理委托人事务。在委托合同关系中，委托他人为自己处理事务的人是委托人；接受并处理委托事务的人为受托人。在委托代理关系中，委托人是本人，即被代理人；受托人是代理人。委托是代理权限来源之一。

两者的区别主要如下：第一，委托关系仅发生在委托人与受托人之间；而代理关系涉及代理人、被代理人和第三人，是三方关系。第二，委托是产生代理权的方式之一。根据代理权限来源不同，代理有委托代理、法定代理和指定代理三种。第三，委托合同中的受托人，依据委托授权，既可以实施法律行为，也可以实施一定的事实行为；而代理人则必须独立作出或接受意思表示，代理的事务为须依法律行为方式行事的事务。

第二节 代理关系

一、代理关系的主体

代理关系涉及三种法律关系，实质上是一种综合性法律关系。代理关系包括代理人与被代理人之间的授权关系，代理人与相对人之间的代理行为表示关系和被代理人与第三人之间的本法律关系。(1) 授权关系是代理关系的基础关系。授权的原因，有的是基于法律规定，有的是基于法院等有权机关的指定，在经济贸易领域最常见的是通过合意产生授权。合意方式主要有委托合同，除此之外，还有通过合伙、雇佣、劳动等关系过程中形成的委任授权关系。(2) 本法律关系是指代理人在代理权限内实施代理行为所产生的法律效果全部由本人承担的关系，又称之为效果承担关系。在委托代理关系中，涉及两个合同，分别是委托人（被代理人）与受托人（代理人）人间的委托合同，以及代理人与第三人签订的由本人承受的合同。由于代理人与第三人签订的合同是被代理人希望得到的合同，只要在被代理人的授权范围内所订立的合同，在法律上推定符合被代理人的本旨，因此，本书将代理人与第三人签订的合同称为本合同或本法律关系。因此，代理行为包括授权行为与本法律行为（本合同行为）。(3) 代理行为表示关系是指代理人在代理权限范围内实施代理行为，代表本人向第三人为意思表示或接受意思表示而形成的特殊法律关系。尽管本合同行为是通过代理人的行为而实施，通常情况下，代理人与相对人之间并不发生任何法律关系，但是在超越代理权而不被本人追认时，代理人与相对人之间发生民事法律关系，即该无权代理人作为法律关系的当事人对相对人承担责任。以通过代理方式订立的买卖合同为例：A 委托授权 B 购买一批某型号的彩电，结果 B 与 C 签订彩电购买合同。A 与 B 之间的关系是委托授权关系，是代理关系的基础关系；B 与 C 之间的关系是代理行为表示关系；A 与 C 之间的关系是买卖合同关系，表面上看是一种买卖效果承担关系。该买卖关系是委托人所追求的法律关系，尽管代理人 B 独立地向 C 作出接受或拒绝购买的意思表示，但只要在代理权限内，即在法律上推定符合被代理人 A 的本旨。因此，本书将 A 与 C 之间的买成关系称为本法律关系。

因此，代理关系自然由三方主体构成：本人或被代理人或委托人或授权人、代理人、相对人或第三人。在代理关系中，以另一人的名义或以自己的名义实施民事法律行为的人，称为代理人；由他人代为实施民事法律行为，承担法律效果的人，称为被代理人、本人，有时也称为授权人、委托人；与代理人实施民事法律行为的人，称为第三人或相对人。

二、代理人的义务

（一）代理人勤勉工作、为被代理人利益计算的义务

1. 为被代理人利益计算义务

代理制度的目的是为扩张民事主体的活动范围，克服时间、地域限制及能力上的不足，以代理人的行为实现被代理人的利益。因此，代理人在行使代理权限时，不是为自己的利益，而是为被代理人利益计算。

2. 勤勉工作的义务

代理人必须勤勉、竭尽其能地为被代理人工作，完成代理任务。代理人在与第三人谈判、签订合同时，应当以自己的知识、技能等各方面的能力为被代理人服务。

3. 尽相当的注意义务

代理人在处理委托事务时，应尽相当的注意义务。其注意程度，因代理种类不同而有差异：(1) 在法定代理、指定代理或无偿委托代理情形下，代理人实施代理行为时，应与处理自己事务为同样的注意；(2) 在有偿委托代理情形下，代理人处理代理事务时，应尽善良管理人的注意。违反此项注意，即构成过失，代理人应负过失责任。《民法通则》第 66 条第 2 款规定，代理人不履行职责给被代理人造成损害的，应承担民事责任。不履行职责，包括代理人怠于处理委托事务及违反上述注意义务。

4. 遵从被代理人的指示的义务

在委托代理中，代理人可以独立处理委托事务，但应遵从被代理人的指示。为更好地保护被代理人的利益，在特殊情形下，法律允许代理人变更指示。特殊情形是指代理人不能事先同本人商量，如不变更被代理人指示将不利于被代理人的情况。事后代理人应当将变更的情况及时告知被代理人。

（二）代理人亲自处理委托事务的义务

代理人应当自己处理委托事务，非经被代理人同意或有不得已的事由，不得由他人代替自己履行义务。在法定代理与指定代理中，代理权系因法律规定或指定而发生，且代理人往往需要与被代理人之间有特定身份关系，因此，不允许代

理人转托代理权。在委托代理中，委托人授代理权限于受托人，往往系出于对受托人的信赖，委托关系是以当事人之间的相互信赖为基础，因此也不允许代理人转托代理权。所谓不得已的事由，是指作为代理人的自然人患病或外出；作为代理人的法人停业等原因不能自己实施代理行为，非转托他人代理不可而又不能事先征得被代理人同意的情况。在征得本人同意或迫不得已，代理人可将受托事务转托第三人，该第三人为复代理人。复代理人非原代理人的代理人，而是被代理人的代理人，其代理行为直接对被代理人发生效力。原代理人仅对选任复代理人不当致被代理人遭受损害时，承担责任。《民法通则》第68条规定，委托代理人为被代理人的利益需要转托他人代理的，应当事先取得被代理人同意。事先未取得被代理人同意的，应当事后及时告知被代理人，如果被代理人不同意，由代理人对自己所转托的人的行为负民事责任。但在紧急情况下，为了被代理人的利益而转托他人代理的除外。“紧急情况”是指有不得已的事由。

（三）代理人的报告义务

按照民法上的代理制度，代理人负有向被代理人报告的义务。在被代理人要求报告或代理人认为有必要报告时，代理人应当将处理委托事务的一切重要情况向被代理人报告。此所谓重要情况，是指在代订合同时，对合同当事人的履约能力、资信、市场行情及其走势等情况，完成委托事务后，应报告处理事务的经过和结果，并提交必要的文件资料。在转托他人处理事务时，应当事先或事后，将转托的复代理人的能力、资信、经验等情况向本人报告。

（四）代理人的保密义务

无论是法定代理、指定代理或委托代理，代理人均负有为被代理人保密的义务。在代理关系有效期间或终止后，均不得将代理过程中了解到的本人秘密包括个人秘密或隐私和商业秘密，向任意第三人泄露，也不得自己用来同被代理人进行不正当竞争。但是，本人的秘密情况和资料涉及或构成违法行为时，代理人无保密义务。他有权向有关政府报告或揭发该违法行为。[1]

三、代理权

（一）关于代理权性质的学说

代理权概念，由德国学者拉邦德（Laband）提出。他在其论文《代理权的授予与其基础关系的区别》中，分析了代理权授予行为与委托合同的区别，提出了

---

[1] 梁慧星．民法总论［M］．北京：法律出版社，1996：206－207．

代理权的概念，被誉为法学上的一大发现。[1] 代理权是实施代理行为的权限，为代理关系的基础。关于代理权的性质，学说上有不同见解：

1. 否认说

该说为法国学者所倡，认为代理不过是特定法律关系如委任的外部效力，并非独立制度，也无所谓代理权。受此学说的影响，法国民法典只规定委托制度，没有严格意义上的代理制度。委任所发生的只是委任人与被委任人之间的法律关系，并不存在独立于委任关系的代理权。该说已经日趋式微，不为当今学者所采用。

2. 权力说

该说为德国学者所倡，认为代理权系一种法律上的力，它既可以源于本人的授权行业，也可以源于法律的直接规定。凭借此法律上的力，代理人可以改变本人与第三人之间的关系，而本人则必须承受其后果。所谓授权行为，就是授权代理人此种法律上之力的行为。我国以此说为通说，其理由：第一，代理权行使的目的是为本人，而非为代理人自己谋取利益，这与权力行使的目的相通；第二，代理人有权排除他人对于处理事务的干扰，包括本人。代理人的代理权力不是被代理人授予的，而是法律授予的。只是被代理人与代理人之间的合同关系使法律规则发生作用，其结果是使代理人得到这种权力。

3. 权利说

此说认为代理权是一种民事权利。代理权为民事权利的理由是：第一，代理权的产生基于当事人的意思自治，根据意思自治原则，当事人可以在不违反法律的前提下，根据自己的意愿创设权利；第二，代理权的行使产生了民事权利义务关系。代理权究竟属于何种民事权利？有的认为属于形成权，有的认为属于财产管理权。权利说的缺点是显然的：权利总是保护某种利益，代理权人只负义务，而不享有权利。即使在有偿代理中，代理获得报酬与请求本人偿还垫付费用的权利，也不是基于代理关系，而是基于委托合同。代理权不包含利益，其行为的效果，直接归属本人，于代理人并无利益可言，故非权利。最近，我国有学者为权利说辩护：他们认为，权利的本质是自由而非利益，权利表现为权利人实现自己意志的可能性。由于代理人在执行代理事务的过程中享有一定范围的自由裁量余地，这种自由意志的存在，证明了代理权是一种民事权利。[2]

---

[1] 王泽鉴．民法学说与判例研究（四）［M］．北京：中国政法大学出版社，1998：7.

[2] 李锡鹤．民事代理理论的几个问题［M］//梁慧星．民商法论丛（第10卷），北京：法律出版社，1998：78－82.

4. 资格说

该说在日本已经成为通说，我国王利明教授亦持此说。[1] 该说认为，代理权是一种法律上的能力或资格。资格说较权利说更为可采，但也有不足之处，尤其是难以解释下述问题：第一，法律上的能力，具有与主体不可分离的性质，无论如何均不得转让，如权利能力、行为能力等。在代理关系中，被代理人凭什么授予他人以资格？第二，行为能力概念本身，已经包含了代理能力在内，则无须他人的授予或法律特别规定，如何解释因授权而获得的代理能力与代理人行为能力所固有的代理能力之间的相互关系？第三，将代理权解释为能力，忽视代理权更本质的东西，即代理权所具有的法律效力。[2]

韩忠谟先生则不在权利的范围内谈论代理权的性质，而提出了所谓权限说。该说认为代理权是一种权限，权限是为他人利益可相对自由行动的一种空间。对于权限者而言，它不是一种权利而是负担；负担人又享有为实现他人利益所必要的自由权。[3] 徐国栋教授如是评价权限说："另创权限的概念来描述它，从而彻底地解决了这一问题"[4]。

（二）代理权发生的原因

（1）依法律规定而发生。这是法定代理权发生的原因。监护人因监护身份而成为被监护人的法定代理的代理人，此代理权的产生是由于法律规定的结果。

（2）依法院或其他有权机关指定而发生。如法院为失踪人指定的财产代管人；清算组织为破产法人的代理人；法院在有资格成为法定代理人的人中指定代理人；等等。

（3）依本人的授权行为而发生。委托代理权的发生，是本人授权行为所致。《民法通则》第 65 条第 1 款规定："民事法律行为的委托代理，可以用书面形式，也可以用口头形式。法律规定用书面形式的，应当用书面形式。"授权行为，指本人对于代理人授予代理权的单方意思表示。本人的授权行为，仅是一种法律事实，基于这一法律事实，使关于代理的法律规则发生作用而使代理人获得代理权。[5] 实践中，授权行为常与基础法律关系相结合。但是，授权行为应当与委托行为、雇佣、合伙等基础行为相区分：授权行为是单方行为，无须代理的承诺即

---

[1] 王利明．民法总则研究［M］．北京：中国人民大学出版社，2003：629－631.

[2] 梁慧星．民法总论［M］．北京：法律出版社，1996：214.

[3] 韩忠谟．法学绪论［M］．北京：中国政法大学出版社，2002：177.

[4] 徐国栋．民法总论［M］．北京：高等教育出版社，2007：377.

[5] 梁慧星．民法总论［M］．北京：法律出版社，1996：216.

可成立；而委托、雇佣、合伙等行为为双方或多方法律行为。代理权的授予，不是基本法律关系的外部效力，而是独立的法律制度。略举一例说明：甲委托乙，将10筐苹果按市场价格出售。乙所负有的出卖10筐苹果的义务，系来自委托合同，与乙取得代理权无关，乙取得代理权是因委托合同的存在，使法律规则发生作用的结果。故代理权的授予并非债的发生原因。

代理证书，又称为委托授权书，是指证明代理人取得代理权的书面文件。书面委托代理的授权委托书应当载明代理人的姓名或者名称、代理事项、权限和期间，并由委托人签名或者盖章。委托书授权不明的，被代理人应当向第三人承担民事责任，代理人负连带责任。代理证书与委托合同是有区别的：第一，前者是授权行为这一单方法律行为的表现形式，而非合同关系存在的凭证，因此，只需要本人签字而无需双方签字。委托合同书需要双方签字或盖章。第二，授权行为是单方法律行为，代理证书一旦颁发，就产生授权效力，无需代理人同意。委托合同书因委托是一种双方法律行为，需要双方当事人的合意。第三，代理证书只能证明代理权的存在，不能直接证明委托关系的存在。

（4）依"外表授权"而发生。此为表见代理发生的原因。外表授权，指具有授权行为的外表或假象，而无实际授权的事实。法律为了维护交易安全、公平和善意第三人利益，确认"外表授权"为代理权发生的原因。

（5）依紧急情况而发生。在某种紧急情况下，无须本人授权，法律直接授予当事人以代理权。如舰长、承运人、保管人，在紧急情况下，作为货主代理人而处分其货物。

（三）代理权的行使

1. 代理权行使的一般原则

代理权的行使是指代理人在代理权限内，以被代理人的名义实施代理的活动。因为代理人行使代理权所产生的法律效果由被代理人承担，因此法律上要求，代理人在行使代理权过程中遵循一定的基本准则，即一般原则。这些原则包括：（1）代理人必须在代理权限内从事代理行为的原则。这一原则包括以下四个方面的内容：第一，代理人应当在代理权限范围内行事；第二，代理人不得擅自扩大或变更代理权限；第三，代理期限届满，代理人就应当及时告知被代理人，如果被代理人不延长代理期限，应当停止代理活动。第四，如果授权不明，代理人应当及时向被代理人提出，尽快明确授权范围。（2）诚信原则。代理人依据诚信原则从事代理行为主要表现在以下几个方面：第一，代理人须尽到勤勉谨慎义务，充分维护被代理人利益；第二，有偿代理中，代理人应当尽到善良管理人的注意义务；第三，代理人应当只为被代理人利益，而不得为自己或第三人利益行使代理权；第四，行使代理权过程中，代理人应当尽到及时报告义务，使被代理人及时了解有关情况；第五，代理关系终止后，代理人必须依诚信原则履行报告、保密、结算等义务，并及时交还代理证书及有关资料。（3）亲自从事代理行为的原则。代理关系因具有浓厚的信赖色彩，被代理人常基于对代理人的知识、技能、信用等的信赖而授予代理人以代理权，因此，代理人不应辜负授权人的信赖，应当亲自从事代理行为。但是，代理人患病或外出，或者作为代理人的法人停业等原因不能自己实施代理行为，非转托他人代理不可而又不能事先征得被代理人同意等不得以情况时，或者在征得本人同意下，可以转委托。《民法通则》第 66 条第 2 和第 3 款规定："代理人不履行职责而给被代理人造成损害的，应当承担民事责任。代理人和第三人串通，损害被代理人的利益的，由代理人和第三人负连带责任。"

2. 代理权滥用的禁止

为了保证代理为本人利益行使代理权，在法律上应当对代理权的行使设立若干限制制度，以防止代理人滥用代理权。从目前各国民法的规定上来看，防止代理权滥用的制度有禁止自己代理和禁止双方代理。

（1）禁止自己代理。自己代理是指代理人在代理权限内与自己为法律行为。自己代理有两种情况，一是代理人以自己的名义向本人发出要约，代理人代为承诺；二是代理人以本人的名义向自己发出要约，自己承诺。法律上之所以禁止自己代理，原因在于：自己代理违反了忠实义务，容易发生代理人为了自己的利益而损害被代理人的利益的情况，违反了为被代理人利益计算的义务。由于自己代理并不必然发生损害被代理人利益的情况，因此，法律应当将"是否损害被代理人利益"的判断交由本人，由本人决定是追认还是撤销此笔交易。因此，自己代理行为是一种效力待定的法律行为。

（2）禁止双方代理。双方代理是指代理人同时是交易双方当事人的代理人所为的法律行为。双方代理的特点是：第一，代理人获得了交易双方当事人的代理授权；第二，双方当事人授予代理人的权限内容相同；第三，代理人代理双方为同一法律行为。法律之所以禁止双方代理，原因在于：交易中的双方当事人的利益问题相互冲突的，需要双方当事人讨价还价，才能使双方的利益达到平衡。而一个人同时代表两方利益难免顾此失彼，难以兼顾，容易导致利益失衡。但是，双方代理并不必然发生双方当事人利益失衡情况，有时可能因代理人高超的利益平衡能力而获得双方当事人的认可，因此，从鼓励交易的角度，从效率原则出发，在法律上可以将双方代理行为视为效力待定法律行为。事先经双方当事人同意，或者事后经双方当事人追认，本合同关系发生法律效力。

（四）代理权的消灭

代理权消灭，又称代理权终止，是指代理人与被代理人之间的代理关系消灭。

1. 委托代理的终止原因

根据《民法通则》第69条的规定，委托代理因下列原因而终止：（1）代理期间届满或者代理事务完成；（2）被代理人取消委托或者代理人辞去委托；（3）代理人死亡；（4）代理人丧失民事行为能力；（5）作为被代理人或者代理人的法人终止。但是，根据《民通意见》第83条规定："被代理人死亡有下列情况之一的，委托代理人实施的代理行为有效：（1）代理人不知道被代理人死亡的；（2）被代理人的继承人均予承认的；（3）被代理人与代理人约定到代理事项完成代理权终止的；（4）在被代理人死亡前已经进行、而在被代理人死亡后为了被代理人的继承人的利益继续完成的。"

2. 法定代理和指定代理的终止原因

根据《民法通则》第70条的规定，法定代理、指定代理因下列原因而终止：（1）被代理人取得或者恢复民事行为能力；（2）被代理人或者代理人死亡；（3）代理人丧失民事行为能力；（4）指定代理的人民法院或者指定单位取消指定；（5）由其他原因引起的被代理人和代理人之间的监护关系消灭，如收养关系的解除。

3. 代理关系终止后的代理人义务

代理关系一旦终止，代理人应当依据法律规定和诚信原则，履行以下义务：（1）及时报告代理事务和移交财产的义务；（2）及时交回代理证书的义务；（3）忠实、保密、禁止竞业等后合同义务；（4）不再以被代理人的名义从事代理事务的义务。

第三节　代理的分类

一、广义的代理与狭义的代理

狭义代理，仅指代理人以被代理人的名义实施民事法律行为，而法律效果由被代理人承担的制度。广义代理，指代理人以自己的名义或被代理人的名义，代被代理人实施民事法律行为，而法律效果由被代理人承担的制度。广义代理中，代理人以自己的名义实施的代理，称为间接代理；以被代理人的名义实施的代理为直接代理。各国民法关于代理的规定不完全相同：大陆法系国家民法，如德国、日本及中国台湾地区等，采用狭义的代理概念，而英美法系国家，如英、美、澳等，采广义的代理概念。我国《民法通则》第四章，专门有一节规定“代理”，共有8个条文，是我国代理制度的基本规定。《民法通则》采用了狭义的代理概念；而《合同法》等法律则采用了广义的代理概念，因此，我国系采广义代理概念。

以代理行为的效果是否直接对本人发生为标准，可将代理分为直接代理和间接代理。直接代理系以被代理人的名义实施法律行为，其法律后果直接归属于被代理人的代理；间接代理，指以自己的名义实施的法律行为，其法律效果首先对间接代理人发生，然后依间接代理人与本人之间的内部关系转移于本人的制度。直接代理与间接代理区分的意义在于：第一，代理人从事民事法律行为的名义不同：直接代理是以被代理人名义从事民事法律行为；间接代理是以代理人名义从事民事法律行为。第二，代理效果是否直接归属于本人不同：直接代理的法律效果直接归属于本人；间接代理的法律效果间接归属于本人。第三，适用的法律有所差别：直接代理主要适用《民法通则》有关代理的规定和《合同法》有关委托合同的规定；间接代理主要适用《合同法》有关委托合同的规定和行纪合同的规定，以及《关于对外贸易代理制的暂行规定》等行政法规或部门规章的规定。第四，适用的范围有所差别：直接代理主要适用于一般经济贸易领域中；间接代理主要适用于对外贸易领域中。

二、积极代理与消极代理

以代理人代为意思表示还是代受意思表示为标准，可分为积极的代理（主动代理）与消极的代理（被动代理）。代为意思表示的代理为积极代理；代受意思表示的代理为消极代理。

三、概括代理与限定代理

以代理权限是否被限定为标准，可分为概括代理与限定代理。代理权限范围无特别限定的代理，称为概括代理，又称为一般代理。代理权范围有特别限定的代理为限定代理，又称为特别代理。

四、法定代理、指定代理与意定代理

以代理权的发生原因不同，分为法定代理、指定代理与意定代理。代理权因法律规定而当然发生的代理，为法定代理。代理权因法院及其他有权机关的指定而发生的代理，为指定代理。代理权因本人的授权行为而发生的代理，为意定代理。因授权主要是通过委托方式进行授权，所以意定代理又称为委托代理。

五、有权代理与无权代理

以代理权是否有正当权源为标准，可分为有权代理与无权代理。代理人的代理权有正当权源的，为有权代理，如法定代理、指定代理和委托代理；代理人的代理权无正当权源的，为无权代理，如超期代理、超权代理等。真正的代理以有权代理为限。无权代理，经本人追认，可以成为有权代理；本人拒绝追认的，不发生代理的效力。

六、单独代理与共同代理

以代理权人的人数为标准，将代理区分为单独代理与共同代理。某一代理权由一个代理人单独行使的，称为单独代理；某一代理权由二人或二人以上共同行使的，为共同代理。

七、其他特殊代理类型

（一）复代理

复代理，是指代理人为处理其权限内事务的全部或一部，而另选他人代理的代理。被选定的代理人为复代理人。

（二）紧急代理

紧急代理，又称为必要代理，是指在某种紧急情况下，舰长、承运人、保管人依据法律的规定，作为货主的代理人所为的代理。紧急代理构成有权代理须具备以下条件：一是代理人与本人之间有特定合同关系，如货物运输合同关系、保管合同关系等。二是情况紧急，根本无法获得本人的指示或授权。三是代理人行使紧急代理权须为本人的利益。四是行使紧急代理权是保护本人利益唯一有效的办法。[1]

---

[1] 梁慧星．民法总论［M］．北京：法律出版社，1996：221—222．

第四节 代理行为及其效果

一、代理行为的性质

关于代理行为的性质，民法理论上有三说：一是本人行为说，该说为德国学者萨维尼所倡。该说认为，代理人是本人的机关，本人正是借助于代理人来发出或接受意思表示。代理行为并非代理人的行为，而是本人的行为。其理论根据是，依罗马法思想，行为与行为的效果必须同归一人。依该说，代理人被视为本人的手足，类似于使者。二是代理人行为说，该说为德国学者温德沙伊德所倡。该说认为，代理行为是代理人自身的行为，系依代理权为之。按照私法自治理论，代理人在从事代理行为时应当独立作出意思表示，并依民法代理制度的规定，使其法律效果直接对本人发生。三是共同行为说，为德国学者米特斯（L. Mitteis）所倡。该说认为代理行为是本人与代理人的共同行为。因为此行为的要件应当部分以代理人为准，部分以本人为准，依其参与程度而分。[1] 梁慧星教授对共同行为说的评价是：该说“将本人的授权行为与代理人依代理权所实施的代理行为，混为一谈。且无法解释法定代理和指定代理”[2]。

德国通说和立法，均采代理人行为说。其理由是，代理人从事代理行为，原则上是基于自身的价值判断，并以行为当事人的身份自己决定。因此，就代理行为而言，其意思表示是否有瑕疵、是否受到欺诈或胁迫、知不知情、行为人能力是否欠缺等事由，都以代理人为判断标准。[3] 我国通说和立法也采代理人行为说。根据《民法通则》第63条的规定，所谓代理行为，是代理人在代理权限内，以本人的名义实施的民事法律行为。代理行为与一般民事法律行为的区别在于：第一，行为人不是以自己的名义，而是以他人的名义；第二，行为所生法律效果直接归属于他人，而不是行为人。因此，代理行为属于一种特殊的民事法律行为。[4]

---

[1] 龙卫球．民法总论［M］．北京：中国法制出版社，2001：643－646.

[2] 梁慧星．民法总论［M］．北京：法律出版社，1996：223.

[3] ［德］梅迪库斯．德国民法总论［M］．邵建东，译．北京：法律出版社，2000：682－683.

[4] 梁慧星．民法总论［M］．北京：法律出版社，1996：221－222. 王利明教授持共同行为说。他认为，一方面，代理人是基于本人的意思从事代理行为；另一方面，在具体的民事法律行为中，代理人又应当独立地作出或接受意思表示。参阅王利明．民法总则研究［M］．北京：中国人民大学出版社，2003：651.

二、代理行为的范围

（一）不适用代理的行为

1. 违法行为

违法行为不适用代理，原因有二：第一，民法设置代理制度的目的在于使民事主体可以借助于代理制度以实现自己的合法权益。法律不允许利用代理制度侵害国家、集体或第三人利益。第二，违法行为不具有可代理性。代理的对象通常是法律行为，作出或接受意思表示。违法行为的法律效果，不是由当事人意思决定，而是基于法律规定。违法行为人依法承担法律责任与代理制度无关。即使违法行为人表示是代理他人而为，他人也承认是其授意行为，但依然不能免除该违法行为人的法律责任。

2. 法律要求本人亲自实施的行为

法律规定某些行为只能由本人亲自实施的，不能由他人代理。此类法律行为，通常与其身份紧密相关，如结婚、离婚、收养、遗嘱、遗赠、遗赠扶养协议等行为。

3. 依其性质不得适用代理的行为

有一些行为，虽法律没有规定不得适用代理，但依其性质不能适用代理，如公司设立行为、捐助行为、继承的承认或抛弃等行为。

（二）代理的适用范围

如上所述，代理制度的目的是使民事主体借助代理制度以实现自己的合法权益。因此，代理的适应范围主要应用于法律行为，具体如下：

（1）单方法律行为。如代为抛弃某物，代为免除债务人的债务等。

（2）合同行为及与合同密切关系的法律行为。如代为订立合同，代为撤销合同，代为解除合同，代为变更合同等。

（3）单纯的接受或作出意思表示的行为。如代为发出要约与承诺。

（4）与合同紧密相关的准法律行为。如代为要约邀请，代为撤回、撤销要约，代为撤回承诺，代为承诺迟到的通知，代为债权的主张与承认，代为解除合同通知、瑕疵通告，履行催告等准法律行为。

（5）与合同紧密相关的事实行为。如代为标的物的交付与受领，标的物的检验，样品的交付与受领等事实行为。

（6）与合同紧密相关的程序行为。如代为合同书的公证，代为申请登记、申请批准等程序行为。

三、代理行为的成立要件与生效要件

（一）成立要件

代理行为的成立要件包括一般成立要件与特殊成立要件。一般成立要件与民事法律行为成立要件相同，即包括当事人、标的和意思表示。代理行为作为一种特殊的民事法律行为，除一般成立要件外，还包括以下特殊成立的要件：第一，须以本人的名义进行。这是大陆法系国家民法的普遍要求。而英美法系，代理过程中，不要求代理人透露其代理身份，代理人无须以本人名义，直接以自己的名义为之也可以成立代理行为。我国《合同法》承认间接代理，所以本条件不适用我国代理实践。第二，须代理人实施民事法律行为。代理人实施民事法律行为，指由代理人决定该法律意思表示的内容并表示之，或受相对人的意思表示并决定是否接受或承诺。这是区分代理人与传达人或使者的标准。

（二）生效要件

代理行为具备前述成立要件，即可成立。但是否有效，还须取决于该代理行为是否具备有效要件。代理行为的有效要件是指代理行为直接对于本人发生法律效力所必须具备的要件。代理行为作为民事法律行为的一种，其生效要件有：

首先，应具备民事法律行为的一般生效要件，即代理行为人应有相应的行为能力；代理的意思表示要真实；代理行为不违反法律、行政法规的强制性规定，不违反民法的基本原则。但应注意以下情况：（1）本人应具有与代理行为相应的民事权利能力；（2）行为能力的有无，应根据代理人确定；（3）意思表示是否真实，是否具有瑕疵，应被代理人决定之；（4）关于行为的内容与目的是否违法，应就代理人与本人双方决定之。只要其中一方有违法目的，代理行为即应无效。

其次，须有本人存在，如本人不存在，代理行为将成为标的不能，应为无效。根据《民法通则》的规定，法定代理与指定代理中，代理人与被代理人，任何一方死亡，代理关系终止。作为委托代理的被代理人是自然人，若死亡，原则上代理关系终止，如果代理人不知本人死亡或原有约定，或经本人的继承人承认，其代理行为应有效。本人死亡之前已经进行，于本人死亡后代理人继续完成的代理行为，应继续有效。

最后，须有代理权。无权代理，不能当然地发生有权代理的法律后果。经被代理人追认，无权代理转变为有权代理。

四、代理行为的法律效果

代理行为的法律效果是指代理人从事代理行为所产生的法律效果。该法律效果是指被代理人作为本合同的当事人，所享有合同上的权利和所承担合同上的义务。原则上，有权代理行为和表见代理行为，其法律效果应当由本人承担；但因代理行为违法导致他人损害的赔偿责任，应当根据过错原则确定本人的责任。因此，本人承担法律效果，只有在代理行为有效的情况下才能发生。

第五节 无权代理

一、无权代理的概念及特征

无权代理，是指在没有代理权的情况下以本人的名义实施的民事法律行为。这种代理行为，具备一般代理行为的表面特征，但不具有代理行为的实质特征，不是真正的代理，而属于类似代理的一种情况，由代理法和代理理论加以处理。代理权是代理行为发生的基础和前提。代理人只有基于代理权，才能实施有效的代理行为，否则为无权代理。无权代理包括三种情况：第一，根本未授权的代理。即当事人实施的代理行为，根本未获得被代理人的授权。这类无权代理容易与无因管理相混淆，两者均具有未经授权，管理他人事务的表征。无权代理指的是“代理人”代为实施法律行为；而无因管理指的是无因管理人代为实施事实行为。第二，超越代理权的代理。即代理人虽然获得了被代理人的授权，但他实施的代理行为不在授权范围之列。第三，代理权终止后的代理。即代理人获得了被代理人的授权，但在代理权期限届满后，代理人继续实施的代理行为，属无权代理。

无权代理具有如下法律特征：

(1) 行为人所实施的法律行为，符合代理行为的表面特征。代理行为的特征有表面特征与实质特征两类。表面特征是代理人以为意思表示为使命、代理人必须以被代理人的名义进行活动。实质特征是代理行为的法律效果直接归属于被代理人。如不符合表面特征或实质特征一类，则不属于代理行为，无权代理符合表面特征而不符合实质特征。

(2) 行为人就所实施的代理行为不具有代理权。不具有代理权的原因，可以是原始的，也可以是嗣后的。就代理权之有无发生争议的，无权代理人有责任证明其代理权。在无权代理的事实由被代理人或第三人主张时，由他们负举证责任。

二、无权代理的法律效果

（一）确定无权代理的法律效果时的价值选择

在确定无权代理的法律效果时，需要考虑两方面的利益并加以兼顾：一方面，被代理人的利益必须加以保护。被代理人往往为无权代理行为的受害人，要他就未授权的他人行为承担责任，是不公平的。因此，在无权代理行为造成被代理人损害的情况下，不对被代理人生效。另一方面，由于代理人与被代理人的关系难以为第三人所知晓，第三人还往往难以判断代理人是否被授予代理权限，只能按一些表面现象来判断代理人有无代理权，基于这种判断发生的信赖而与代理人进行交易活动，因此有必要对善意第三人的利益加以保护，以维护交易安全。所以，民法对无权代理采取区别对待主义：在一些情况下，使无权代理产生与有权代理同样的效果；在另一些情况下，使无权代理行为无效，并使有过错的当事人承担责任。在无权代理不违反强行法的前提下，基于意思自治原则，由当事人自主选择发生何种法律效果。❶

（二）发生与有权代理相同的法律效果

无权代理发生与有权代理相同的法律效果，依据法律的规定，有两种情况：一是基于被代理人的追认；二是属于表见代理。表见代理在后面有专门的论述，在此不再赘述。

通过被代理人的追认，可使无权代理行为中所欠缺的代理权得到补足，而转化为有权代理，发生有权代理的法律效果。根据《民法通则》的规定，被代理人的追认，有明示追认和默示追认。明示追认是指被代理人以明确的意思表示承认无权代理行为对自己的效力。默示追认是指被代理人虽然没有明确表示无权代理行为对自己的效力，但以其他特定行为方式予以承认，如被代理人履行本合同义务的行为。

因追认系依追认权人单方的意思表示导致法律效果归属不确定的法律关系予以确定，故追认权是形成权。被代理人行使追认权的意思表示，可以向交易相对人作出，也可以向无权代理人作出。被代理人一旦行使追认权，追认的意思表示具有溯及力，无权代理行为溯及到成立时有效。当然，追认权的行使，受到交易

---

❶ 徐国栋．民法总论［M］．北京：高等教育出版社，2007：384.

相对人的撤销权和催告权的限制。所谓交易相对人的催告权，是指交易相对人在被代理人追认之前，可以向被代理人发出催告，要求其在相当期限内作出追认与否意思表示的权利。催告权人催告被代理人在一定期限内行使追认权的，被代理人应当及时行使，超过期限的，视为拒绝追认。撤销权是指交易相对人在被代理人追认之前，可以向被代理人发出撤销合同的意思表示，致使该合同不生效的权利。

（三）不发生与有权代理相同的法律效果

无权代理不发生与有权代理相同的法律效果，依据法律的规定，也有两种情况：

1. 被代理人拒绝追认

无权代理行为发生后，被代理人也可以选择拒绝追认。被代理人拒绝追认的，代理行为对被代理人不发生效力。依据《民法通则》第 66 条第 1 款的规定："没有代理权、超越代理权或者代理权终止后的行为，只有经过被代理人的追认，被代理人才承担民事责任。未经追认的行为，由行为人承担民事责任。"无权代理行为产生的法律效果由"代理人"承担：第一，无权代理人知道或应当知道无代理权，仍然从事代理行为的，如果交易相对人在订立合同时主观上为善意，则由无权代理人承担民事责任；如果相对人主观上为恶意，则由双方根据各自的过错程度确定承担民事责任的比例；如果双方存在恶意串通，损害被代理人的利益的，该合同行为无效，导致本人损害的，由无权代理人和相对人对此损害承担连带责任。第二，无权代理人不知道或不应当知道无代理权，从事代理行为的，如果相对人主观上为善意，无权代理人应对善意相对人就此遭受的信赖利益的损害承担赔偿责任；如果相对人主观上为恶意，无权代理人不承担赔偿责任。

2. 交易相对人行使撤销权

法律为平衡被代理人与善意相对人之间的利益，在赋予被代理人追认权的同时，也赋予善意相对人以撤销权。善意相对人一旦行使该撤销权，基于无权代理行为所实施的本法律行为是无效行为。相对人行使撤销权的条件是：第一，主观上系善意；第二，应当在被代理人行使追认权之前行使；第三，撤销的意思表示应当向被代理人作出。

三、表见代理

（一）表见代理的概念

表见代理，是指代理人虽然没有代理权，但代理人的行为足以使善意第三人相信其有代理权，第三人基于此项信赖与无权代理人进行交易，由此造成的法律效果由被代理人承担的代理。表见代理实质上是一种无权代理，但发生有权代理的法律效果。无权代理本不应对被代理人发生效力，但由于无权代理行为本身发生在不违反法律、行政法规的强制性规定和社会公共利益等的前提下，不一定对被代理人或相对人不利，为维护交易安全和保护善意第三人的利益，大多数国家将其确定为效力未定的行为。而表见代理不同，为了保护善意相对人的利益和维护动态的交易安全，法律确定表见代理系有效行为，发生有权代理的效果。

（二）表见代理的构成要件

表见代理应具备以下构成要件：

第一，行为人无代理权。即行为人在以代理人身份进行民事法律行为时，无代理权。无代理权包括行为人没有代理权限、超越代理权限或代理权终止后以被代理人的名义从事民事法律行为。

第二，客观上存在使善意第三人相信无权代理人拥有代理权的理由。相对人是否善意，以其从事民事法律行为时判断，由相对人举证证明自己确有理由相信代理人有代理权。如相对人通过证明以下情形的存在，来证明自己主观上为善意：（1）被代理人以明示或默示的方式向第三人表示行为人是自己的代理人；（2）被代理人与代理人之间的委托合同不成立、被撤销或无效，但尚未收回代理证书；（3）代理关系终止后被代理人未采取必要措施，公示代理关系终止的事实并收回代理人持有的代理证书；（4）行为人持有被代理人的介绍信、盖有合同专用章或者盖有印章的空白合同书，但如果被代理人能够证明系行为人盗用的，不适用表见代理制度。

第三，相对人基于对行为人“拥有”代理权的信赖，与行为人从事了民事法律行为，或订立了合同。

第四，无权代理人与第三人所实施的民事法律行为符合民事法律行为的一般成立及有效要件和代理行为的表面特征。

（三）表见代理的法律效果及其归属

根据《合同法》第49条的规定：“行为人没有代理权、超越代理权或者代理权终止后以被代理人名义订立合同，相对人有理由相信行为人有代理权的，该代理行为有效。”表见代理所产生的法律效果与有权代理的法律效果相同。表见代理的法律效果由本人承受，如果被代理人因此而受到损失，可向表见代理人请求损失赔偿。对此大陆法系国家民法认为，除主张与有权代理的法律效果相同的请求外，不得主张其他；而票据法及国际条约大多认为，表见代理终究为无权代理，应可以应用无权代理的有关规定，即相对人得选择行使撤销权。

在相对人可以选择行使撤销权的情况下，即相对人以狭义无权代理向代理人主张法律后果时，代理人是否有主张表见代理成立的权利呢？有的持肯定说，其理由如下：(1) 如果行为人能够证明成立表见代理，则应由本人负授权责任，因此，第三人不需要主张狭义无权代理；(2) 如果不承认代理人有此项权利，实际上是承认相对人享有将表见代理当作狭义无权代理的决定权，这不符合表见代理鼓励交易与倡导效率的功能；(3) 在相对人与本人串通将表见代理作为狭义的无权代理时，代理人就无法得到任何补救，对代理人不公平。有的持否定说，其理由为：如果肯定代理人也有主张表见代理的权利，实质上否认了相对人的选择权。

在相对人得选择行使撤销权的情况下，即相对人以狭义无权代理向代理人主张法律后果时，被代理人是否有主张表见代理成立的权利呢？一般情况下，被代理人不得主张成立表见代理。

思考题

1. 试述代理的概念和特征。
2. 试析代理权的性质。
3. 试述代理权行使及其限制。
4. 试析无权代理的法律效果。
5. 试述表见代理。
6. 试述代理关系消灭的原因。

第十一章 诉讼时效和期限

导读

时效制度是一定的事实状态，经过一定的时间，产生一定的法律效果的制度。时效制度主要包括两种：取得时效和消灭时效。我国现行民事立法没有确立取得时效制度，而《民法通则》只规定与消灭时效相当的诉讼时效制度。期限是权利义务产生、变更和终止的时间，分为期间与期日。本章重点问题包括：诉讼时效的概念和种类，诉讼时效期间的起算，诉讼时效期间届满的法律效果，诉讼时效与除斥期间的区别。本章的难点问题包括：诉讼时效的性质和诉讼时效的客体，最长权利保护期限的性质。

第一节 诉讼时效概说

一、时效的概念和种类

（一）时效的概念、意义和性质

时效，指一定的事实状态，经过一定的时间，产生一定的法律效果的制度。当事人对财产的占有或不行使权利的消极行为，经过一定的时间，发生当事人取得权利或权利效力减损的法律效果。

民法设置时效制度的目的在于维护社会公共利益，即时效制度的设立系出于充分利用社会财富以及结束权利义务关系不确定状态的公共目的。尽管该制度会导致发生与原权利人的权益相悖的法律效果，但为了维护民事权利行使的法律秩序，民法不得不对民事主体行使权利课加此种不得已的必要限制。

时效在法律事实中的性质，在民法学者中存在争议。在学说上主要有事实行为说和事件说。事实行为说认为，当事人在一定时间内为一定行为或不为一定行为，因适用时效制度，当事人取得权利或权利效力减损的法律效果，该法律效果的产生不是基于当事人的意思，而是法律的直接规定，属于强制性规定，因此，时效系事实行为。[1] 事件说认为，时效是导致民事法律关系发生、变更和消灭的法律事实。由于时间的经过不取决于当事人的意志，属于与当事人意志无关的法律事实，属于自然事实中的状态。[2] 本书赞成后说。

（二）时效的种类

通常，学者是根据时效引起的法律效果不同，将时效区分为取得时效和诉讼时效（消灭时效）。前者是占有他人财产的事实状态，经过一定时间，产生占有人取得他人财产所有权的法律效果。取得时效的事实状态是占有他人财产，法律效果是占有人取得他人财产所有权。后者为权利人不行使权利的状态，经过一定时间，产生权利人的权利效力减损的法律效果。诉讼时效的事实状态是权利人不行使权利，其法律效果是权利失去法律保护。有一部分国家或地区的民法将取得时效规定在物权法中，将诉讼时效规定在总则中，如德国、我国台湾地区和澳门地区。有一部分国家的民法设立了统一的时效制度，将取得时效和消灭时效一并

---

[1] 王利明．民法［M］．北京：中国人民大学出版社，2008：171．

[2] 徐国栋．民法总论［M］．北京：高等教育出版社，2007：394．

规定，如法国、奥地利、日本。我国《民法通则》只规定了诉讼时效制度，没有规定取得时效制度。

（三）《澳门民法典》关于时效的规定

《澳门民法典》规定了非常复杂的时效制度。时效包括诉讼时效和取得时效。该法典在第一卷“总则”中的第二编“法律关系”中的第三分编“法律事实”中的第三章“时间及其在法律关系上之效力”中的第二节规定了“时效”。此“时效”就是指诉讼时效。该法典用了 5 个分节，总共 27 个条文详细规定诉讼时效制度。根据该法典第 302 条至 310 条的规定，澳门的诉讼时效期间一般为 15 年，但也规定了最短的 6 个月的时效，以及 2 年的时效和 5 年的时效。并规定了诉讼时效中止、中断的详细事由。

而取得时效则规定在第三卷“物权”中的第一编“占有”中的第六章。该章由“一般规定”“不动产之取得时效”“动产之取得时效”三节组成。影响不动产取得时效的有三种情形：一是占有人主观上是善意还是恶意；二是占有人是否已为登记；三是占有人的登记为有依据的登记还是单纯的占有登记。影响动产的取得时效的情形也有两种：一是占有人主观上是善意还是恶意；二是占有物是否需要登记且是否已为登记。

二、诉讼时效的概述

（一）诉讼时效的概念

诉讼时效，又称为消灭时效，指在法定的期间内不行使权利的权利人，使其丧失胜诉权的法律制度。诉讼时效应当包括以下要素：第一，权利人没有行使权利；第二，权利人不行使权利的事实状态在法律规定的权利行使期限内始终不间断持续；第三，一定的法律效果发生。即，权利人丧失请求法院实现其权利的胜诉权。

我国《民法通则》由于受前苏联民法理论的影响，未设置取得时效制度，但在第七章专门规定诉讼时效制度。该章对诉讼时效的期间、诉讼时效的计算、诉讼时效届满的法律效果、诉讼时效的中止、中断和延长等问题均作了详细规定。

与诉讼时效相类似的法律制度是除斥期间。除斥期间是法律规定某种权利，权利人在法定的时间内不行使便归于消灭的制度。两者的区别是明显的：第一，两者是否适用中断、中止等制度不同。诉讼时效是可变期间，可以适用时效中断、中止、延长等制度；而除斥期间为不可变期间，不得适用此等制度。第二，两者法律效果不同：诉讼时效不导致本权利消灭，只消灭本权利上的胜诉权；而除斥期间将导致权利本身归于消灭。第三，两者的起算点不同。诉讼时效自权利人能行使请求权时起算；除斥期间自权利成立之时起算。第四，两者的客体不同。诉讼时效制度主要适用于请求权，除斥期间制度主要适用于形成权。第五，两者的适用范围和性质不同。[1] 除斥期间不仅适用于财产关系，而且适用于人身关系；而诉讼时效只适用于财产关系。除斥期间不是民法上的公共秩序制度，可依当事人意愿约定，法官不得依职权提出除斥期间届满；而诉讼时效是民法上的公共秩序制度，因此不得由当事人约定诉讼时效。

（二）诉讼时效制度的意义

民法设置诉讼时效制度的意义在于：

（1）在于督促权利人及时行使权利，使当事人之间的权利义务关系尽快确定。权利人长期不行使权利，会导致权利的沉睡状态，并导致他人对这种事实状态产生合理的信赖，由此产生相应的预期，从而形成当事人之间一种稳定的关系。如果允许权利人无论何时均可主张其权利，势必影响法律秩序的稳定，损害不特定第三人的信赖利益。民法确立诉讼时效制度的功能之一，在于督促权利人及时行使权利，以确定当事人之间的权利义务关系。

（2）在于保障法院及时正确地处理民事纠纷，免去查证、取证的困难。权利人长期不行使权利，导致权利沉睡状态，还将导致当事人之间的权利义务关系的凭证难以取得或灭失。在权利行使和义务履行的过程中，义务人是否履行义务的证明责任，通常由义务人承担，义务人应当出示凭证进行抗辩。在法律上要求义务人长期妥善保管凭证，以防万一，对义务人过于苛刻。在法律上确立义务人的诉讼时效抗辩，将有利于法院及时处理民事纠纷，避免义务人的举证困难。

（三）诉讼时效的客体

诉讼时效的客体是指诉讼时效制度所适用的权利类型。我国现行民事立法对此未明文规定，学者建议应分类型区别处理：第一，诉讼时效的客体主要是债权请求权。如基于合同关系而产生的义务履行请求权、损害赔偿请求权、违约金请求权、定金返还请求权、利息请求权等，基于侵权关系而产生的损害赔偿请求权、恢复原状请求权等，基于无因管理而产生的必要费用请求权、损害赔偿请求权等，基于缔约过失而产生的损害赔偿请求权等，不当得利返还请求权，均属于诉讼时效的客体。第二，以下请求权不得作为诉讼时效的客体。损害赔偿请求权以外的其他类型的侵权请求权，如停止侵害请求权、排除妨碍请求权、消除危险请求权和返还财产请求权等；与人格权、物权、知识产权等绝对权的保护直接相

[1] 徐国栋．民法总论［M］．北京：高等教育出版社，2007：395-396．

关的请求权，如物权请求权、人格权请求权等；基于身份关系的请求权，如夫妻同居请求权、父母对第三人请求交还未成年子女的请求权等；基于相邻关系的请求权，如通过请求权、排水请求权、日照请求权等；根据《民通意见》第 170 条的规定，未授权给自然人、法人经营管理的国家财产受到侵害的，不受诉讼时效期间的限制。

三、诉讼时效的种类

诉讼时效，可分为普通诉讼时效与特别诉讼时效。

普通诉讼时效是指民法统一规定的，普遍适用于法律没有作特别规定的诉讼时效。除特别法另有规定外，所有的民事法律关系皆适用普通时效。普通诉讼时效的期间为 2 年。

特别诉讼时效，是指民法特别对某些民事法律关系规定的受法律保护的期间。有的比普通时效长，有的比普通诉讼时效短。特别诉讼时效期间不具有普遍性，只适用于特殊的民事法律关系。如我国《民法通则》规定下列民事法律关系的特别诉讼时效为 1 年：（1）身体受到伤害要求赔偿的；（2）出售质量不合格的商品未声明的；（3）延付或拒付租金的；（4）寄存财物被丢失或损毁的。我国《海商法》第 257 条规定，就海上货物运输向承运人要求赔偿的请求权，诉讼时效期间为 1 年；第 260 条规定，有关海上拖航合同的请求权，诉讼时效为 1 年。第 265 条规定，有关船舶发生油污损害的请求权，诉讼时效为 3 年；环境侵权类型的案件，根据环境法的相关规定，其诉讼时效为 3 年。《合同法》第 129 条规定，因国际货物买卖合同和技术进出口合同发生的纠纷，其诉讼时效为 4 年。

《民法通则》第 137 条规定，诉讼时效期间从知道或应当知道权利被侵害时起算。但从权利被侵害之日起超过 20 年的，人民法院不予保护。对这一规定，学者理解不一：有的认为这是最长诉讼时效的规定，有人认为它是关于除斥期间的规定，有的认为它是权利的最长保护规定。该期间制度与诉讼时效的区别是：第一，两者的时间点起算不同，前者为自权利成立时开始起算；后者为自权利人知道或应当知道开始起算。第二，两种期间性质不同，前者为不可变期间；后者为可变期间。该期间制度与除斥期间也存在区别：第一，适用的对象不同，两者在法律效果上均导致权利消灭，但前者导致债权本身消灭，其主法律关系也不复存在；而后者是导致形成权消灭，其主法律关系仍然存在。第二，适用的范围不同，前者主要适用于财产关系；后者不仅适用于财产关系，而且适用于人身关系。

第二节　诉讼时效的计算

一、诉讼时效期间的起算

诉讼时效起算，是指确定诉讼时效期间开始的时间点的方法。根据《民法通则》第 137 条的规定，诉讼时效期间自权利人知道或应当知道其权利被侵害时起计算。权利人知道自己的权利受到了侵害，这是他请求法院保护其权利的基础，从这一时间点起算诉讼时效期间，符合诉讼时效是权利人请求法院保护其权利的法定期间的立法意旨。怎么来判断权利人知道或应当知道？这是一个比较复杂的问题。“权利人知道”是指权利人主观上已经知晓自己的权利被侵害的事实已发生；“应当知道”是指权利人的权利受到了侵害，尽管他主观上不知晓权利被侵害的事实，但根据他所处的环境和条件，有理由认为他应当知晓权利被侵害的事实。诉讼时效期间的起算，以权利人的权利客观上受到了侵害，且权利人主观上已知晓其权利受到侵害的事实为构成要件。即使权利人主观上误以为自己的权利受到了侵害，而事实上其权利并未受到侵害的，不能使诉讼时效期间开始起算。

对于某些特殊情况的诉讼时效期间的起算，如附条件、附期限的请求权的诉讼时效，自条件成就、期限到来起算；有履行期限的请求权，自履行期限届满时起算；无履行期限的请求权，自权利人可行使权利之时起算，但 20 年时效从权利成立时起算；物权请求权起算，因请求权发生的根据不同而有所不同；关于不作为的请求权，从义务人有违反行为之时起算；因违约发生的请求权，为违约行为发生之日起算；侵权请求权，为受害人知道或应当知道开始起算。

二、诉讼时效期间的中止

诉讼时效期间的中止，指在诉讼时效期间进行中，因发生一定的法定事由使权利人不能行使请求权的，暂时停止计算诉讼时效期间，待阻碍事由消除后，继续进行诉讼时效期间的计算。诉讼时效制度的目的在于，通过让怠于行使权利的人承担不利的法律后果，来维护一定的私法秩序。但如果权利人没有及时行使权利，不是自己不想行使，而是出于不得已的事由，导致权利人在一定时间内无法或难以行使权利，法律不能不区分这两种完全不同的情况。

诉讼时效期间中止的法定事由，依《民法通则》第 139 条的规定，主要有不可抗力和其他障碍事由。不可抗力，是指当事人不能预见、不能避免和不能克服的客观情况，包括自然灾害和某些人类活动，前者如地震、洪水和泥石流等，后者如战争、罢工等。其他障碍事由，根据学者的解释，主要包括：第一，权利人为无行为能力人、限制行为能力人，超出其行为能力应由法定代理人代为行使权利，因法定代理人死亡或丧失民事行为能力；第二，继承开始后，没有确定继承人或遗产管理人；第三，其他构成行使权利的障碍事由，由法官自由裁量确定。

诉讼时效中止发生的时间，为诉讼时效期间的最后6个月内。原因在于，诉讼时效制度的目的在于使怠于行使权利的人承担不利的法律后果，诉讼时效中止设置的目的在于区分怠于行使权利与无法或难以行使权利两种不同的情况，使这两种不同的情况产生不相同的法律后果，同时也是为了维护权利人行使权利的充裕的时间。在6个月之前发生，权利人至少还有6个月行使权利的时间，是比较充裕的，权利人不行使权利，构成怠于行使。

诉讼时效中止的法律后果是，诉讼时效期间中止后，中止的期间不计算在时效期间内，待中止事由消除后，时效期间继续进行，与中止前已经过的时效期间合并计入时效期间。

三、诉讼时效的中断

诉讼时效的中断，是指在诉讼时效进行期间，因发生一定的事由，使已经经过的时效期间统统归于无效，待时效中断的事由消除后，诉讼时效重新计算。

诉讼时效中断的事由，根据《民法通则》第140条的规定，有权利人提起诉讼、权利人主张权利和义务人同意履行义务三种情形。(1) 提起诉讼是权利人行使权利的延伸，权利人行使权利的延伸还包括，向其他国家机关提出保护权利的请求，申请强制执行，申请支付令，申请仲裁，申请调解，向清算人申报破产债权等。有学者认为，权利人起诉后自行撤诉的，因起诉不合法被法院驳回的，因不构成诉讼，不属于诉讼时效中断的事由。[1] 本书不同意此观点，因诉讼时效制度的目的在于惩罚权利上的懒惰者，权利人有起诉行为足以表明他在积极地行使权利，使诉讼时效失去适用的理由，法律不应当对此种行为人予以惩罚，因此，只要权利人向法院起诉，均应认为诉讼时效已中断。(2) 义务人同意履行义务，应作扩张解释，即以口头或书面的形式，通知债权人或其代理人、请求延期给付、提供担保、支付利息或租金、清偿部分债务等。(3) 权利人主张权利。权利

[1] 徐国栋．民法总论［M］．北京：高等教育出版社，2007：399.

人无论是向义务人，还是向保证人、义务人的代理人或财产代管人主张权利或向清算人申报破产债权，均属诉讼时效中断事由。

诉讼时效中止与中断的区别主要表现如下：第一，两者发生的事由不同。中止的法定事由是不可抗力和其他障碍事由；而中断的法定事由为起诉、主张权利和义务人认诺。第二，两者发生的时间不同。中止发生的时间是在时效期间届满前的最后 6 个月内；而中断可发生于诉讼时效期间内的任何时间。第三，两者的法律效果不同，中止的法律效果是不将中止事由耽误的时间计入诉讼时效，而是将中止事由发生前、后经过的时间合并计算为总的时效期间；而中断的法律效果是中断事由发生后，已经经过的时效期间全部作废，重新开始计算时效期间。

四、诉讼时效的延长

通常情况下，权利人在诉讼时效期间内不行使权利，在时效期间届满后，向法院请求保护权利的，法院不予支持。鉴于诉讼时效的中止和中断的事由是法律所规定，难以包括权利的万象，为了保护权利人有无法行使权利的正当理由，法律特设诉讼时效延长制度予以衡平，由法官行使自由裁量权以弥补立法列举式的规定之不足。诉讼时效的延长是对诉讼时效中止、中断制度的补充。根据《民法通则》第 137 条的规定，有特殊情况的，法院可以延长时效期间，以便保护特殊情况下权利人由于特殊原因未能及时行使的权利，避免造成不公。

第三节　诉讼时效完成后的法律效果

一、关于诉讼时效期间届满的法律效果的立法例

各国民法关于诉讼时效效力的规定，是有差异的，归纳起来主要有以下三种情况：

1. 实体权消灭主义

依此立法例，诉讼时效完成后，权利人不及时行使的权利直接归于消灭。如果义务人履行诉讼时效完成的义务，权利人接受履行的，构成不当得利，权利人应予返还。该立法例系采德国著名学者温德夏依德的主张，为日本民法典所采。

日本民法典第167条规定，债权，因10年间不行使而消灭；债权或所有权以外的财产权，因20年间不行使而消灭。

2. 抗辩权发生主义

依此立法例，诉讼时效完成，义务人因此取得拒绝履行的抗辩权。如果义务人自动履行，视为抛弃其抗辩权，该履行行为有效。该立法例系采欧特曼的主张，为德国、我国台湾地区和1964年的苏俄民法典所采。《德国民法典》第222条规定，消灭时效完成后，义务人有拒绝给付的权利。我国台湾地区“民法典”第144条的规定与此相同。1964年苏俄民法典第87条规定，诉讼时效在起诉前过期，是拒绝应诉的理由。

3. 诉权消灭主义

依此立法例，诉讼时效完成，其权利仍然存在，仅使其诉权归于消灭。诉权消灭后，该权利降格为自然权利，义务人自愿履行，法律不予干预。该立法例采萨维尼的主张，为法国、匈牙利及我国民法所采。《法国民法典》第2262条规定，一切物权或债权的诉权，均经过30年的时效而消灭。《匈牙利民法典》第325条规定，时效完成的请求权，不能在法院强制执行。

二、我国现行法上诉讼时效期间届满后的法律效果

我国采胜诉权消灭主义。理由：第一，诉讼时效期间是权利人向人民法院请求保护其民事权利的期间；第二，超过诉讼时效期间，自愿履行义务的，不受诉讼时效的限制，权利人接受义务人的履行不构成不当得利；第三，在我国现行民事立法上，依据《民法通则》第135条和第138条的规定，以及《民通意见》第153条“当事人超过诉讼时效期间起诉的，人民法院应予受理。受理后查明无中止、中断、延长事由的，判决驳回其诉讼请求”的规定，可以得出诉讼时效期间完成的法律效果是导致权利人的胜诉权消灭，即仅消灭当事人的实体上的诉权。根据我国现行民事诉讼法的规定及相关理论，诉权包括实体意义上的诉权和程序意义上的诉权。根据上述规定，诉讼时效期间届满后，权利人并不丧失程序上的诉权（即起诉权），仍有权向法院起诉。法院也应当受理，而不能直接裁定驳回起诉。法院受理后，应依职权审查诉讼时效期间是否届满。法院经审查，认定诉讼时间期间届满的，应判决驳回原告的诉讼请求。

法院不得主动适用诉讼时效，须依当事人提出审查的请求。原因在于诉讼时效利益是当事人的私益，法院没有主动干预的必要。我国有学者主张，现行法系

采诉权消灭主义。本书认为，我国现行立法有悖于诉权消灭说本旨：权利人起诉后，法院受理的应当是一个合格的诉。没有诉权的诉是非法之诉，法院是不应当受理的。法院在受理审查时，应当主动审查原告所提出的诉是否构成合格的诉，即应主动审查当事人是否有诉权。

因此，根据我国现行民事立法和相关学说，诉讼时效期间届满后发生以下三个方面的法律效果：(1) 权利人的胜诉权消灭；(2) 义务人自愿履行的，权利人受领其履行利益不构成不当得利；(3) 义务人抛弃时效利益的，诉讼时效应重新开始计算。

第四节　期　　限

一、期限的概念和意义

(一) 期限的概念及种类

期限是权利义务产生、变更和终止的时间，分为期间与期日。期日，是指一定时间点，即不可分或视为不可分的一定时间，属于静态的时间；期间，是指一定的时间段，即自某一时间点始至某一时间点止的时间段，属于动态的时间，有起点和终点。期间可以区分为法定期限、约定期限与指定期限；又可区分为可变期限与不变期限；还可以区分为连续期限与非连续期限。法定期限是指由法律直接规定的期限，如诉讼时效期间；约定期限是当事人通过意思自治自行约定的期限，如附期限的民事法律行为中所附的期限、当事人约定的合同履行的期限等；指定期限是指由法院或有权机关根据具体情况确定的期限，如法院或仲裁机关指定的债务履行期限、法院确定的开庭期日等。

(二) 期限的意义

引起民事法律关系产生、变更和消灭的任何法律事实，无论是行为还是事件，均需一定时间。没有期限制度，将无法知道当事人的行为事实或事件的发生何时引起法律关系变动，何时发生相应的法律效果。因此，期限在民法上，对于判断民事法律关系的变动及相应法律效果等方面具有重要的意义。

第一，期限是确定民事主体权利能力和行为能力开始和终止的尺度，也是当事人行使权利的时间尺度。

第二，期限是作出法律推定的依据，如失踪人下落不明的期间，即可推定并宣告其死亡。

第三，期限是权利取得或丧失的根据，如取得时效和诉讼时效。

第四，期限是法律行为效力起点与终点。

第五，期限是行使权利和履行义务的时间段，如合同的履行期限。

二、期限的确定与计算

（一）期限的确定方法

（1）规定日历上的某一具体时刻为期限，如 2011 年 7 月 3 日。

（2）规定一定的时间段为期限，如合同履行期限为 2011 年 3 月 31 日至 2011 年 7 月 31 日。

（3）规定某一必然发生的事件的发生时间为期限，如某人死亡之日，即合同生效之日。

（4）规定以当事人提出请求的时间为期限。

（二）期限的计算

期日为不可确定的特定时间点，通常需要相应主体（如法院、仲裁机构）指定或当事人约定，因此不发生计算问题。期间指一定的时间段，存在计算问题。有自然计算法和历法计算法，前者是以实际精确的时间计算，即以时、分、秒为计算单位，如 60 分为一小时、60 秒为一分、24 小时为一日，7 天为一星期等；后者以天为计算单位，以日历所定的年、月、日计算。我国民法规定的期间的计算方法兼采两者。

根据《民法通则》第 154 条第 1 款的规定，民法所称的期间按照公历年、月、日、小时计算。（1）以小时为单位计算期间的，以规定的时为起点，经过规定期间所达到的时为终点。如租用自行车 2 小时，自 8：30 开始计算，租期届满时为 10：30。（2）以日、月、年为单位计算期间的，期间开始的当天不计算在内，从次日开始计算，期间的最后一天算至当日的第 24 时。有业务时间的，算至业务活动停止之时。最后一天为星期日和其他法定假日的，以法定节假日结束后的第一天为最后一天。

《民法通则》第 155 条规定，民法所称期间的计算中，“以上”“以内”用语，包括本数；“不满”“以外”“届满”等用语的，均不包括本数。起算有约定的，从其约定。

思考题

1. 期限的概念与种类。
2. 试述期限制度设立的意义。
3. 如何确定和计算期限？
4. 诉讼时效与除斥期间存在哪些区别？
5. 诉讼时效中止与诉讼时效中断有哪些方面的区别？
6. 试述诉讼时效完成后的法律效果。

主要参考文献

[1] [德] 梅迪库斯．德国民法总论 [M]. 邵建东，译．北京：法律出版社，2000.

[2] [德] 卡尔·拉伦茨．法学方法论 [M]. 陈爱娥，译．北京：商务印书馆，2004.

[3] [德] 卡尔·拉伦茨．德国民法通论（上册） [M]. 王晓晔等，译．北京：法律出版社，2003.

[4] [德] 罗伯特·霍恩，海因·科茨，汉斯·G. 莱塞．德国民商法导论 [M]. 楚建，译．北京：中国大百科全书出版社，1996.

[5] [法] 雅克·盖斯旦，吉勒·古博．法国民法总论 [M]. 陈鹏等，译．北京：法律出版社，2004.

[6] [葡] 平托．民法总论 [M]. 澳门翻译公司译．澳门：澳门基金会，1999.

[7] 史尚宽．债法总论 [M]. 北京：中国政法大学出版社，2000.

[8] 郑玉波．民法总则 [M]. 台北：三民书局，1979.

[9] 王泽鉴．民法总则 [M]. 北京：中国政法大学出版社，2001.

[10] 王泽鉴．民法概要 [M]. 北京：中国政法大学出版社，2003.

[11] 王泽鉴．法律思维与民法实例 [M]. 北京：中国政法大学出版社，2001.

[12] 王泽鉴．比较法与法律之解释适用 [M] //民法学说与判例研究. 北京：中国政法大学出版社，1998.

[13] 黄茂荣．法学方法与现代民法 [M]. 北京：中国政法大学出版社，2001.

[14] 杨仁寿．法学方法论 [M]. 北京：中国政法大学出版社，1999.

[15] 周枏．罗马法原论 [M]. 北京：商务印书馆，1994.

[16] 江平．民法学 [M]. 北京：中国政法大学出版社，2000.

[17] 王利明．民法 [M]. 北京：中国人民大学出版社，2008.

[18] 王利明．民法总则研究 [M]. 北京：中国人民大学出版社，2003.

[19] 徐国栋．两种民法典起草思路：新人文主义对物文主义 [M] //徐国栋．中国民法典起草思路论战. 北京：中国政法大学出版社，2001.

[20] 彭万林．民法学 [M]. 北京：中国政法大学出版社，2007.

[21] 徐国栋．民法总论 [M]．北京：高等教育出版社，2007.
[22] 徐国栋．民法基本原则解释——成文法局限性之克服 [M]．北京：中国政法大学出版社，1996.
[23] 梁慧星．民法总论 [M]．北京：法律出版社，1996.
[24] 梁慧星．民法解释学 [M]．北京：中国政法大学出版社，1995.
[25] 魏振瀛．民法学 [M]．北京：京大学出版社/高等教育出版社，2000.
[26] 龙卫球．民法总论 [M]．北京：中国法制出版社，2001.
[27] 于飞．公序良俗原则研究 [M]．北京：北京大学出版社，2006.
[28] 赵万一．民法的伦理分析 [M]．北京：法律出版社，2003.
[29] 申卫星．民法学 [M]．北京：北京大学出版社，2003.
[30] 余能斌．民法学 [M]．北京：中国人民公安大学出版社/人民法院出版社，2003.
[31] 张玉敏．民法 [M]．北京：中国人民大学出版社，2003.
[32] 柳经纬．法律总论 [M]．厦门：厦门大学出版社，2000.
[33] 马骏驹，余延满．民法原论（上）[M]．北京：法律出版社，1998.
[34] 杨立新．民法 [M]．北京：中国人民大学出版社，2005.
[35] 张俊浩．民法学原理（上册）[M]．北京：中国政法大学出版社，2000.
[36] 杨震．民法学 [M]．中国人民大学出版社，2009.
[37] 苏号朋．民法总论 [M]．北京：法律出版社，2006.
[38] 陈明添，吴国平．中国民法学 [M]．北京：法律出版社，2007.